GUÍA PRÁCTICA DE PRAGMÁTICA DEL ESPAÑOL

Guía práctica de pragmática del español es un texto introductorio en español. Ofrece introducciones accesibles a una importante variedad de teorías y conceptos imprescindibles en el campo de la pragmática del español. El libro contiene 22 capítulos divididos en seis secciones que cubren:

- actos de habla,
- formas de tratamiento,
- cortesía y descortesía,
- comunicación y persuasión,
- discurso digital,
- metodología en pragmática.

Los diferentes capítulos incluyen ejemplos tomados de la comunicación cara a cara y en línea, lecturas (recomendadas y complementarias), y preguntas y actividades que toman como punto de partida diferentes variedades del español y diferentes contextos sociales, culturales y/o políticos en el mundo hispanohablante.

Constituye un recurso valioso para estudiantes de pragmática y lingüística hispánica, tanto hablantes nativos como estudiantes de español avanzado.

María Elena Placencia es *Reader in Spanish Linguistics* en Birkbeck, Universidad de Londres, Reino Unido.

Xose A. Padilla es Profesor Titular de Universidad en la Universidad de Alicante, España.

GUÍA PRÁCTICA DE PRAGMÁTICA DEL ESPAÑOL

María Elena Placencia y Xose A. Padilla, eds.

SPANISH LIST ADVISOR: JAVIER MUÑOZ-BASOLS

LONDON AND NEW YORK

First published 2020
by Routledge
2 Park Square, Milton Park, Abingdon, Oxon OX14 4RN

and by Routledge
52 Vanderbilt Avenue, New York, NY 10017

Routledge is an imprint of the Taylor & Francis Group, an informa business

© 2020 selection and editorial matter, María Elena Placencia and Xose A. Padilla; individual chapters, the contributors

The right of María Elena Placencia and Xose A. Padilla to be identified as the authors of the editorial material, and of the authors for their individual chapters, has been asserted in accordance with sections 77 and 78 of the Copyright, Designs and Patents Act 1988.

All rights reserved. No part of this book may be reprinted or reproduced or utilised in any form or by any electronic, mechanical, or other means, now known or hereafter invented, including photocopying and recording, or in any information storage or retrieval system, without permission in writing from the publishers.

Trademark notice: Product or corporate names may be trademarks or registered trademarks, and are used only for identification and explanation without intent to infringe.

British Library Cataloguing-in-Publication Data
A catalogue record for this book is available from the British Library

Library of Congress Cataloging-in-Publication Data
A catalog record has been requested for this book

ISBN: 978-0-8153-5770-4 (hbk)
ISBN: 978-0-8153-5772-8 (pbk)
ISBN: 978-1-351-10923-9 (ebk)

Typeset in Bembo
by Newgen Publishing UK

 Printed in the United Kingdom by Henry Ling Limited

ÍNDICE

Biodatas de autores   *viii*
Agradecimientos   *xii*

    Presentación   1
    María Elena Placencia y Xose A. Padilla

SECCIÓN I
Actos de habla   5

1 Los pedidos   7
   María Elena Placencia

2 Los rechazos   18
   J. César Félix-Brasdefer

3 Los cumplidos   29
   Carmen Maíz-Arévalo

4 Los consejos en los foros digitales   40
   Susana A. Eisenchlas

5 Las disculpas   49
   Tania Gómez

SECCIÓN II
Deixis social   59

6 Las formas de tratamiento pronominal   61
    Bettina Kluge

7 Los vocativos   70
    Anna-Brita Stenström

SECCIÓN III
La (des)cortesía   81

8 La (des)cortesía: introducción a su estudio   83
    Nieves Hernández Flores y María Bernal

9 La descortesía en las redes sociales   95
    Pilar Garcés-Conejos Blitvich y Patricia Bou-Franch

10 La anticortesía   105
    Gerrard Mugford y Sofía Montes

11 La cortesía 1   115
    María de la O Hernández-López y Lucía Fernández-Amaya

12 La atenuación y la intensificación en la expresión de la (des)cortesía en la conversación coloquial   125
    Antonio Briz y Marta Albelda

13 Emoticonos y emojis: su relación con la cortesía en la comunicación digital   136
    Agnese Sampietro

SECCIÓN IV
Comunicación y persuasión   147

14 Humor y comunicación multimodal: las viñetas cómicas   149
    Xose A. Padilla

15 Argumentación y discurso político   164
    Catalina Fuentes Rodríguez y Ester Brenes Peña

16 La serie enumerativa como elemento intensificador
   en el discurso político 175
   Luis Cortés Rodríguez

17 Marcadores del discurso y argumentación 185
   M. Noemí Domínguez-García

18 Persuasión emocional, argumentación y publicidad 196
   María Isabel Hernández Toribio y Laura Mariottini

19 Comunicación no verbal 206
   Ana M. Cestero Mancera

SECCIÓN V
El discurso digital   217

20 La construcción de la identidad en las redes sociales 219
   Francisco Yus

21 La comunicación en línea: aspectos tecnológicos,
   sociales y situacionales 230
   Alejandro Parini

SECCIÓN VI
Metodología en el estudio de la pragmática   243

22 Pautas para la elaboración de un proyecto de investigación
   en pragmática 245
   Rachel L. Shively

Índice de materias y de autores   *258*

BIODATAS

Marta Albelda es Profesora Titular en la Universitat de València (España). Es especialista en las categorías pragmáticas de la atenuación y la intensificación, y trabaja en lingüística de corpus. Coordina el corpus Ameresco, de conversaciones coloquiales del español de América, y codirige el proyecto Es.Vag.Atenuación (esvaratenuacion.es).

María Bernal es Profesora Titular en el Departamento de Estudios Románicos y Clásicos de la Universidad de Estocolmo (Suecia). Su labor investigadora, dentro del campo del análisis del discurso y la sociopragmática, se ha centrado en diferentes aspectos relacionados con la (des)cortesía. Forma parte de la mesa coordinadora del programa EDICE y del grupo ROMPOL sobre discurso político.

Patricia Bou-Franch es Catedrática de Lingüística en el Departamento de Filología Inglesa y Alemana de la Universitat de València (España), y es miembro del Instituto Interuniversitario de Lenguas Modernas Aplicadas (IULMA-UV). Su investigación se centra en estudios de género, identidad, (des)cortesía y discurso digital.

Ester Brenes Peña es Profesora Titular de Universidad en la Facultad de Filosofía y Letras de la Universidad de Córdoba (España). Sus líneas de investigación giran en torno a la pragmática y el análisis del discurso del español, centrándose en el estudio de las estrategias de argumentación y los conceptos de imagen y (des)cortesía verbal.

Antonio Briz es Catedrático de Lengua Española en la Universitat de València (España) y director del grupo de investigación Val.Es.Co. (www.valesco.es), dedicado al estudio de la lengua hablada y a la lingüística de corpus. Trabaja en pragmática del español y su principal línea de investigación es el estudio y análisis de la conversación coloquial.

Ana M. Cestero Mancera es Catedrática de Lingüística General en la Universidad de Alcalá (España). Sus líneas principales de investigación son comunicación no verbal, análisis de la conversación y sociopragmática. Ha participado y participa en numerosos proyectos de investigación y es coordinadora técnica del "Proyecto para el estudio sociolingüístico del español de España y América (PRESEEA)".

Luis Cortés Rodríguez es Profesor Emérito en la Universidad de Almería (España). Ha trabajado fundamentalmente sobre distintos aspectos del discurso oral en español (sintaxis del coloquio, series enumerativas, expletivos, discurso político, expresión oral, etc.). Creador de la revista *Oralia*, ha sido hasta 2016 responsable del grupo de investigación ILSE.

M. Noemí Domínguez-García es Profesora Titular de Universidad en el Departamento de Lengua Española de la Universidad de Salamanca (España). Su docencia e investigación se centran en el análisis del discurso y la enseñanza de E/LE, donde cuenta con publicaciones nacionales e internacionales en libros colectivos e individuales y en revistas científicas.

Susana A. Eisenchlas es Profesora de Lingüística y Lingüística Aplicada en la Facultad de Humanidades, Lenguas y Ciencias Sociales, Universidad de Griffith (Australia). Ha publicado extensamente en las áreas de comunicación intercultural, estudios de género, adquisición de la primera materna (L1) y de una lengua extranjera (L2) y, más recientemente, bilingüismo y lectoescritura bilingüe.

J. César Félix-Brasdefer es profesor e investigador a tiempo completo en *Indiana University* (EE. UU.) donde enseña cursos de lingüística y español. Sus áreas de investigación incluyen la pragmática y el análisis del discurso. Una de sus publicaciones más recientes es *Pragmática del español: contexto, uso y variación* (Routledge, 2019).

Lucía Fernández-Amaya es profesora del Departamento de Filología y Traducción de la Universidad Pablo de Olavide de Sevilla (España). Sus investigaciones y publicaciones se centran en diversas áreas de la pragmática: pragmática y traducción, pragmática social (cortesía), pragmática intercultural, la enseñanza de la pragmática para estudiantes de segundas lenguas y el lenguaje en los servicios de atención al público.

Catalina Fuentes Rodríguez es Catedrática de Lengua Española en la Universidad de Sevilla (España). Dirige el grupo APL en Argumentación y persuasión con proyectos nacionales y regionales. Su trabajo se centra en la macrosintaxis del español, los marcadores discursivos, la lingüística pragmática y el análisis del discurso: (des)cortesía verbal, discurso político y mediático.

Pilar Garcés-Conejos Blitvich es Catedrática de Lingüística en el Departamento de Inglés de la Universidad de Carolina del Norte en Charlotte (EE. UU.). Sus intereses generales son la agresión, la (des)cortesía, la teoría del género, la construcción de la identidad y la comunicación en los medios tradiciones y digitales. Es co-editora de la revista *Journal of Language Aggression and Conflict*.

Tania Gómez se doctoró en Lingüística Hispánica de la Universidad de Minnesota (EE. UU.). Es Profesora Titular en el Departamento de Estudios Hispánicos de la Universidad de

Saint Benedict y Saint John's en Minnesota. Su investigación y publicaciones se centran en actos de habla y cortesía en el español colombiano.

Nieves Hernández Flores es Profesora Titular en el Departamento de Inglés, Lenguas Germánicas y Románicas de la Universidad de Copenhague (Dinamarca). Dentro de la pragmática se ha centrado en el estudio teórico y empírico del tema de la imagen social y la cortesía. Es parte de la mesa coordinadora del programa EDICE (Estudios de Discurso de Cortesía en Español).

María de la O Hernández-López es profesora en el Departamento de Filología y Traducción de la Universidad Pablo de Olavide de Sevilla (España). Su investigación se centra en la pragmática social e intercultural, y en especial la cortesía en el mundo hispánico y anglosajón. Sus publicaciones recientes exploran diversos aspectos de pragmática social en situaciones de atención al público y entornos virtuales.

María Isabel Hernández Toribio es Profesora Titular de Lengua Española de la Universidad Complutense de Madrid (España). Ha desarrollado su línea de investigación principalmente en el ámbito de la pragmática y el análisis del discurso. Entre sus publicaciones más recientes destacan algunas centradas en el análisis de tipologías de actos de habla en entornos digitales y multimodales.

Bettina Kluge es Catedrática de Lingüística Aplicada en el Instituto de Traducción y Lenguaje Especializado de la Universidad de Hildesheim (Alemania). Sus intereses de investigación son la sociolingüística de la migración, pragmática contrastiva, cortesía y formas de tratamiento. Es co-editora de la serie de libros *Topics in Address Research*, John Benjamins y miembro fundacional de INAR (International Network on Address Research).

Carmen Maíz-Arévalo es Profesora Titular en la Universidad Complutense de Madrid (España). Doctora en Lingüística desde 2001, su investigación se centra en la pragmática y la pragmática intercultural, áreas sobre las que ha publicado numerosos artículos en libros y revistas de carácter internacional. Destacan especialmente sus trabajos sobre el español peninsular o de carácter contrastivo (inglés–español).

Laura Mariottini es Profesora de Lengua y Traducción Española en la *Sapienza Università di Roma* (Italia). Sus líneas de investigación se centran en los ámbitos de la pragmática interaccional, del español hablado en contextos de especialidad y del discurso de la migración latinoamericana en Italia. Ha sido profesora visitante de las Universidades de Córdoba (España) y de La Habana (Cuba).

Sofía Montes cursa sus estudios en la Universidad de Guadalajara (México). Su principal área de interés es la sociolingüística.

Gerrard Mugford obtuvo su doctorado en el Instituto de Educación, UCL, Universidad de Londres (Reino Unido). Trabaja en programas de licenciatura y maestría en la Universidad de Guadalajara (México). Sus áreas principales de interés incluyen la pragmática y el análisis del discurso en una segunda lengua. Ha publicado artículos sobre la comunicación interpersonal, la cortesía y el análisis crítico del discurso.

Xose A. Padilla es Profesor Titular de Universidad en el Departamento de Filología Española de la Universitat d'Alacant (España). Se doctoró en la Universitat de València y es miembro del grupo Val.Es.Co. Su investigación se ha centrado en el español coloquial y en la fono-pragmática. Es director del proyecto *El habla con significado emocional y expresivo: análisis fono-pragmático y aplicaciones*.

Alejandro Parini es director de la Escuela de Lenguas y Estudios Extranjeros de la Universidad de Belgrano (Argentina), y fue profesor visitante de City University, Londres. Entre sus últimas publicaciones, en co-autoría, se encuentran *Lenguaje, discurso e interacción en los espacios digitales* (2014), *El lenguaje en la comunicación digital* (2017) y *El español en la Red* (2018).

María Elena Placencia es *Reader in Spanish Linguistics* en Birkbeck, Universidad de Londres (Reino Unido). Trabaja en las áreas de pragmática interpersonal, pragmática variacional y análisis del discurso digital. Es co-autora de *Spanish Pragmatics* (Palgrave) y co-editora de *Pragmática y comunicación intercultural en el mundo hispanohablante* (Rodopi/Brill), y *Research on Politeness in the Speaking World* (Taylor and Francis), entre otras publicaciones.

Agnese Sampietro es Investigadora posdoctoral en la Universidad Jaume I (España) y especialista en el estudio de la comunicación mediada por ordenador. Se doctoró en la Universitat de València con la tesis *Emoticonos y emojis. Análisis de su historia, difusión y uso en la comunicación digital actual* (2016).

Rachel L. Shively es doctora en Lingüística Hispánica por la Universidad de Minnesota y Profesora de Lingüística Aplicada y Lengua Española en la Universidad Estatal de Illinois (EE. UU.). Su investigación se centra en la adquisición de pragmática en segunda lengua y el aprendizaje de lengua y cultura durante los estudios en el extranjero.

Anna-Brita Stenström es Catedrática Emérita de Lenguas Extranjeras en la Universidad de Bergen (Noruega). Inició tres corpus en línea del habla de los adolescentes en inglés, lenguas nórdicas y español. Sus publicaciones incluyen *An introduction to spoken interaction*, *Trends in teenage talk* (en co-autoría) y *Teenage talk. From general characteristics to the use of pragmatic markers in a contrastive perspective*.

Francisco Yus es Catedrático de Lengua Inglesa en la Universitat d'Alacant (España). Se ha especializado en la aplicación de la pragmática a los discursos de masas y ha desarrollado una línea de investigación sobre la comunicación por Internet (*Ciberpragmática*). Sus últimas investigaciones se han centrado en otros aspectos de la comunicación como el malentendido, la ironía y los discursos humorísticos.

AGRADECIMIENTOS

Queremos expresar nuestra gratitud a varias personas: en primer lugar, a todos los autores de los capítulos; sin ellos no hubiese sido posible la realización de este proyecto. Agradecemos igualmente a Samantha Vale Noya y a todo el equipo de Taylor & Francis (Laura Sandford y Rosie McEwan) por su apoyo a lo largo de la preparación del manuscrito, y a Céline Durassier por la edición del texto. Por último, damos las gracias a los colegas que llevaron a cabo las evaluaciones anónimas de los diferentes capítulos.

PRESENTACIÓN

Este libro ofrece una guía práctica cuyo propósito es preparar al alumno para el análisis pragmático del uso del español en contextos cotidianos. Está dirigido a estudiantes de español avanzado, y a hablantes nativos de español, que cursen un módulo introductorio de pragmática del español, o de lingüística hispánica, como parte de un grado de licenciatura (BA). Puede ser también de utilidad a estudiantes de máster que necesiten orientación sobre los temas que aquí se tratan.

Presenta de manera asequible una serie de temas habituales en los textos de pragmática, ofreciendo un enfoque de análisis para cada uno de ellos y actividades prácticas que encaminan al estudiante a aplicar determinadas teorías y conceptos a corpus o a otros datos tomados de diferentes contextos en el mundo hispanohablante: de interacciones cara a cara y en línea, de la prensa (digital), de las redes sociales, etc. Incluye también una lista de *lecturas recomendadas* y de *lecturas complementarias* para los estudiantes que quieran profundizar en los diferentes contenidos.

El libro está pensado, además, como una fuente de recursos para estudiantes que vayan a realizar una estancia en un país de lengua española y necesiten desarrollar un proyecto de investigación lingüística como requisito de su programa. Gracias a la variedad de sus temas, el libro permitirá a estos estudiantes ahondar en cuestiones teóricas y metodológicas derivadas del estudio de los contenidos aquí expuestos. Les ayudará igualmente a identificar áreas de interés y a planificar un trabajo de investigación para un posible proyecto futuro. En cada capítulo se dan sugerencias de estudio alrededor del tema del capítulo. Adicionalmente, el libro cuenta con un capítulo sobre metodología en la investigación en pragmática, con una bibliografía abundante, que servirá de guía a los estudiantes en la formulación de su objeto de estudio, la selección de herramientas de investigación, la consideración de cuestiones éticas, etc.

Así, dependiendo de los objetivos del curso, el libro puede usarse solo o como complemento de textos de pragmática (en inglés o en español) que hay disponibles en el mercado, con la ventaja de que ofrece oportunidades de aplicación de las teorías y conceptos a datos correspondientes al mundo hispanohablante. Las actividades propuestas, o una selección de las mismas, pueden formar parte de las actividades de clase en un curso de pragmática, o de lingüística, o, alternativamente, ser parte del 'coursework' del curso.

Estructura del libro y de los capítulos

El libro consta de 22 capítulos, incluyendo uno sobre metodología de la investigación en pragmática. Los capítulos, agrupados en seis secciones (actos de habla, deixis social, (des)cortesía, comunicación y persuasión, discurso digital y metodología en el estudio de la pragmática), cubren una diversidad de temas que pueden ser tratados en diferente orden. El capítulo sobre cuestiones metodológicas que aparece al final sirve de referencia y guía para los estudiantes a lo largo del libro y será de utilidad particular para los estudiantes que quieran desarrollar posteriormente un proyecto en pragmática. Cabe señalar que la agrupación de los capítulos en las diferentes secciones mencionadas representa solo una manera de organizar el contenido, dado que los diferentes temas están entrelazados. Por ejemplo, algunas cuestiones de (des) cortesía son pertinentes a lo largo de todo el libro, o la comunicación digital puede ser un contexto general para la realización de actividades en varios capítulos. Todos ellos incluyen referencias cruzadas que remiten a los lectores a otras secciones y capítulos del libro.

Cada capítulo, a cargo de expertos en el área correspondiente, está organizado alrededor de un tema específico. Empieza con una introducción en la que se destaca su relevancia. A continuación, se presentan los objetivos del capítulo y la perspectiva adoptada. Las secciones centrales del capítulo ilustran cómo se puede enfocar el análisis del tema bajo estudio: introducen teorías/conceptos claves y ofrecen actividades/corpus para la aplicación de la teoría/los conceptos. El capítulo concluye con preguntas de reflexión sobre aspectos del análisis presentado y/o cuestiones metodológicas, sugerencias de posibles temas de estudio en el área y una lista de lecturas recomendadas, seguida de otra de lecturas complementarias, como guía para quienes quieran profundizar en el tema. En lo que respecta a los posibles temas para un ensayo, hay que destacar que se asume que los estudiantes trabajarán bajo la guía de su profesor/a, que seguirán procedimientos estándar para la recolección de datos y que tendrán en cuenta consideraciones éticas, etc., tal como se explica en el capítulo de metodología (Cap. 22).

La pragmática es una disciplina que abarca muchas áreas, por lo tanto, el estudio del uso del español en la vida cotidiana podría haber tomado muchos y diferentes caminos. Necesariamente, hemos tenido que hacer una selección de temas, guiados en parte por su representatividad y también por consideraciones prácticas. Nos hemos centrado particularmente en la pragmática interpersonal/sociopragmática, pero no exclusivamente. Sin embargo, queda siempre abierta la posibilidad de ampliar el texto en el futuro con otros temas y áreas de estudio, y con nuevos enfoques.

Nota sobre ejemplos y corpus empleados

Los ejemplos y datos para el análisis a lo largo del libro provienen de una variedad de fuentes tales como los medios de comunicación (tradicionales y digitales), las interacciones cara a cara (espontáneas o inducidas), las redes sociales, los foros digitales, etc. También se emplean, en algunos capítulos, datos de cuestionarios que reflejan, por ejemplo, percepciones de uso apropiado de los informantes. Aparecen representadas en el libro, además, diferentes variedades del español. Hacemos notar a los lectores que los ejemplos que se ofrecen se presentan tal como aparecen en estudios publicados, en resultados de cuestionarios o en corpus del español oral o en línea. Los ejemplos provenientes de interacciones grabadas, posteriormente transcritas, conservan los símbolos de transcripción empleados que pueden corresponder a diferentes sistemas de transcripción. A su vez, se podrá ver que los ejemplos tomados de redes sociales, foros en línea, etc. contienen errores ortográficos y de otro tipo, así como usos no propios del español estándar.

María Elena Placencia y Xose A. Padilla

# SECCIÓN I
Actos de habla

Sección I
Actor de rodaje

1
LOS PEDIDOS

María Elena Placencia

(1) En un bar en Sevilla a la hora del desayuno:
   Cliente: Hola→/ buenos días↓ /
   Camarero: Buenos días↓ / ¿qué vas a tomar→/ hijo↑?
   Cliente: Dame un cafelito para llevar→/ cuando tú puedas Pepe↓
   Placencia y Mancera Rueda, 2011: 495

1.1 Introducción

Los pedidos[1] son actos de uso extendido en la vida cotidiana: pedimos ayuda y favores de diverso tipo a familiares y amigos y también a desconocidos sea cara a cara o en interacciones mediadas por la tecnología (conversaciones telefónicas, servicios de mensajería y otros). Asimismo, solicitamos información, productos o servicios en tiendas y bares, como en (1), instituciones de diversa índole, etc.

Un pedido puede formularse de diversas maneras. Por ejemplo, *Dame un cafelito para llevar [...]* en (1) ilustra el empleo de un pedido *directo* o explícito (1.3.2), construido con un imperativo, que sin embargo va acompañado por un *movimiento de apoyo* (*cuando tú puedas Pepe↓*) que atenúa la fuerza del pedido. El diminutivo en *cafelito*, también tendría este efecto al mismo tiempo que, junto con el tuteo y el vocativo *Pepe*, expresa cercanía y confianza con el interlocutor.

En la formulación de un pedido, influyen diferentes factores: el tipo de pedido —si conlleva un costo alto o bajo para el interlocutor—, factores microsociales como la distancia social —según los participantes tengan una relación cercana o distante—, y macrosociales como la afiliación regional, edad, etnicidad, etc., al igual que otros factores como el tipo de actividad o género discursivo (ej. interacción de servicio, reunión social, etc.) que conlleva ciertos derechos y obligaciones para los participantes. Hay que tener en cuenta, sin embargo, que las diferentes actividades ocurren en un contexto cultural más amplio que puede influir, por ejemplo, en las expectativas de comportamiento apropiado asociadas con diferentes actividades, en la valoración de un pedido como de alto o bajo costo, etc.

Volviendo a (1), el cliente y camarero en este ejemplo se conocen y su relación se manifiesta cercana como se puede ver en el tuteo recíproco y en el empleo de formas de tratamiento afiliativas (*hijo, Pepe*). Asimismo, lo que pide el cliente es un servicio común y corriente en un bar, es decir, el pedido representa un costo bajo para el interlocutor. En este contexto, un pedido directo es apropiado.

Por otra parte, en el ejemplo (2) del mismo estudio (Placencia y Mancera Rueda, 2011: 501), podemos ver un pedido formulado con una construcción interrogativa con *poder* (*¿me puedes …?*). Se trata de un pedido *convencionalmente indirecto* (1.3.2):

(2) Cliente al camarero: Severino↑/ ¿me puedes dar un vasito de agua?

En este caso, si bien los participantes se conocen y parecen también tener una relación cercana, el pedido de un vaso de agua, por el que no se paga, es una acción que va más allá de las obligaciones del camarero y de los derechos del cliente. En este contexto, un pedido convencionalmente indirecto es menos impositivo.

Finalmente, influye también el medio de interacción: por ejemplo, la mayoría de los factores sociales mencionados pueden tener menos peso o, posiblemente, ninguna influencia en la interacción en línea en contextos en los que los participantes interactúan con identidades virtuales (v. Caps. 20 y 21).

1.2 Objetivos y enfoque

El objetivo de este capítulo es darte algunas herramientas para el estudio de pedidos y ayudarte a tomar conciencia de algunos factores socioculturales y situacionales que influyen en su realización. Empleamos como base el esquema de categorización de Blum-Kulka, House y Kasper (1989) que distingue los diferentes elementos que puede tener un pedido. Es el esquema que más extensamente se ha utilizado, aunque también tiene sus limitaciones (v., por ejemplo, Morrow, 2017). Queremos que te familiarices con los aspectos más importantes de este esquema: los elementos de los pedidos, categorías y (sub)estrategias de pedidos y realizaciones lingüísticas, incluyendo el uso de mecanismos de atenuación (v. Cap. 12; Fuentes Rodríguez, 2010). Veremos también, aunque brevemente, algunas cuestiones de cortesía (v. Sección III) relacionadas con la formulación de pedidos.

1.3 Análisis de los pedidos

1.3.1 *Elementos de un pedido*

Al analizar los pedidos, se distingue entre el *acto central* o *nuclear* ('head act') — el pedido propiamente dicho— y las acciones que acompañan al pedido —*los movimientos de apoyo* ('supportive moves') (Blum-Kulka et al., 1989; v. también Cap. 2)— que sirven para atenuar o agravar el pedido, comunicando al mismo tiempo, afiliación o cercanía con el interlocutor, respeto y/o distancia, etc. El pedido puede estar precedido por un *alertador* ('alerter'), comúnmente, *oye/oiga, perdona/e* o un vocativo, que se emplea para llamar la atención del interlocutor.

En (3), ejemplo tomado de TripAdvisor, encontramos un pedido de información que ocurre con varios movimientos de apoyo:

(3) Contexto: Un usuario pide información sobre alojamiento en un hotel en México.
Usuario: Hola: No encuentro num. de tel. para comunicarse, deseo saber el costo de habitación para tres adultos y un menor, gracias

El acto central en este ejemplo es el pedido de información: *deseo saber el costo de habitación para tres adultos y una menor*. Ocurre con tres movimientos de apoyo: dos que le preceden (antepuestos) y uno que le sigue (pospuesto):

Hola:	Movimiento de apoyo
No encuentro num. de tel. para comunicarse	Movimiento de apoyo
deseo saber el costo de habitación para ...	*Acto central*
gracias	Movimiento de apoyo

En este caso, se trata de movimientos encaminados a atenuar el pedido y establecer una relación cordial con el interlocutor. Los veremos con más detalle en el siguiente apartado. Como parte del esquema de Blum-Kulka et al. (1989), también veremos mecanismos de modificación interna del acto central, con fines atenuantes o agravantes.

Actividad 1: Empleando el Corpus 1 en el Anexo, examina los enunciados que realizan los diferentes pedidos y determina en cada caso el acto central y los movimientos de apoyo empleados. ¿Predominan los pedidos que ocurren solos, sin movimientos de apoyo? ¿Hay diferencias entre el Corpus 1a y 1b?

1.3.2 Categorías de pedidos

De acuerdo con el esquema de Blum-Kulka et al. (1989), los enunciados que realizan el acto central del pedido pueden clasificarse en tres categorías globales, según se empleen estrategias *directas, convencionalmente indirectas* o *no convencionalmente indirectas*. El esquema contempla también substrategias de acuerdo a la formulación del pedido. En la Tabla 1.1, ejemplificamos estas categorías usando variaciones del pedido *Dame un cafelito* que aparece en (1).

Como se puede ver en esta tabla, los pedidos directos se realizan mediante distintos procedimientos formales: con imperativos, con construcciones elípticas en las que se focaliza el objeto del pedido, con aserciones de más de un tipo o, también, con performativos explícitos; no obstante, podrían emplearse otras formas no contempladas aquí (v. Blum-Kulka et al., 1989).

TABLA 1.1 Categorías de pedidos

Categorías de pedidos	Sub-categorías y ejemplos
1 Directos	*Dame* un cafelito. (Pedido con imperativo)
	Un cafelito. (Construcción elíptica)
	Quiero un cafelito. (Aserción del deseo de la persona)
	Me das un cafelito. (Aserción de la acción que va a ejecutar el interlocutor)
	Te pido que me des un cafelito. (Performativo explícito con *pedir*)
2 Convencionalmente indirectos	¿*Me puedes dar* un cafelito?
3 No convencionalmente indirectos	Ya es la hora de mi cafelito.

Los pedidos convencionalmente indirectos, en cambio, se formulan con construcciones interrogativas con *poder* (¿(Me) puedes…), o *dejar* en el español peninsular (¿Me dejas…?), entre otras, cuya asociación con pedidos se ha vuelto convencional. Finalmente, los pedidos no convencionalmente indirectos corresponden a formulaciones en las que el pedido aparece de manera implícita: el interlocutor necesita inferir del enunciado, de acuerdo al contexto, que se trata de un pedido. Considera este ejemplo, tomado de un ámbito diferente:

(4) Contexto: Es medianoche. A quiere dormir pero su pareja (B) está leyendo y tiene encendida una luz.
A: Mañana tengo que levantarme temprano.
(B cierra el libro y apaga la luz.)

Si bien el enunciado de A se formula como una aserción de lo que la persona tiene que hacer al día siguiente, B infiere correctamente que A le está pidiendo que apague la luz para poder dormir. Por otro lado, si este pedido indirecto se repite, puede convertirse en una formulación convencional para la pareja (i.e., un acto convencionalmente indirecto).

La distinción entre formas directas e indirectas, sin embargo, es compleja y a veces no muy clara; por tanto, puede dar pie a diferentes interpretaciones. Así, algunos autores prefieren hablar, por ejemplo, de *explicitud pragmática* (Culpeper y Haugh, 2014) en lugar de *(in)dirección*. Hay varios elementos que hacen que la fuerza de un determinado acto sea más o menos transparente. Por ejemplo, con respecto a pedidos, en *Dame un cafelito* se hace explícita la acción del pedido (*dame*), el objeto del pedido (*un cafelito*) y el agente (*tú*). En cambio, en *Un cafelito* solo aparece el objeto del pedido.

Sin embargo, la fuerza de este último enunciado como pedido, en el contexto de un bar, es inequívoca. Finalmente, el pedido en (4) sería el menos transparente en cuanto que no se menciona ni la acción ni el objeto del pedido, ni tampoco el agente.

Finalmente, por lo que respecta a la relación entre pedidos directos e indirectos con la cortesía (v. Sección III), los primeros suelen asociarse con cortesía afiliativa, de acercamiento, mientras que los segundos, con cortesía de distanciamiento. Sin embargo, siempre es importante tener en cuenta el contexto para determinar el efecto de cortesía de un enunciado y considerar también las formas con las que ocurre. Por ejemplo, los tratamientos pronominales (Cap. 6) y nominales (Cap. 7) y los saludos que se empleen pueden influir en cómo se perciba el pedido.

Actividad 2: Examina los pedidos en el Corpus 1 en el anexo y clasifícalos empleando el esquema de la Tabla 1.1. ¿Predominan los pedidos directos o (convencionalmente) indirectos? ¿Hay diferencias entre los Corpus 1a y 1b? Te ayudará revisar las categorías que otros hispanistas han empleado en la clasificación de pedidos (ver lecturas recomendadas).

1.3.3 Movimientos de apoyo

Vimos en el ejemplo (3) que la persona que solicita información da inicio a su pedido con un saludo informal (*hola*) con el que se muestra amigable. El saludo va seguido de una afirmación (*no encuentro num. de tel. para comunicarse*) que es en realidad una explicación que justifica el pedido de información a través de TripAdvisor. Finalmente, el turno se cierra con un agradecimiento (*gracias*) que sirve también como despedida.

Los saludos y despedidas son movimientos que facilitan la apertura y cierre de una interacción, apoyando la realización del pedido. Comunican diferentes significados sociales según la fórmula que se emplee. Por ejemplo, la selección de *hola* en (3) comunica informalidad y cercanía, mientras que un saludo como *buenos días* expresaría formalidad, distancia y/o respeto. A la vez, el empleo de estas fórmulas, incluyendo la de agradecimiento, desempeña cierto trabajo de identidad al mostrar a la persona como alguien considerado/a y atento/a. En resumen, los diferentes movimientos de apoyo en (3) contribuyen a atenuar el pedido y a establecer una relación cordial, al mismo tiempo que sirven como mecanismos de autopresentación. En última instancia, en muchos casos, los movimientos de apoyo podrían considerarse como mecanismos de argumentación (v. Sección IV), orientados a persuadir al interlocutor a que realice el pedido solicitado.

En (5), por otra parte, se observa un movimiento de apoyo con efecto agravante. El comprador exige pronta atención (*lo más rápido que pueda*) lo que hace que el pedido sea más impositivo:

(5) Un joven (comprador) en una tienda de barrio
Joven: Una poma de aceite *lo más rápido que pueda*.
Placencia, 2008: 319

Actividad 3: Examina los movimientos de apoyo que acompañan a los pedidos en el Corpus 2: ¿qué tipos de movimientos de apoyo son más frecuentes? Considera si cumplen una función atenuante o agravante del pedido.

1.3.4 Estrategias de modificación interna del acto central del pedido

Los pedidos pueden ser modificados internamente con el objetivo de atenuar o agravar su fuerza (Blum-Kulka et al., 1989), como indicamos anteriormente (v. Cap. 12; Fuentes Rodríguez, 2010). Así, el empleo de un diminutivo en *Dame un cafelito para llevar* en (1) tendría un efecto atenuante. Igualmente, quien hace el pedido puede buscar distanciarse de la acción utilizando, por ejemplo, el imperfecto en lugar del presente del indicativo: *Quería…* en lugar de *Quiero…*, o el condicional (*¿Podrías…?*) también en lugar del presente del indicativo (*¿Puedes…?*). Las construcciones negativas pueden emplearse también con fines atenuantes al comunicar cierto pesimismo sobre la realización de la acción (*¿No podrías…?*).

Por otra parte, los pedidos pueden ser *agravados* internamente si se añade, por ejemplo, un elemento de urgencia y exigencia al enunciado, como el adverbio *ya*: (*Dame ya…*). Además, hay recursos prosódicos como la entonación (Félix-Brasdefer, 2015) o el volumen de la voz (García, 2002) en las interacciones cara a cara que pueden emplearse para agravar o atenuar la fuerza del pedido. Asimismo, en el discurso digital en las redes sociales y servicios de mensajería como WhatsApp, se puede observar el uso de mayúsculas, signos múltiples de exclamación, emojis, etc., que se emplean muchas veces con fines de intensificación, pero hay algunos recursos que se utilizan también con fines de atenuación (v. Cap. 13). Podría añadirse a esta lista los recursos no verbales como los gestos en la interacción cara a cara (v. Cap. 19).

Actividad 4: Examina los mecanismos de atenuación que se utilizan en la realización del acto central de los pedidos en el Corpus 1 en el Anexo y considera similitudes y diferencias entre 1a y 1b.

1.3.5 Factores sociales que influyen en la formulación de pedidos

Como mencionamos en la introducción, hay diferentes factores *micro* y *macrosociales* (v. p. ej. Schneider y Placencia, 2017) que pueden influir en la formulación de un pedido, además de factores situacionales. Con respecto a los primeros, son factores que están ligados al contexto local de interacción. Así, una misma persona que está en una relación de poca distancia social (-DS) y de igualdad (-P [poder]) al interactuar con amigos, puede pasar a una situación de distancia social (+DS) al interactuar con extraños, que será de +P o -P según el contexto. Por tanto, la formulación que empleemos para pedir un favor, por ejemplo, a un amigo cercano y a una persona con autoridad, con la que no tenemos confianza, será diferente.

Por otro lado, los factores macrosociales como afiliación regional, edad, género y estrato socioeconómico corresponden a rasgos relativamente estables de los participantes. Con respecto a la afiliación regional, a manera de ilustración, se ha observado variación en la formulación de pedidos y otros actos de habla; tal variación posiblemente esté asociada con factores socioculturales relacionados con cómo se percibe la relación entre los participantes y sus derechos y obligaciones en una determinada actividad. Así, se ha encontrado variación, por ejemplo, en el empleo de mecanismos de atenuación. Siguiendo en el contexto de interacciones de servicio, los estudios de Bataller (2015) y Placencia (2008) ilustran este tipo de variación. La primera autora examina pedidos en cafeterías en Valencia y Huétor Santillán, un pueblo cerca de Granada, y observa, por ejemplo, que los participantes de Huétor Santillán emplean diminutivos (ej. *ponme un vinillo*, p. 130) con mayor frecuencia que los de Valencia.

Placencia (2008), por su parte, examina interacciones en tiendas de barrio en Quito y Manta, que representan dos variedades del español ecuatoriano, y encuentra que los clientes quiteños, comparados con los manteños, se valen de un mayor número de mecanismos de atenuación al realizar un pedido, y con mayor frecuencia. Incluso, a veces, producen pedidos con varios mecanismos como en (6), mientras que los manteños los emplean menos frecuentemente o no los emplean, como en (7):

(6) Cliente quiteña: regáleme pancito por favor
(7) Cliente manteña: un litro de leche
                    Placencia, 2008: 314

Estos ejemplos ponen de relieve que puede haber variación regional sobre qué constituye un comportamiento apropiado (y eficaz) para hacer un pedido (o realizar otro tipo de acto de habla). De esta manera, resaltan el hecho de que hablar el mismo idioma no significa que los hablantes de diferentes variedades del español compartan necesariamente las mismas normas de interacción (v. Schneider y Placencia, 2017).

Por otra parte, con respecto al género, Félix-Brasdefer (2015), por ejemplo, examina interacciones de servicio en mercados en Yucatán y encuentra que hay diferencias en el tipo de estrategia de pedido preferida por los hombres y las mujeres en su estudio. Es decir, este factor, al igual que otros factores macrosociales, puede incidir en la formulación de pedidos y otros actos de habla.

Actividad 5: Identifica aspectos de variación regional en la realización de pedidos en los Corpus 1a y 1b.

1.4 Preguntas para la reflexión

- Si estás en un grupo de Facebook o WhatsApp, observa la realización de pedidos y considera si factores como el género y la edad parecen influir en la formulación de los mismos.

- Considera el esquema de análisis de pedidos de Blum-Kulka et al. (1989). ¿Qué dificultades has encontrado en su aplicación? ¿Cómo las has solucionado?
- Considera la relación entre pedidos directos, (convencionalmente) indirectos, contexto y (des)cortesía. ¿Es correcto asumir que el empleo de más *indirección* implica más cortesía?
- ¿Qué problemas presenta el análisis de pedidos aislados como los del Corpus 1 en el anexo?

POSIBLES TEMAS PARA UN ENSAYO O PROYECTO DEL CURSO

- Examina similitudes y diferencias en la realización de pedidos de información sobre un mismo producto en dos plataformas distintas de MercadoLibre (p. ej. ML-Argentina y ML-México) u otro mercado virtual pertinente. Considera los posibles factores que influyen en la realización de pedidos en este contexto.
- Si vas a realizar una estancia en un país de habla hispana o resides ya en dicho país, con la aprobación de tu profesor/a, y el permiso de la autoridad correspondiente (v. Cap. 22), en el espacio de un día o dos, observa y toma nota de pedidos en interacciones de servicio cara a cara de la vida cotidiana, por ejemplo, en una cafetería o panadería, una tienda o ventanilla de servicio. Toma nota también de características de los participantes (hombre, mujer y edad aproximada). Luego examina la realización de los pedidos: ¿qué formulaciones surgen y cuáles son más frecuentes? ¿Varía la formulación del pedido de acuerdo al sexo de los participantes, o a su edad? ¿Qué otros factores parecen influir?
- Examina los pedidos en un corpus que extraigas de TripAdvisor u otra plataforma digital, de acceso público. Determina los tipos de pedidos que ocurren (¿son todos pedidos de información?) y analiza su realización, incluyendo el uso de mecanismos de atenuación y/o agravamiento. Considera si su empleo cambia de acuerdo al tipo de pedido u otros factores.
- Otros: añade uno o dos posibles temas de estudios de pedidos en otros contextos que te parezcan de interés:

....

....

En el capítulo de metodología (Cap. 22) encontrarás herramientas que facilitarán la formulación de tu estudio.

Lecturas recomendadas

Blum-Kulka, S., House, J., y Kasper, G., eds. (1989). *Cross-cultural pragmatics: Requests and apologies*. Norwood, NJ: Ablex. [Cap. 5 y anexo: The CCSARP Coding Manual]

Félix-Brasdefer, J. C. (2015). *The language of service encounters: A pragmatic-discursive approach*. Cambridge: Cambridge University Press. [Cap. 5]

Fuentes Rodríguez, C. (2010). *La gramática de la cortesía en español/LE*. Madrid: Arco/Libros. [Cap. 2]

Le Pair, R. (1996). Spanish request strategies: A cross-cultural analysis from an intercultural perspective. *Language Sciences*, 18, 651–670.

Márquez Reiter, R. (2000). *Linguistic politeness in Britain and Uruguay: A contrastive study of requests and apologies*. Amsterdam: John Benjamins. [Caps. 2 y 4]

Placencia, M. E. y Mancera Rueda, A. (2011). *Dame un cortado de máquina, cuando puedas*: estrategias de cortesía en la realización de la transacción central en bares de Sevilla. En: C. Fuentes Rodríguez, E. Alcaide Lara y E. Brenes Peña, eds., *Aproximaciones a la (des)cortesía verbal en español*. Berne: Peter Lang, 491–508.

Lecturas complementarias

Culpeper, J. y Haugh, M. (2014). *Pragmatics and the English language*. Basingstoke: Palgrave Macmillan. [Cap. 6]

Schneider, K. P., y Placencia, M. E. (2017). (Im)politeness and regional variation. En: J. Culpeper, M. Haugh y D. Z. Kádár, eds., *The Palgrave handbook of linguistic (im)politeness*. Basingstoke: Palgrave, 539–570.

Sobre pedidos específicamente

Bataller, R. (2015). Pragmatic variation in the performance of requests: A comparative study of service encounters in Valencia and Granada (Spain). En: M. Hernández-López y L. Fernández-Amaya, eds., *A multidisciplinary approach to service encounters*. Leiden/Boston: Brill, 113–137.

García, C. (2002). La expresión de camaradería y solidaridad: cómo los venezolanos solicitan un servicio y responden a la solicitud de un servicio. En: M. E. Placencia y D. Bravo, eds., *Actos de habla y cortesía en español*. Munich: Lincom Europa, 55–88.

Iglesias Recuero, S. (2017). Mecanismos de atenuación en las peticiones: de ayer a hoy. *Lingüística Española Actual*, 39(2), 289–316.

Morrow, P. R. (2017). Requesting and advice-giving. En: C. R. Hoffmann y W. Bublitz, eds., *Pragmatics of social media (Handbook of Pragmatics 11)*. Berlin: De Gruyter, 662–689.

Pinto, D. (2010). La cortesía subtitulada. Un análisis intercultural de las peticiones en el cine español y los correspondientes subtítulos en inglés. En: F. Orletti y L. Mariottini, eds., *(Des)cortesía en español. Espacios teóricos y metodológicos para su estudio*. Roma/Estocolmo: Universidad Roma Tre-Programa EDICE, 315–329.

Placencia, M. E. (2008). Pragmatic variation in corner shop transactions in Ecuadorian Andean and Coastal Spanish. En: K. P. Schneider y A. Barron, eds., *Variational pragmatics: A focus on regional varieties in pluricentric languages*. Amsterdam: John Benjamins, 307–332.

Te sugerimos tomar nota de las preguntas de investigación que se plantean los autores y cómo abordan su estudio, cómo han adaptado o ampliado las categorías de Blum-Kulka et al. (1989) al contexto del español, esquemas alternativos utilizados, etc. Te recomendamos también hacer búsquedas de trabajos recientes en bases de datos digitales (v. Cap. 22).

Anexo

CORPUS 1: MUESTRA DE PEDIDOS EN TIENDAS DE BARRIO EN QUITO Y MADRID

Método de obtención de la muestra: grabación (con consentimiento) de interacciones de servicio en barrios residenciales en las dos ciudades.

Nota: Para el propósito de la actividad, se presentan solamente los enunciados del pedido. Al haber sido transcritos siguiendo un sistema convencional de transcripción, no se emplean signos estándar de puntuación. El uso de "?" indica entonación ascendente; "(.)", una pausa breve y "( )", palabra(s) inaudible(s).

Corpus 1A : Quito (C = cliente)

(1)   C: Por favor deme pancito
(2)   C: Buenos días deme por favor un litro de leche
(3)   C: Unita de media de Norteño [bebida alcohólica] por favor
(4)   C: Deme un malboro light don Guillo
(5)   C: Regálese un medio quesito
(6)   C: Una de ( ) regáleme
(7)   C: Cuatro panes señora Mariíta hágame el favor
(8)   C: Deme unos (.) pancitos
(9)   C: Tenga la bondad una lechecita
(10) C: Una leche me hace el favor
(11) C: Tres cigarrillos tenga la bondad
(12) C: Docitas leches por favor

Corpus 1B : Madrid (C = cliente)

(1)   C: Hola me das una barra de pan
(2)   C: Dame una barra
(3)   C: Hola me das una especial?
(4)   C: Una barra de esas
(5)   C: Dos tostaditas de bandeja
(6)   C: Hola dame dos barras de pan (.) y media docena de huevos muy buenos no? los huevos
(7)   C: Me da uno de esos y ( )
(8)   C: Me das dos baguettes
(9)   C: A ver me pones una grande y una pequeñita
(10) C: Dame dos de esas blanquitas
(11) C: Dame una y media de huevos
(12) C: Me pones cuatro pistolas que no estén muy quemadas que a mi nieta no le gustan quemadas

CORPUS 2: MUESTRA DE PEDIDOS DE INFORMACIÓN SOBRE BICICLETAS EN VENTA EN MERCADO LIBRE MÉXICO

Nota: Las interacciones que se listan al pie, de dos enunciados cada una, son de acceso público. Los enunciados se presentan tal como aparecen en el sitio. Las interacciones son entre compradores (C) y vendedores (V).

(1)   C: Amigo todavía la tienes?
       V: Que tal, si, aún esta disponible
(2)   C: Hola, aún vendes la bici? saludos.
       V: Si aun la tengo
(3)   C: Hola disculpa cuantos cambios trae y la medida del cuadro pfa
       V: Hola cuadro L 9 cambios traseros y 3 enfrente
(4)   C: Cuenta con la factura??
       V: Solo tíquet de la tienda
(5)   C: Que talla es??
       V: Rodada 29
(6)   C: K tiempo tiene d uso? Y k marka es?
       V: Marzochi, todo está descrito en la publicación amigo
(7)   C: Hola amigo m podrías mandar rodada y talla xfa, gracias
       V: Talla M rodada 29
(8)   C: Haces entregas personales???
       V: Si cerca de la alberca olimpica (rio churubusco y division del norte)
(9)   C: Hola amigo, disculpa de cuantas velocidades es y k rodada, gracias
       V: Hola buenas noches es una bici DE 24 VELOCIDADES RODADO 26
(10) C: Cuánto el envío
       V: 400 a 500 por fedex pones acordar con vendedor en el envio
(11) C: No haces envíos?
       V: NO
(12) C: Buena noche, es de aluminio.Gracias
       V: Que tal buena noche si es de aluminio.

Nota

1 Utilizamos el término pedido con la misma acepción con que se emplea en algunas variedades del español de América, donde sirve tanto para pedidos de servicio como para pedidos de la vida cotidiana, lo que en el español peninsular, por ejemplo, se expresaría con el término petición.

2

LOS RECHAZOS

J. César Félix-Brasdefer

(1) Situación: Carla invita a su colega de trabajo, Ana, a su fiesta de cumpleaños.
Carla: Me gustaría que vinieras a mi fiesta de cumpleaños este viernes a las ocho.
Ana: Me encantaría ir, pero desafortunadamente ya tengo un compromiso y no podré asistir.
Carla: ¿De verdad? ¿Ni siquiera un rato por la tarde? Ojalá puedas.
Ana: Bueno, pues déjame ver si puedo cambiar mis planes, o quizá llegar más tarde.
Carla: De acuerdo, ojalá nos veamos en la fiesta.

2.1 Introducción

Los rechazos son actos de habla reactivos, que funcionan normalmente, como una respuesta *no preferida* ('dispreferred') a un acto que inicia una acción, como un pedido, una invitación, un ofrecimiento o una sugerencia. El ejemplo (1), como se puede ver, ilustra un rechazo a una invitación.

El acto del rechazo pertenece a la categoría de los actos compromisorios, ya que, con ellos, el hablante se niega a comprometerse a una acción propuesta por el interlocutor. Es una acción relacional que involucra al menos a dos interlocutores: 1) el que inicia la acción y 2) el que la rechaza. El segundo interlocutor necesita adecuarse a las normas de cortesía y a las expectativas socioculturales de la comunidad correspondiente. Por ejemplo, si alguien asiste a una fiesta y el anfitrión le ofrece más comida y no quiere aceptarla, puede responder brevemente con un *No, gracias*, o, más extensamente, con justificaciones (ej. *Ya estoy lleno*) o respuestas indefinidas (ej. *Quizá después comeré un poco más*). La persona que invita, por su parte, puede insistir para expresar cortesía, y la persona que rechaza tiene la opción de rechazar firmemente o de aceptar la oferta después de dos o más insistencias.

En culturas hispanas —y en otras como las culturas asiáticas— la insistencia a una invitación o a un ofrecimiento de comida después de un rechazo inicial se percibe como un comportamiento cortés, constituyendo una expectativa sociocultural (Félix-Brasdefer 2008a; García 1992, 1999).

La manera de hacer un rechazo también depende del medio en el que se desarrolle la interacción. A diferencia de las interacciones cara a cara, o las telefónicas, la selección y frecuencia de las estrategias pueden variar en las redes sociales, por ejemplo, cuando interactuamos en Facebook (González García y García Ramón, 2017) o en otros contextos digitales como interacciones de servicio (Placencia, 2019). Además, en el discurso digital, los rechazos se pueden expresar con señales no verbales para reforzar la intención del hablante, por ejemplo, con emojis (☹) (v. Cap. 13), uso de mayúsculas (*DISCULPA*), vocales alargadas (*No puedooooo*) (v. Cap. 20) o por medio de la repetición (*no puedo, disculpa, en serio, no puedo, disculpa*).

Las expresiones que se emplean para hacer un rechazo dependen de varios factores. Por un lado, están sujetas a factores microsociales como la distancia y el poder social entre los interlocutores. Por ejemplo, puede ser más incómodo y más difícil rechazar la sugerencia de un profesor de asistir a una conferencia que rechazar la sugerencia de un amigo a salir de copas. El tipo de situación es otro de los factores que determina el contenido del rechazo: es más complicado rechazar la solicitud de tu jefe para trabajar dos horas extra que la invitación al cine de un compañero de trabajo. Por último, la manera en que rechazamos varía según factores macrosociales como la región (Madrid, Ciudad de México o Asunción), el nivel socioeconómico, el sexo y la edad de los interlocutores.

Hay, además, varias opciones a la hora de hacer un rechazo. Se puede rechazar: a) directamente (p. ej., *No; No quiero/puedo*) o b) indirectamente, mediante razones o justificaciones, alternativas, expresiones para posponer la acción iniciada, respuestas indefinidas o disculpas (p. ej., *Discúlpame que no pueda asistir a tu fiesta esta vez*). Si el hablante decide rechazar indirectamente, debe seleccionar la opción apropiada a la situación para no dañar la imagen del interlocutor. El rechazo directo o indirecto puede ir acompañado de expresiones que expresan afiliación o cortesía con el interlocutor.

Las diferencias en los rechazos también se observan a nivel geográfico. En la Tabla 2.1, por ejemplo, se muestra la manera de rechazar de estudiantes universitarias en dos zonas del mundo hispanohablante: en México (Guanajuato) y en España (Sevilla). Las interacciones se grabaron en cada país mediante una *dramatización cerrada* ('closed role play') (v. Cap. 22) que consiste en leer una situación simulada (responder a una invitación a una fiesta de cumpleaños) y responder oralmente a través de varios turnos (o varios). Las dos participantes respondieron a la misma situación con el fin de obtener respuestas comparables. Los turnos de Ana son los mismos en cada situación y fueron producidos por una estudiante de cada país.

Como se observa en la tabla, hay similitudes y diferencias en las dos interacciones. Por ejemplo, Sonia y Sole rechazan de manera directa (línea 6). Emplean, además,

TABLA 2.1 Ejemplos de rechazos a una invitación en Guanajuato (México) y Sevilla (España)

Guanajuato: Sonia rechaza la invitación de Ana para asistir su fiesta de cumpleaños

1 Ana: ¡Hola! ¿Cómo has estado? Qué bueno
2 que te encuentro. Me gustaría invitarte a mi
3 fiesta de cumpleaños, es el próximo viernes
4 en mi casa como a las 8pm de la noche,
5 me gustaría que vinieras.
6 Sonia: Ay, me encantaría ir, pero no puedo.
7 Tengo un problema de horario y, disculpa, no
8 puedo. Pero espero que te la pases muy bien.
9 Disfruta tu fiesta y de todos modos
10 te veo pronto.
11 Ana: Ah, pues es una pena que no puedas venir, de
12 verdad, quería que vinieras. Ay, pero si
13 tienes un rato libre, ojalá puedas venir.
14 Van a estar mis amigos de la universidad
15 y te encantaría conocerlos.
16 Sonia: Sí, de verdad, me encantaría estar ahí,
17 pero ya sabes, no puedo, tengo problemas de
18 horario, tengo otras actividades, pero bueno,
19 podríamos hacer otra reunión pronto
20 y me puedes presentar a tus amigos,
21 podemos ir a un bar, qué se yo,
22 pero sí, disculpa por esta
23 ocasión y espero que te diviertas.
24 Ana: Será para la próxima ocasión.
25 Sonia: De acuerdo, así quedamos.

Sevilla: Sole rechaza la invitación de Ana para asistir a su fiesta de cumpleaños

1 Ana: ¡Hola! ¿Cómo has estado? Qué bueno que te
2 encuentro. Me gustaría invitarte a mi fiesta de
3 cumpleaños, es el próximo viernes en mi casa
4 como a las 8pm de la noche,
5 me gustaría que vinieras.
6 Sole: Ay, hija, no puedo, porque este viernes ya
7 he quedado con unos amigos míos, y no les
8 puedo decir que no. Lo siento, nos podemos
9 ver otro día, si quieres.
10 Ana: Ah, pues es una pena que no puedas venir, de
11 verdad, quería que vinieras. Ay, pero si tienes
12 un rato libre, ojalá puedas venir.
13 Van a estar mis amigos de la universidad
14 y te encantaría conocerlos.
15 Sole: Ay, que de verdad que no puedo ir.
16 Mira, si quieres podemos hacer una cosa: ese
17 mismo día por la tarde, quedamos
18 y tomamos un café.
19 Ana: Será para la próxima ocasión.
20 Sole: Venga, hasta la próxima.

expresiones positivas, de disculpa y buenos deseos o dan alternativas (líneas 6–10 y 6–9, respectivamente). En la respuesta a la insistencia, ambas responden positivamente, pero se reafirma el rechazo con estrategias corteses como alternativas (Sonia, líneas 19–21; Sole, líneas 16–18).

Aunque Sonia y Sole utilizan estrategias similares para rechazar la invitación, también se observan, como ya indicamos, algunas diferencias regionales en el contenido del rechazo. Por ejemplo, el rechazo de Sonia (México) se percibe con un grado de formalidad mayor que el de Sole (España), que inicia su respuesta con un rechazo directo seguido de una justificación (líneas 6–8). Sole usa la forma *lo siento* y ofrece una alternativa (líneas 8–9), mientras que Sonia inicia el rechazo con una expresión positiva, seguida de una justificación, una disculpa formal (*disculpa*) y el rechazo al final de su respuesta (líneas 6–8). Sonia cierra el rechazo con expresiones positivas y buenos deseos (líneas 8–10), mientras que Sole termina con una alternativa (líneas 6–8). En la respuesta a la insistencia, también se pueden observar diferencias: Sole responde reafirmando su negativa y propone una alternativa (líneas 15–18); Sonia, por el contrario, ofrece una respuesta más larga (líneas 16–23) con expresiones positivas. El rechazo se complementa con justificaciones, una alternativa, una disculpa y la expresión de buenos deseos.

2.2 Enfoque y objetivos

Una manera de analizar los rechazos es partir de clasificaciones de estrategias pragmalingüísticas, como, por ejemplo, la propuesta por Beebe, Takahashi y Uliss-Weltz (1990). Esta clasificación, que se presenta en la siguiente sección, incluye el empleo de estrategias directas e indirectas y expresiones para reafirmar los lazos de solidaridad entre los interlocutores. Aunque fue originalmente propuesta para hablantes anglosajones y aprendices de segundas lenguas, también se ha adaptado a varios contextos en regiones hispanohablantes en Latinoamérica y España (Félix-Brasdefer 2008a, 2008b; García 1992, 1999). Las actividades que se presentan en las siguientes secciones te ayudarán a analizar y comprender mejor la estructura de los rechazos en situaciones formales e informales.

2.3 Análisis de los rechazos

2.3.1 *Componentes de los rechazos*

Los rechazos se realizan mediante estrategias pragmalingüísticas que incluyen formas directas, formas indirectas y, con frecuencia, expresiones afiliativas. Los rechazos son estructuralmente complejos porque se pueden negociar a través de varios turnos de habla. Además, dada la dificultad que representa para cualquier persona decir no, sea cual sea su estatus o el contexto de interacción, el hablante necesita recurrir a expresiones mitigadoras (v. Cap. 12) que suavicen el impacto negativo del rechazo y que mantengan el equilibrio de las relaciones interpersonales (p. ej., *Creo que no va a ser posible, desafortunadamente no podré; No sé si podría prestarte mis apuntes*).

La estructura del rechazo incluye los siguientes componentes: a) acto central, b) movimientos de apoyo (modificación externa [mod. ext.]) y c) modificación interna. Estos componentes pueden verse en el ejemplo (2):

(2) Un estudiante mexicano rechaza la invitación de cumpleaños de su amigo.

1 Gracias por pensar en mí para acompañarte en tu día,	Movimiento de apoyo (mod. ext.)
2 me encantaría ver a los compañeros de la secundaria,	

3 → pero desafortunadamente no creo que podré asistir. — Acto central (mod. ext.)

4 Ese día tengo planes de salir a cenar con mi prometida,	Movimiento de apoyo (mod. ext.)
5 ¿qué te parece si nos ponemos de acuerdo para almorzar	
6 el lunes? En serio, me da mucha pena no poder.	
7 acompañarte.	

El rechazo a la invitación en (2) inicia con una expresión de agradecimiento y un comentario positivo (líneas 1–2). El acto central se realiza mediante el rechazo en la línea 3, seguido de una justificación (línea 4). Luego se presenta una alternativa (líneas 5–6) y termina con una expresión de disculpa y la reiteración del rechazo (líneas 6–7). Aunque un rechazo se puede expresar sin elementos atenuadores (p. ej., *No, no quiero ir*), es común modificar internamente la fuerza comunicativa del rechazo mediante expresiones léxicas (*desafortunadamente, quizá,* etc.) y sintácticas como el condicional (*No podría*) o partículas discursivas que solicitan una respuesta del interlocutor (*¿no crees?*). El acto central (línea 3) se mitiga con un adverbio y un verbo mental (<u>Desafortunadamente</u> no <u>creo</u> que podré asistir…). Los movimientos de apoyo preceden o siguen al acto central.

Actividad 1: Analiza la estructura de los rechazos en la Tabla 2.1. ¿Qué diferencias observas en la manera en que Sonia y Sole responden a la invitación? ¿Rechazan de la misma manera después de la insistencia? Analiza la estructura interna del acto central: ¿qué expresiones se emplean para atenuar los rechazos? (modificación interna). Luego identifica los movimientos de apoyo (modificación externa) que preceden y siguen al acto central.

2.3.2 Tipos de rechazos

Tomando como base la clasificación propuesta en Beebe et al. (1990), revisada por Félix-Brasdefer (2008b), la estructura de un rechazo se analiza a partir de tres categorías: a) rechazos directos, b) rechazos indirectos y c) expresiones afiliativas que refuerzan las relaciones interpersonales entre los participantes. Cada una de estas categorías se compone a su vez de una serie de subestrategias. En la Tabla 2.2,

TABLA 2.2 Estrategias pragmalingüísticas para hacer un rechazo

Estrategia		Ejemplo
Rechazos directos	Directo	No.
	Negativa de habilidad	No puedo.
Rechazos indirectos	Razón/justificación	Este viernes ya he quedado con unos amigos míos, y no les puedo decir que no.
	Respuesta indefinida	No sé si pueda llegar a tiempo a tu fiesta, pero haré lo posible por estar ahí.
	Deseo	Ojalá pudiera estar contigo en tu cumpleaños.
	Condición futura/pasada	Si consigo quién me preste un carro, llego a tu fiesta. / Si me hubieras contactado antes, habría aceptado.
	Promesa de aceptación futura	La próxima vez cuenta conmigo.
	Disculpas	Lo siento mucho, me da mucha pena, discúlpame, perdona/perdóname, mil disculpas.
	Alternativas	Si quieres podemos hacer una cosa: ese mismo día por la tarde, quedamos y tomamos un café.
	Propuesta de responder	Mejor vamos a dejarlo para la semana siguiente.
	Evasiva (Silencio, no hacer nada, bromear, repetir, solicitar más información, expresar incertidumbre, salir del lugar).	¿El lunes? No sé…, no estoy muy seguro, ¿a qué hora es? ¿Quién más va a ir a la fiesta?
	Intento de disuadir (Consecuencias negativas para el otro, crítica, insulto, dejar libre al otro)	Yo no soy una persona de fiestas. No te preocupes, le pregunto a otra persona. ¡Es una idea fatal!
Expresiones afiliativas (movimientos de apoyo)	Expresión positiva	Es una idea genial, pero… Está bien, pero… Me encantaría, pero…
	Agradecimiento	Gracias por la invitación, te lo agradezco.
	Empatía	Entiendo que te encuentras en una situación difícil, pero…

se presentan las principales estrategias pragmalingüísticas que componen el acto de habla del rechazo con ejemplos de cada estrategia.

Actividad 2: Examina las interacciones del Corpus 1 y 2, en el Anexo, e identifica las estrategias pragmalingüísticas de las respuestas del rechazo usando la clasificación de la Tabla 2.2. Analiza el acto principal y los movimientos de apoyo. Luego, explica las diferencias en el uso de rechazos directos e indirectos en cada interacción.

Actividad 3: Analiza las expresiones atenuadoras que modifican la estructura interna del rechazo en los Corpus 1 y 2 en el anexo. Identifica las expresiones léxicas y sintácticas. Luego explica qué diferencias se pueden observar entre las dos interacciones en la frecuencia y selección de las expresiones de modificación interna:

Modificación interna del rechazo:
Elementos léxicos:
- *modificadores:* un poco, algo, etc.
- adverbios: quizá, ojalá, probablemente, posiblemente, etc.

Elementos sintácticos:
- condicional: no podría
- imperfecto: no podía asistir
- expresiones impersonales: no se puede
- partículas interrogativas: ¿no crees?, ¿no?, ¿verdad?

2.4 Preguntas para la reflexión

- Analiza la clasificación de las estrategias para realizar un rechazo propuesta por Beebe et al. (1990) (Tabla 2.2). ¿Qué limitaciones puedes observar en la manera en que se divide la clasificación de estrategias directas e indirectas?
- Analiza las estrategias de los rechazos indirectos según la clasificación de Beebe et al. (1990) (Tabla 2.2) y explica la complejidad de identificar rechazos indirectos usando esta clasificación. ¿Puedes pensar en otras estrategias indirectas para expresar un rechazo?
- Además de las estrategias verbales para realizar un rechazo (Tabla 2.2), ¿qué estrategias no verbales se pueden emplear para rechazar? Piensa en la mirada, la risa, los gestos, los movimientos corporales y la entonación ascendente y descendente en las interacciones cara a cara, o el uso de emojis (v. Cap. 13) y otros mecanismos que se emplean en la comunicación digital (v. Caps. 20 y 21).

POSIBLES TEMAS PARA UN ENSAYO O PROYECTO DEL CURSO

- En el Anexo se presentan interacciones de rechazo a invitaciones y pedidos en variedades del español de México y República Dominicana. Analiza las maneras de rechazar en cada región y explica qué diferencias y similitudes se observan entre las tres variedades. En tu análisis, compara la frecuencia, selección y distribución de las estrategias (puedes consultar la Tabla 2.2). También menciona diferencias y similitudes en la frecuencia y selección de expresiones de modificación interna que se emplean para atenuar la fuerza comunicativa del rechazo.
- Utilizando la dramatización que se muestra más abajo, recoge datos de hablantes nativos de dos variedades de español diferentes, al menos cinco participantes en cada grupo. También puedes recoger datos de aprendices de español como segunda lengua para uno de los grupos. En parejas, los participantes leen la situación descrita y empiezan la interacción. Bajo la guía de tu profesor/a y con el consentimiento de los participantes (v. Cap. 22), graba las respuestas con una grabadora digital o en tu computadora. Transcribe las interacciones y analízalas según la clasificación propuesta por Beebe et al. (1990) y con respecto a la presencia o ausencia de modificación interna. Explica las similitudes y diferencias regionales que has encontrado. Incluye la transcripción de las interacciones en un anexo al final de tu trabajo.

Dramatización o juego de roles entre dos participantes: Invitación y rechazo a la invitación.

Situación: Tu mejor amigo/a va a cumplir 21 años y te invita a su fiesta de cumpleaños en su casa el próximo viernes a las 8:00 p.m. Sabes que será una buena oportunidad para ver a todos tus amigos de nuevo y pasar este día especial con tu amigo/a. Desafortunadamente, no puedes ir.

Estudiante 1: Inicia la interacción, saluda a tu amigo/a. Luego, lo/la invitas a tu fiesta de cumpleaños.
Estudiante 2: Responde a la invitación de tu amigo/a. Desafortunadamente no puedes asistir.

- Otros: añade uno o dos posibles temas relacionados con rechazos en interacciones cara a cara o en línea que te parezcan interesantes:
  ....
  ....

En el capítulo de metodología (Cap. 22) encontrarás herramientas que te ayudarán en la formulación de tu estudio.

Lecturas recomendadas

Beebe, Leslie M., Takahashi, T., y Uliss-Weltz, R. (1990). Pragmatic transfer in ESL refusals. En: R. C. Scarcella, E. S. Andersen y S. D. Krashen, eds., *Developing communicative competence in second language*. New York: Newbury House, 55–73.

Félix-Brasdefer, J. C. (2008a). *Politeness in Mexico and the United States: A contrastive study of the realization and perception of refusals*. Amsterdam: John Benjamins. [Caps. 4 y 5]

Félix-Brasdefer, J. C. (2008b). Sociopragmatic variation: Dispreferred responses in Mexican and Dominican Spanish. *Journal of Politeness Research* 4(1), 81–110.

García, C. (1992). Refusing an invitation: A case study of Peruvian style. *Hispanic Linguistics* 5(1–2), 207–243.

González García, V. y García Ramón, A. (2017). Atenuación e intensificación: estrategias pragmáticas del rechazo en respuestas a invitaciones en redes sociales en línea. En: M. Albelda Marco y W. Mihatsch, eds., *Atenuación e intensificación en diferentes géneros discursivos*. Madrid/Frankfurt: Iberoamericana/Vervuert, 187–203.

Placencia, M. E. (2019). Responding to bargaining moves in a digital era: Refusals of offers on Mercado Libre Ecuador. En: P. Garcés-Conejos Blitvich, L. Fernández Amaya y M. Hernández López, eds., *Technology mediated service encounters*. Amsterdam: John Benjamins, 175–199.

Lecturas complementarias

Brown, P. y Levinson, S. C. (1987). *Politeness: Some universals in language usage*. Cambridge: Cambridge University Press.

Félix-Brasdefer, J. C. (2019). *Pragmática del español: contexto, uso y variación*. London/New York: Routledge Press. [Cap. 6]

Scollon, R. y Scollon, S. W. (2001). *Intercultural communication* (2da. ed.). Malden, MA: Blackwell.

Sobre rechazos específicamente

Félix-Brasdefer, J. C. (2008c). Perceptions of refusals to invitations: Exploring the minds of foreign language Learners. *Language Awareness*, 17(3), 195–211.

Félix-Brasdefer, J. C. (2013). Refusing in L2 Spanish: The effects of the context of learning during a short-term study abroad program. En: O. Martí Andándiz y P. Salazar-Campillo, eds., *Refusals in instructional contexts and beyond*. Amsterdam: Rodopi, 147–173.

García, C. 1999. The three stages of Venezuelan invitations and responses. *Multilingua*, 18, 391–433.

Kaiser, H. (2018). Intimacy matters: Uruguayan women's refusal behavior in couples talk. *Journal of Language Aggression and Conflict* 6(2), 272–300.

Placencia, M. E. (2008). (Non)Compliance with directives among family and friends: Responding to social pressure and individual wants. *Intercultural Pragmatics*, 5(3), 315–344.

Anexo

CORPUS 1: MUESTRA DE PEDIDO-RECHAZO EN UN CONTEXTO LABORAL EN MÉXICO

El empleado (Francisco) en la librería de la universidad rechaza una sugerencia del jefe de quedarse a trabajar tiempo extra.
La flecha (→) indica el rechazo.

1	Jefe:	Francisco, buenas tardes.
2	Empleado:	Hola, buenas tardes.
3	Jefe:	Me imagino que ya estás por terminar la jornada de
4		trabajo.
5	Empleado:	Sí ya estoy preparándome para irme.
6	Jefe:	Bien, mira, quiero pedirte tu ayuda. Recuerdas que se
7		había extraviado un paquete de libros hace como tres
8		semanas lo esperábamos.
9	Empleado:	Sí, ya me había enterado.
10	Jefe:	Ya llegó, esto implica que lo debemos ordenar,
11		clasificar y ponerlos en los estantes correspondientes
12		para que el lunes estén en su lugar, por lo tanto te
13		solicito que me apoyes dos horas más, ¿no?
14 →	Empleado:	Es que, la verdad no podría apoyarle hoy, no sé si esto
15		le podría provocar problemas, tal vez otro día sí me
16		quedaría trabajar horas extras, pero hoy, de veras que
17		no puedo.
18	Jefe:	¿Es una situación así muy urgente la que tendrías que
19		cumplir?
20 →	Empleado:	Sí, realmente sí, sí es muy urgente, y la verdad es que
21		pues siendo sincero pues no podría ayudarle.
22	Jefe:	¿El día de mañana?
23	Empleado:	El día de mañana, pues quedamos a una hora y vendría
24		a la hora que usted quisiera.
25	Jefe:	¿Te parece que a las nueve de la mañana?
26	Empleado:	De acuerdo, a las nueve, con gusto lo apoyo en ese
27		proyecto.
28	Jefe:	Nos vemos mañana, entonces.
29	Empleado:	Claro que sí, estaré sin falta.

CORPUS 2: MUESTRA DE UNA PEDIDO-RECHAZO ENTRE DOS COMPAÑEROS DE CLASE EN UNA UNIVERSIDAD DE LA REPÚBLICA DOMINICANA*

Julio no le quiere prestar los apuntes de clase a Marco.

1	Julio:	Dime muchacho, ¿cómo eøtáø?
2	Marco:	Tranquilo.
3	Julio:	Óyeme, yo quería un favolcito, a vel si tú me podíaø
4		preøtai tuø maøcota pa' yo copiar una para la clase de
5		química.
6 →	Marco:	Loco, eso eøtá difícil, yo no voy a podel no.
7	Julio:	¿Cómo? ¿y pol qué no? ¿qué pasa?
8 →	Marco:	Que yo voy a estudiar, pero ve a ver si alguien te laø preøta.
9	Julio:	Pero en un prontico nada más es una copia que yo le voy
10		a sacai es un favolcito, eø de favor que yo te voy a pedil.
11 →	Marco:	Mañana yo te laø puedo preøtá, pero hoy no.
12	Julio:	Tú sabeø que él lo va a preguntal mañana ese punto, no,
13		no te lo puedo pedil mañana.
14	Marco:	¿Qué hacemoø? A vel si Pedro te laø preøta.
15	Julio:	¿Tú creeø?, pero que a él también le deben faltal para la
16		clase.
17	Marco:	Ay, ¡qué láøtima!
18	Julio:	¿No me laø vaø a preøtar entonceø?=
19 →	Marco:	No, no no.
20	Julio:	Bueno, pueø, nos vemoø luego.
21	Marco:	Ta jevi (OK).

* En esta variedad del español dominicano se elide el fonema 's' (ø), el fonema 'r' se realiza como 'l' en sílaba media (por qué → *pol qué*) o tiende cambiar a 'i' en sílaba final (*estudiar* → *estudiai*, *correr* → *correi*). Una respuesta negativa se puede realizar con negación doble (p. ej., *No puedo no*). *Mascotas* = apuntes de clase.

3

LOS CUMPLIDOS

Carmen Maíz-Arévalo

FIGURA 3.1 Ejemplo de un cumplido

3.1 Introducción

Los cumplidos son actos de habla expresivos en los que el hablante enuncia una opinión positiva o de admiración hacia el oyente (p. ej. por su aspecto físico, sus pertenencias, como en la Figura 3.1, habilidades, etc.). Es importante diferenciar los cumplidos de los piropos. Los últimos se centran exclusivamente en el aspecto físico de la persona y suelen tener una connotación sexual. Además, los cumplidos suelen producirse entre interlocutores que se conocen (amigos, familiares, etc.) mientras que los piropos se suelen producir entre extraños. Así, los cumplidos en la interacción cara a cara forman parte de una pareja adyacente en la conversación; esto es, cuando el hablante hace un cumplido, espera una respuesta por parte del oyente.

En este capítulo, nos centraremos en los cumplidos, aunque te recomendamos leer a Schreier (2005) y a Haverkate (1994) si estás interesado en el análisis de los piropos.

Los cumplidos también se relacionan con la cortesía positiva de Brown y Levinson (1987) (v. Cap. 11), porque el hablante los utiliza, entre otras cosas, para demostrar su aprobación del oyente. De hecho, Manes y Wolfson (1981: 131) los describen como expresiones de solidaridad destinadas a mejorar las relaciones interpersonales. Sin embargo, y a pesar de su aparente simplicidad, hacer un cumplido no siempre es fácil. Hay que tener en cuenta una serie de factores socioculturales como, por ejemplo, la relación con la persona a la que va dirigido, el sexo del interlocutor, y el objeto del cumplido, al igual que otras acciones verbales que acompañan a un cumplido. De lo contrario, el cumplido puede resultar fallido y, en lugar de verse como una expresión de cortesía, puede ser precisamente lo contrario, como en este ejemplo real entre dos compañeros de trabajo en el que el enunciado "No te había reconocido" parece anular el cumplido ofrecido[1]:

(1) Juan: ¡Anda, qué elegante vienes hoy! No te había reconocido…
    Ana: Esto… ¿muchas gracias? Ten amigos para esto… (visiblemente ofendida)

Si buscas bibliografía sobre los cumplidos, verás que siempre han despertado mucho interés entre los estudiosos del lenguaje, porque, no sólo son más complejos de lo que parece, sino porque son una actividad común de la vida cotidiana, y, aunque posiblemente existen en todas las culturas, hay muchas diferencias entre ellas a la hora de hacer (y de responder) a un cumplido. Por ejemplo, en culturas hispanas, los cumplidos suelen ser muy frecuentes, pero en otras como la holandesa, lo son menos (Haverkate, 1994). Con referencia al mundo hispánico, vas a encontrar también que hay variación regional (Placencia y Fuentes Rodríguez, 2013) y otros tipos de variación en la realización de cumplidos.

3.2 Objetivos

El objetivo de este capítulo es darte algunas herramientas para analizar los cumplidos en español a través de ejemplos reales del habla española peninsular. En este capítulo nos centraremos en los cumplidos, aunque las respuestas son también muy importantes (v. p. ej. el panorama de Placencia y Lower, 2017, sobre cumplidos y sus respuestas en línea). Queremos que te familiarices tanto con los tipos de cumplidos que hay como con su realización lingüística y con las funciones que pueden desempeñar en la comunicación. Las actividades que te proponemos te ayudarán a reconocer estas funciones y de qué tipo de cumplido estamos hablando. Te proporcionamos, además, fuentes bibliográficas complementarias que te permitirán profundizar en otros temas relacionados como, por ejemplo, diferencias interculturales, o su realización en otras formas de comunicación como la comunicación digital (p. ej. en Facebook).

3.3 Análisis de los cumplidos

Podemos distinguir dos grandes tipos de cumplidos: explícitos e implícitos. Los cumplidos explícitos (3.3.1) son aquellos en los que el hablante expresa directamente su aprobación y admiración por el oyente o algo relacionado con él, como en los ejemplos siguientes:

(2) Estás guapísima con esas gafas.
(3) ¡Qué monada de bolso!

Por otra parte, los cumplidos implícitos son aquellos en los que el oyente tiene que inferir, de acuerdo al contexto, el significado o valor de un enunciado como cumplido (3.3.2).

Los cumplidos explícitos son mucho más frecuentes y han sido los más estudiados en distintas lenguas. Como veremos a continuación, suelen seguir unas fórmulas léxico-sintácticas muy características (y convencionales) que hacen que sean fácilmente reconocibles como tales (Manes y Wolfson, 1981).

3.3.1 Estructura léxico-sintáctica de los cumplidos explícitos

En español, podemos distinguir tres fórmulas principales, que admiten variaciones:

a. Oración exclamativa: es la fórmula más frecuente en español y puede tener distintas variantes, como el uso de un adjetivo, de un adverbio, o de un sustantivo. Por ejemplo:

(4) ¡Qué falda más bonita llevas hoy!
(5) ¡Qué guapísima estás!

b. Verbo copulativo ("ser" o "estar") seguido de un adjetivo de carácter positivo en forma neutra ("guapa") o superlativa (como en el ejemplo (2)). Esta fórmula es algo menos frecuente pero también habitual. A veces, los hablantes pueden nominalizar el adjetivo, convirtiéndolo en un nombre para darle más énfasis al cumplido, como ocurre en el ejemplo siguiente:

(6) Eres un bellezón.

c. Uso de verbos como "encantar" en oraciones afirmativas, seguido del objeto admirado:

(7) Me encanta esa camisa.

En muchas ocasiones, especialmente si quieren demostrar énfasis, los hablantes pueden optar por combinar varias de las opciones, como en el ejemplo siguiente, en el que la hablante utiliza una oración exclamativa, seguida de una oración copulativa con un adjetivo superlativo exagerado ("guapísima" es modificado a "guapisísima"):

(8) Madre mía, ¡qué mona vienes hoy! Estás guapisísima.

Actividad 1: Analiza los ejemplos de cumplidos a continuación, contestando a las siguientes preguntas: ¿Qué fórmulas léxico-sintácticas se utilizan? ¿Hay algún ejemplo donde los hablantes sean más 'creativos' para expresar énfasis? Justifica tu respuesta.

Ejemplo 1
¡Qué monadina de bolso!

Ejemplo 2
Carmen: Estás guapísima con estas gafas.
María: Pues yo al principio me veía muy rara.
Carmen: ¡Qué va! Te quedan muy 'sofis', muy 'French'.
María: Sí, me falta la boina (sonríe).

Ejemplo 3
Elena: Llevo perfume nuevo y no me has dicho nada.
Juan: Ya sabes que siempre te digo que tú hueles muy bien siempre.
Elena: Pues hoy no me lo has dicho.
Juan: Anda, déjame que te huela a ver. [...] Pues sí, huele genial.
Elena: ¿Te gusta?
Juan: Sí, mucho.

Ejemplo 4
Ana: ¡Uy, qué elegante, por Dios!
Borja: Claro, yo siempre voy elegante (sonríe).

3.3.2 Los cumplidos implícitos

Además de los cumplidos explícitos, el hablante también puede optar por hacer un cumplido de tipo implícito, donde se emplea lo que en pragmática conocemos como "implicatura". En otras palabras, el hablante, en algunos casos, dice algo sin decirlo directamente, y es el oyente el que tiene que inferir el significado 'extra' o implícito. Es lo que sucede el ejemplo (9) en el que Cristina tiene que inferir que ella es una gran mujer y por eso su prometido es muy afortunado. Como vemos en el ejemplo, Cristina ha interpretado correctamente el comentario de Pedro como un cumplido, porque le da las gracias por el mismo.

(9) Pedro: Oye, lo dicho, que me alegro mucho de lo de tu boda. Tu prometido es un hombre muy afortunado.
Cristina: Hombre, muchas gracias.

Hay ocasiones, sin embargo, en las que el uso de los cumplidos implícitos es un poco arriesgado y su uso puede generar malentendidos. Es lo que sucede en el ejemplo (10), en el que Ana malinterpreta a María y se siente ofendida ante la comparación:

(10) María: Vaya, te has cortado el pelo. ¡Pareces Cleopatra!
Ana: [...] Bueno, pues ya crecerá, tú tampoco lo llevas muy allá.
María: Esto..., bueno, yo lo decía como algo bueno, un cumplido, vaya. Joder.
Ana: Ah, esto..., vaya corte. Vale, pues la próxima vez habla más clarito y ya está.

Como dice Ana, el malentendido se hubiera evitado si María hubiera hablado más claro; es decir, si hubiera utilizado un cumplido explícito como "¡Qué bien te queda el nuevo corte de pelo!". Esto explica que los hablantes opten normalmente por los cumplidos explícitos. Sin embargo, las razones que explican el uso menor de los cumplidos implícitos son diversas. Se usan menos, por ejemplo, si los interlocutores no tienen una relación muy íntima, o si se desea poner de relieve que el cumplido es sincero y no un mero acto de cortesía.

Podríamos pensar que los cumplidos implícitos son mucho más creativos que los explícitos, pero también siguen ciertas convenciones. Se podría decir que hay cuatro maneras más o menos convencionales para hacer un cumplido implícito:

a. Comparar al oyente con una tercera persona, como ocurría en el ejemplo (10). Sin embargo, esta fórmula puede resultar arriesgada cuando el oyente no sabe con quién se lo está comparando o si es una comparación buena o mala. En el siguiente ejemplo, vemos como la oyente "negocia" el significado para que la hablante sea más explícita:

(11) Elena: Anda, con esas gafas te pareces a Nana Mouskouri.
Nuria: ¿Y eso es bueno o malo?
Elena: No mujer, es bueno. A mí me parece una mujer guapísima y súper elegante.
Nuria: Vaya, entonces, ¡muchas gracias!

b. Hacer el cumplido a una tercera persona que tiene una relación directa con el oyente, como en el ejemplo siguiente, en el que el hablante no dice directamente a la oyente que tiene los ojos muy bonitos, pero al hacer el cumplido a su hija, se lo está haciendo a ella también, como demuestra por su respuesta de agradecimiento (12):

(12) José: ¡Qué ojazos tiene esta niña! Desde luego, tiene a quien parecerse...
Carmen: Uy, gracias.

c. Usar un comparativo, pero omitiendo el segundo término de la comparación, para que el oyente complete esta información mediante inferencia, como en el ejemplo (13), en el que Luis ha llevado a Nuria a su casa en coche pero había mucho tráfico y han tardado más de lo esperado:

(13) Luis: Al final, vas a tardar más que si hubieras ido en transporte público.
Nuria: Sí, pero no hubiera sido tan agradable.
Luis: Uy, vaya, gracias.
Nuria: Es que es verdad.

d. Hacer una pregunta aparentemente irrelevante al interlocutor, de forma que la respuesta inferida incluya una alabanza del oyente. Esta opción es la menos empleada, posiblemente porque puede dar lugar a malentendidos. Los ejemplos (14) y (15) sirven para ilustrar ambos casos. En el primero, la oyente interpreta correctamente como un cumplido mientras que en el segundo no lo consigue, lo que puede resultar amenazante para su imagen.

(14) Luis: Vaya, ¿dónde es el pase de modelos?
Mar: Uy, vaya, gracias por el cumplido.

(15) Jorge: Uy, ¿qué se celebra?
Marta: ¿Cómo que qué se celebra?
Jorge: Mujer, lo decía porque como has venido tan elegante...
Marta: Ah, vaya, gracias. Estoy dormida...
Jorge: (se ríe) Bueno, a estas horas es normal...

Actividad 2: Durante un par de días, prueba a hacer cumplidos implícitos a personas de tu entorno con las que tengas más confianza, siguiendo las fórmulas que hemos visto en esta sección. ¿Cómo reaccionan los oyentes? ¿Interpretan correctamente tu comentario como un cumplido o se producen malentendidos?

3.3.3 *Funciones de los cumplidos*

En líneas generales, la función principal de los cumplidos es establecer o potenciar la relación con el interlocutor, atendiendo a su deseo de ser apreciado (imagen positiva) (Brown y Levinson, 1987). Sin embargo, los cumplidos también pueden desempeñar otras funciones, como la evaluación del oyente, como suele ocurrir en el habla de los profesores con los alumnos:

(16) Profesor: Muy bien, ¡qué gran presentación has hecho!
Alumna: Muchas gracias, profe.

En el caso del español, es muy frecuente que se produzca un cumplido en situaciones de cambio de imagen (p. ej. un nuevo corte de pelo) y la ausencia de dicho cumplido (especialmente entre amigos o personas cercanas) se puede malinterpretar como una crítica implícita, como en (17):

(17) Nuria: Llevo gafas nuevas y ¡no me has dicho nada!
Ángel: Es que estás tan guapa como siempre. No hace falta el cumplido.

Con frecuencia, los cumplidos acompañan como "satélites" a otros actos de habla como, por ejemplo, un pedido (v. Cap. 1). Al funcionar como acto que acompaña al acto nuclear, se potencia la relación entre los interlocutores y, simultáneamente, se mitiga el pedido en sí, como en el ejemplo (18):

(18)   Eva: ¡Qué bonito! (señalando el collar de la oyente)
       Carmen: Gracias.
       Eva: (pausa) Verás, es que quería preguntarte si tú sabes…

Algo parecido sucede con otros actos de habla normalmente amenazantes para la imagen de los interlocutores, como por ejemplo las disculpas, que pueden ir acompañadas de un cumplido, como en (19):

(19)   Virginia: Perdona el retraso, es que acabamos de salir.
       Carlota: Tú tranquila.
       Virginia: Estás guapa.
       Carlota: Qué va, con lo que he ido al trabajo hoy.
       Virginia: ¿Y qué? Estás guapa.
       Carlota: ¡Gracias! Voy muy hippy, ¿eh? Tú estás muy lustrosa. Te sienta bien el embarazo. Dicen que cuando es niña te pones más guapa.
       Virginia: Eso me dice todo el mundo.

En tales contextos, un cumplido puede servir para amortiguar el daño causado a la imagen del interlocutor por parte del hablante. Sin embargo, producir este tipo de cumplidos puede ser muy arriesgado, porque el oyente puede interpretarlo como mera alabanza, dudando de la sinceridad del mismo.

Además de acompañar a un acto de habla central (p. ej. disculpas, pedidos, etc.), los cumplidos pueden actuar como sustitutos de otros actos de habla, que quedan implícitos. Por ejemplo, en el ejemplo siguiente, en el que Cristina ha invitado a comer a Beatriz a su casa, no hay un agradecimiento explícito por parte de esta última, pero su cumplido se puede interpretar como un agradecimiento implícito:

(20)   Beatriz: Bueno, la pasta buenísima. A ver si me das la receta.
       Cristina: Me alegro de que te gustara. Es muy fácil, ya te contaré…

Junto con estos patrones, que son también frecuentes en otros idiomas como el inglés o el griego, hay una función de los cumplidos en español que parece ser más típica de contextos hispánicos y mucho menos frecuente en otros contextos socioculturales. Hablamos de lo que parece ser un "ritual social" (Goffman, 1990 [1959]) en el que los conocidos y amigos, incluyen un cumplido cuando saludan a alguien a quien hacía tiempo que no veían, incluso cuando la relación es asimétrica. Esta estrategia parece ser más común entre mujeres, que suelen hacer y recibir cumplidos con más frecuencia que los hombres (Holmes, 1986). Es lo que sucede en el ejemplo siguiente entre dos compañeras de trabajo que hace tiempo que no se ven:

(21)   Cristina: ¡Hola! Te veo muy bien.
       Carolina: ¡Qué va! Como siempre.

Lo más interesante de este "ritual" es que, cuando no se produce en su totalidad, los interlocutores pueden sentirse ofendidos y, si hay la confianza suficiente con el hablante, incluso demandar el cumplido, como ocurre en el ejemplo (22):

(22) Enrique: ¡Ey, hola! Cuánto tiempo.
Celia: Pues sí. ¿No me vas a decir nada más?
Enrique: No sé, ¿qué quieres que te diga?
Celia: Ay, chico, pues yo que sé, hace mucho que no nos vemos, algo se te ocurrirá, ¿no?
Enrique: Bueno, es que siempre estás guapa.
Celia: Ya, a buenas horas…

Actividad 3: Analiza los ejemplos siguientes y di si los cumplidos aparecen en solitario o actúan como satélites de otros actos de habla (p. ej. disculpas, agradecimientos) o en sustitución de los mismos. En este último caso, ¿a qué acto de habla están sustituyendo?

Ejemplo 1
Enrique: Bueno, me tengo que ir ya, que tengo una reunión. Buenísimo el café.
Ana: Me alegro de que te haya gustado. Ya nos tomaremos otro cuando tengamos un ratito.

Ejemplo 2
Alumno: Profesor, me ha gustado mucho la clase de hoy, ¿podríamos tener una tutoría para hablar de dos de las cosas que ha dicho?

Ejemplo 3
Miguel: Perdona que haya tardado tanto en llegar. Había muchísimo tráfico, más del que esperaba. Por cierto, te veo guapísima con ese vestido.
María: No te preocupes, yo también he llegado un poco más tarde.

3.3.4 *Los cumplidos en línea*

La mayoría de los estudios sobre los cumplidos se han centrado en los cumplidos que se producen en la interacción cara a cara entre los hablantes. En los últimos años, sin embargo, y con el uso cada vez mayor de la Web 2.0, se ha trasladado este interés a los cumplidos en línea, por ejemplo, en redes sociales como Facebook, donde son ubicuos. Estos estudios han mostrado que, aunque los patrones lingüísticos que siguen los cumplidos son muy semejantes a los del habla cara a cara, también hay ciertos cambios producidos por el medio en sí. Por ejemplo, Facebook nos da la opción de simplemente pulsar en el botón "Me gusta" o en una de las reacciones cuando uno de nuestros amigos cuelga una foto y esto en sí, sería un cumplido porque muestra nuestra aprobación del otro. Curiosamente, muchos usuarios sólo escriben cuando quieren enfatizar que es mucho más que gustar, como en este ejemplo de Facebook:

(23)   Solo diré una cosa: me encanta.

Otra característica frecuente de los cumplidos en línea es el uso de la elisión; es decir, que los usuarios no escriban una oración completa (exclamativa o declarativa) sino que empleen solamente el adjetivo que describe al interlocutor, como en estos ejemplos:

(24)   Guapa!!!!
(25)   Preciosa!

En estos casos, podríamos "reconstruir" la oración bien como una exclamativa ("¡Qué guapa estás!"; "¡Qué foto tan preciosa!") o como una declarativa ("Estás guapa"; "Es una foto preciosa".) si estuviéramos hablando cara a cara, más que utilizar el adjetivo o un sintagma nominal en solitario (aunque esto sí ocurre con los piropos, por ejemplo). Otra característica de los cumplidos en línea que viene motivada por el uso de un medio distinto al oral es la alteración tipográfica (Yus, 2011). Por ejemplo, los usuarios a menudo omiten letras, las repiten para dar énfasis o se utilizan *emojis* (v. Cap. 13), produciéndose un mensaje multimodal que combina texto e imagen, como en estos ejemplos:

(26)   Q guapa!!!
(27)   Guapaaaaaaa
(28)   Pivonazo ☺

Actividad 4: Si tienes una cuenta en Facebook, recoge un pequeño corpus de 10 o 15 cumplidos que has recibido y compáralos con el pequeño corpus que has analizado para la Actividad 1. ¿Qué cambios observas respecto a la tipografía o el tipo de cumplido? ¿Son más frecuentes los cumplidos en solitario o como satélite de otros actos de habla?

3.4   Preguntas para la reflexión

- ¿Por qué los cumplidos son un acto de habla tan frecuente tanto cara a cara como en línea?
- ¿Por qué los cumplidos son tan restringidos tanto en lo que solemos alabar (p. ej. aspecto físico, una posesión, etc.) como en su forma léxico-sintáctica?
- ¿Por qué los cumplidos implícitos son tan infrecuentes?

POSIBLES TEMAS PARA UN ENSAYO O PROYECTO DEL CURSO

- Recoge un corpus de cumplidos en Twitter en un ámbito específico (p. ej. política, deportes, famosos, etc.) para ver qué patrones lingüísticos siguen y si estos se parecen a los cumplidos que ocurren en las conversaciones cara a cara. Otra posibilidad es utilizar la red social Instagram y recoger un corpus de cumplidos a famosos.
- Con referencia a los estudios recomendados en este capítulo (arriba y más abajo), considera las ventajas y desventajas del empleo de grabaciones de datos espontáneos (ej. Maíz-Arévalo, 2010) en el estudio de cumplidos en contextos cara a cara frente al uso de juegos de roles (García, 2012) y observación de interacciones (ej. Manes y Wolfson, 1981).
- Si tienes acceso a comunidades de hispanohablantes, observa y toma nota de cumplidos entre jóvenes y personas de mediana edad y analiza similitudes y diferencias en la realización de los cumplidos.
- Ya hemos mencionado que algunos grupos culturales tienden a hacer más cumplidos que otros. Podrías recoger datos de dos grupos culturales aparentemente contrarios y comparar sus comportamientos respecto a la realización de este acto de habla.
- Otros: añade uno o dos posibles temas relacionados con los consejos que te parezcan interesantes:

....
....

En el capítulo de metodología (Cap. 22) encontrarás herramientas que facilitarán la formulación de tu estudio.

Lecturas recomendadas

Haverkate, H. (1994). *La cortesía verbal: estudio pragmalingüístico*. Madrid: Gredos. [Cap. 7]

Holmes, J. (1986). Compliments and compliment responses in New Zealand English. *Anthropological Linguistics*, 28, 485–508.

Maíz-Arévalo, C. (2010). Intercultural pragmatics: A contrastive analysis of compliments in English and Spanish. En: M. L. Blanco y J. Marín, eds., *Discourse and communication: Cognitive and functional perspectives*. Madrid: Dykinson, 175–208.

Maíz-Arévalo, C. (2012). "Was that a compliment?" Implicit compliments in English and Spanish. *Journal of Pragmatics*, 44(8), 980–996.

Placencia, M. E., y Fuentes Rodríguez, C. (2013). Cumplidos de mujeres universitarias en Quito y Sevilla: un estudio de variación pragmática regional. *Pragmática Sociocultural*, 1, 100–134.

Schreier, J. (2005). "Quién fuera mecánico...". Un estudio sociopragmático sobre la aceptación social del piropo. *Revista Internacional de Lingüística Iberoamericana (RILI)*, 3(1), 65–78.

Lecturas complementarias

Brown, P. y Levinson, S. C. (1987). *Politeness: Some universals in language usage.* Cambridge: Cambridge University Press.
Goffman, E. (1990 [1959]). *The presentation of self in everyday life.* London: Penguin.
Yus, F. (2011). *Cyberpragmatics.* Amsterdam: John Benjamins.

Publicaciones sobre cumplidos específicamente

Te recomendamos revisar estudios de cumplidos en español y tomar nota de las preguntas de investigación que se plantean diferentes autores, cuestiones metodológicas, clasificaciones de los cumplidos, etc. Presta atención también a diferentes maneras de estructurar y presentar los resultados de un estudio. Estos son algunos estudios disponibles.

Barros García, M. J. (2012). Cumplidos y ofrecimientos: actividades de cortesía valorizadora en la conversación coloquial española. En: J. Escamilla Morales y G. Henry Vega, eds., *Miradas multidisciplinares a los fenómenos de cortesía y descortesía en el mundo hispánico.* Estocolmo: Programa EDICE, 108–143.
García, C. (2012). Complimenting professional achievement: A case study of Peruvian Spanish speakers. *Journal of Politeness Research: Language, Behaviour, Culture,* 8, 223–244.
Maíz-Arévalo, C., y García-Gómez, A. (2013). 'You look terrific!' Social evaluation and relationships in online compliments. *Discourse Studies,* 15(6), 735–760.
Manes, J., y Wolfson, N. (1981). The compliment formula. En: F. Coulmas, ed., *Conversational routine: Explorations in standardised communication situations and prepatterned speech.* The Hague: Mouton, 115–132.
Placencia, M. E. y Lower, A. (2017). Compliments and compliment responses. En: C. R. Hoffmann y W. Bublitz, eds., *Pragmatics of social media.* Berlin: De Gruyter, 633–660.

Nota

1 En aquellos ejemplos donde se produce una interacción entre dos o más hablantes, se han utilizado pseudónimos para preservar la identidad de los interlocutores.

4
LOS CONSEJOS EN LOS FOROS DIGITALES

Susana A. Eisenchlas

> *Hola. Tengo una cita la próxima semana con un chico q me gusta, y q conozco de internet; nos conocemos de poqito, pero estudia en mi universidad. Me gusta, pero no sé si yo a él. Me ha propuesto quedar, y he aceptado; pero no sé si dar un beso o no en esa primera cita (simplemente será conocernos y tomar café). Q opinan ustedes? Creen q le intereso? Debería besar ya o dejarlo con ganas para una próxima cita???* (Yahoo Respuestas, sin fecha)
>
>> *@L: Hazlo como tu creas, si lo haces por lo que te aconsejen lo estarás engañando y no sabrá como eres realmente. Depende de como sea el, puede ser un factor importante. Y no vas a contratar un detective para saber cómo es y cómo se lo va a tomar y hacer lo que sea mejor, ¿verdad?.*
>>
>> *Itxaso: si,se debe besar,pero no lo hagas mucho,solo un beso,vaya a ser que piense que quieres ir a mas,ahora los chicos son asi,como te pongas cariñosa en la primera cita...chungo chungo,a mi me ha pasado con todos los novios que tuve que por darles 4 besos en la boca enpezaron a intentar meterme mano¡solo por 4 besos!*
>>
>> *Nano: lo dificil no es el primer beso sino el ultimo.*
>> *has lo que tu sientas y quieras*
>>
>> *Tracy: si pero hazte la dificil y asi la cita sera muy interesante*

4.1 Introducción

Los consejos que presentamos arriba y que discutiremos en el resto del capítulo ilustran una de las manifestaciones más curiosas del uso de Internet: la proliferación de consejos entre extraños en los foros digitales. Con el mundo al alcance de la yema de los dedos, un número creciente de personas solicita, obtiene y posiblemente actúa, en función de consejos dispensados por interlocutores desconocidos, sin tener en cuenta los riesgos potenciales implicados en esta práctica (transmisión de información errónea, uso de lenguaje o contenido abusivo, intentos de adultos predadores de tener acceso a menores, etc.). Esta tendencia se puede encontrar en una amplia gama de áreas, como los viajes y restaurantes (TripAdvisor), la salud y la sexualidad (Yahoo Respuestas) y las relaciones sentimentales (Mundo Psicólogo). Dada su creciente popularidad y facilidad de acceso, esta extendida práctica discursiva mediada por ordenador puede usarse para explorar normas y expectativas sociales a través del examen de interacciones auténticas en línea.

Dar y pedir consejos, tanto cara a cara como en línea, es una actividad cotidiana, aparentemente simple, que ocurre entre amigos, familiares, profesionales y, cada vez más, entre extraños. Ya sea solicitado o no, el consejo es un acto de habla exhortativo (Searle, 1976) en el que un participante intenta influir o guiar el comportamiento de otro. Los consejos difieren de otros actos de habla exhortativos, tales como las órdenes y las peticiones, en que el consejero espera que su consejo beneficie al destinatario. Por lo tanto, es posible considerar el consejo como una directiva no impositiva (Haverkate, 1994).

El consejo posiciona a los participantes de forma asimétrica en términos de estatus y poder, ya que el que aconseja se proyecta como más experto que el receptor del consejo. Muchas investigaciones se han centrado en esta asimetría, en su potencial para amenazar la imagen social del receptor del consejo (v. Locher, 2006), y en las estrategias discursivas que utilizan los consejeros para reducir esta amenaza y hacer que sus consejos sean aceptados/aceptables. Por otra parte, se ha prestado menos atención al asesoramiento entre pares, y a las estrategias empleadas cuando no son expertos los que aconsejan, y donde los participantes están en igualdad de condiciones.

Al igual que con cualquier acto de habla, diversos factores contextuales (el tipo de consejo buscado, la relación consejero-receptor, la experiencia del consejero, la edad y género de los participantes) desempeñan un papel importante para explicar por qué las personas expresan estos actos de habla tal como lo hacen. Pese a la importancia del tema, solo recientemente se han comenzado a estudiar otros factores, tales como el medio de comunicación y su posible influencia en la realización de este acto de habla. Si bien la mayoría de los estudios de actos de habla se han centrado en interacciones orales, la informatización de la cultura ha dado lugar a intercambios cada vez más frecuentes en el ciberespacio, un medio que los investigadores creen que está desarrollando sus propias normas de comunicación (Yus, 2010). La realización de consejos entre pares en los medios digitales es el objetivo del presente capítulo.

4.2 Enfoque y objetivos

En este capítulo ilustraremos cómo se puede abordar el análisis de los consejos en foros digitales a través de un pequeño corpus de consejos obtenido de distintos sitios web de Argentina. Seguiremos la propuesta del análisis del discurso mediado por ordenador (Herring y Androutsopoulos, 2015), un enfoque basado en la observación empírica y textual, y adecuado para explorar sistemáticamente la formulación de consejos en línea, así como las normas o expectativas sociales que informan de su uso.

La investigación en Internet tiene muchas ventajas: 1) permite el acceso directo a datos de interacciones auténticas sin que el investigador pueda influir en los resultados o en los procesos de recopilación de datos; 2) dado que los datos, aunque escritos, también exhiben características del lenguaje hablado (Yus, 2010: 200), es posible acceder de forma directa a lo que los hablantes realmente "dicen" en lugar de usar, por ejemplo, datos generados por medio de cuestionarios u otras herramientas que pueden dar acceso a percepciones de uso pero no a habla natural y espontánea (v. Cap. 20); y 3) es posible obtener rápidamente una gran cantidad de datos que pueden usarse para crear un corpus, sin tener que invertir el tiempo y esfuerzo requeridos en la transcripción de interacciones orales.

4.3 Análisis de los consejos

Los datos que analizaremos en este capítulo son respuestas a pedidos de consejos sentimentales en línea, solicitados por jóvenes de ambos sexos, sobre cómo romper con un/a novio/novia sin herir sus sentimientos. El corpus incluye 232 respuestas producidas por 185 contribuyentes. Los consejos fueron clasificados como tales si los consejeros utilizaron consejos con: 1) un performativo explícito (*Te aconsejo* que hables con ella sobre tu relación y lo que no está funcionando); 2) imperativos (*Dale tiempo*) o subjuntivos en oraciones negativas (*No te engañes* más a ti mismo, Brad Pitt); 3) verbos modales de obligación (*Tienes que* estar seguro de eso); 4) juicios de valor o expresiones impersonales (*Es más fácil* dejar una relación lo antes posible); o si la respuesta consistía en una experiencia personal que ofrecía sugerencias implícitas pero inequívocas. Todos los textos que presentamos a continuación fueron copiados tal como los consejeros los formularon y no han sido editados, de ahí que puedan contener errores gramaticales, ortográficos, etc. Como se verá en los ejemplos de la sección 4.3.2, las respuestas, de forma general, incluyen más de un consejo por entrada.

4.3.1 *Elementos de los consejos*

El primer paso en el análisis consiste en distinguir el consejo propiamente dicho de las estrategias discursivas que lo acompañan. El tipo de consejo más directo, por medio de un imperativo, se puede ver en (1) y (2).

(1) échate la culpa [CONSEJO]
(2) loco ponete las pilas [CONSEJO] y dejala! [CONSEJO]

Sin embargo, como se ha indicado anteriormente, los consejos generalmente se encuentran enmarcados en otras estrategias discursivas que tienen como finalidad principal hacerlos más aceptables y convincentes. Las estrategias más frecuentemente usadas son *evaluaciones* y *elaboraciones*. Siguiendo a Locher (2006), consideramos evaluación como "un pasaje en el que se menciona y analiza la situación particular de quien pide consejos" (2006: 63; traducción propia), mientras que la *elaboración* es considerada como una explicación de un consejo recién dado.

Los ejemplos (3) y (4) ilustran estas estrategias, indicando la estrategia discursiva relevante entre corchetes:

(3) Y mira, es jodido. Vos seguramente no queres lastimarlo, pero por hacer eso, te estas lastimando vos [EVALUACIÓN]. Tenes que pensar un poco mas en vos y cortar por lo sano [CONSEJO].

(4) Simplemente hablarle con sinceridad, con la misma confianza de siempre, (quiero creer que se tenían confianza) [CONSEJO] la lastimaras mas si solo estas con ella por lastima o compromiso... [ELABORACIÓN]

Varias estrategias presentes en el corpus ilustran la categoría que Pudlinski (2005) denomina *expresión de empatía*. Añaden igualmente sub-categorías que incluyen reacciones emotivas, expresar los propios sentimientos ante el problema de otro, informar sobre la reacción propia, comunicar una experiencia similar, mencionar resultados positivos que pueden esperarse si el receptor implementa el consejo ofrecido. La mención de experiencias compartidas, como en (5), funciona como un medio para establecer solidaridad o demostrar empatía con el solicitante de consejos. Discutir experiencias propias (6) puede considerarse como una forma de establecer la autoridad o idoneidad del consejero para ofrecer consejos. La mención de resultados positivos (7) también sirve como un medio de brindar apoyo al solicitante de consejos:

(5) amigo a mi me pasa lo mismo,la verdad..mira habla con ella,que sea una conversacion seria,dile que es lo que tu quieres para tu futuro y dile que es lo que con el tiempo ya no te gusta de ella..si no colocan las cosas claras de una ves..solo estaras jugando unh juego sin sentido

(6) tambien pase por esto.animo suerte a quien se encuentre en esta situacion. aqui he leido comentarios que pueden ser de mucha ayuda. lo mas importante: haz todo lo que este en tu mano para ser feliz. lo demas es secundario. morir te vas a morir igual, asi que mientras estas aqui, lucha por tu felicidad y la de nadie mas.

(7) me paso lo mismo q a vos 3 años...[EXPERIENCIA COMPARTIDA] hace 2 semanas me pelee con mi novia y creo q soy el tipo mas feliz del mundo! unos dias anduve re mal...pero busque reparo en mis amigos! [EXPERIENCIA PERSONAL] y ahora nose...soy feliz! jajaa ya estuve con un par de minas y todos...dejala de una! aprovecha q la vida es una sola! saludos!!

Otras estrategias afectivas incluyen el uso de vocativos como *loco* (2) y *amigo* (5) (v. Cap. 7), saludos y despedidas (7), ofertas de ayuda adicional y expresiones alentadoras (8), y empleo de emojis, en especial caritas sonrientes (7). El ejemplo (8) ilustra varias de estas categorías y otras:

(8) ??? como le fue compadrito [VOCATIVO][PREGUNTA]
arreglo su problema [PREGUNTA] yo aun estoy igual que tu
no logro hacer nada para que ella cambie [EXPERIENCIA COMÚN]
te dejo mi correo para que podamos hablar [OFERTA DE AYUDA]
si alguien mas quiere agregarme seria genial
esto lo debemos arreglar [ALIENTO]
saludos cordiales. [SALUDOS]

Manifestaciones adicionales de emoción incluyen el uso del humor (9) y la presencia de abuso ('flaming') (10). El humor se utiliza principalmente como estrategia de mitigación y está indicado, por lo general, por expresiones de risa basadas en texto (jajaja o jeje), una broma (9) o emoticonos (7) (v. Cap. 13). Las respuestas fueron consideradas abusivas si contenían una evaluación insultante o despectiva de los solicitantes de consejos o sus parejas. Los casos de abuso no fueron frecuentes, pero la presencia de abuso es consistente con resultados de otros estudios (v. Eisenchlas, 2012) que sugieren que el anonimato del medio alienta estas manifestaciones.

(9) presentamela a mi y en menos de una semana te va a dejar
(10) Sos un mierda chavon le cagaste la vida a la piba, si quieren joder xq no lo dicen de una listo, no esperar a q te ilusiones para despues darte una patada en el ort....

Actividad 1: *Elementos de los consejos.* Examina las siguientes respuestas y determina en cada caso cuál es el consejo y cuáles son las estrategias discursivas que lo enmarcan. Recuerda que una respuesta puede incluir más de un consejo, y que el orden de las estrategias es variable.

a. No hay forma de cortar a alguien sin lastimarla y menos si te quiere lo mas conveniente y si es que alguna ves la quisiste dicelo de frente y con la frente en alto y hasle ver que lo haces por los 2 no solo por ella por que tu felicidad tambien esta en juego, solo una cosa si la vas a dejar respeta eso y no despues hagas tus niñerias que siempre si la quieres por que ahi si la lastimarias mas y tu igual camarada ese es mi consejo ojala y te sirva.
b. Ok, quizas tu problema es que quieres dejarla pero sin lastimarla, puede ser una obviedad que le duela mucho al decirle que ya no sientes nada por ella y que queres cortar la relacion, pero a veces hay que ser sincero y hacerle caso a tu corazón, esto te servirá para tener mas seguridad y confianza en vos mismo, entonces decile lo que te pasa... Si, ya sé que duele el amor, pero es que debemos aceptar, es algo por lo que todos pasamos, y así es la vida...
c. Es preferible que la lastimes ahora con la verdad y no después que se de cuenta que estas por ella sólo por no lastimarla y que vea que sólo ha perdido el

tiempo pudiendo darse la oportunidad con alguien más. no importa cuanto duela siempre se honesto eso a la larga es mejor que una mentira y después ella te lo agradecerá porque te recordara como alguien especial y no como alguien que la engaño y le hizo daño.
d. El hecho de terminar con alguien siempre va a hacer que uno o los dos queden lastimados, aqui el asunto es como se lo vas a decir, no llegues diciendoselo asi de golpe, porque va a pensar que si quieres con otra chica, mas bien platica un poco sobre la amistad, y poco a poco le vas diciendo que tal vez no estas muy seguro de querer continuar con ella y que lo mejor para los 2, es terminar, para que en un futuro no surjan nuevos problemas y mas enredosos y dificiles de solucionar. Suerte, y recuerda dicelo CON MUCHO TACTO.

4.3.2 Tipos de consejos

Martínez Flor (2005) analiza los consejos en interacciones cara a cara y propone que estos pueden dividirse en tres categorías de acuerdo con las estrategias que se usen: 1) directas, 2) (indirectas) convencionalizadas y 3) indirectas (no convencionalizadas). Las estrategias directas indican clara e inequívocamente lo que sugieren los consejeros. En las estrategias convencionalizadas el enunciado no es tan directo como en el primer tipo, pero igualmente se entiende como un consejo debido a una interpretación estándar de su fuerza ilocucionaria. Las estrategias indirectas no expresan las intenciones del hablante ni usan estructuras idiomáticas o convencionales, y, por ende, el receptor debe inferir la intención del hablante. Las estrategias, con ejemplos del corpus de consejos en línea, se presentan en la Tabla 4.1 adaptada de Martínez Flor (2005:175).

Como puede apreciarse, hay una amplia diversidad sintáctica en la formulación de consejos, especialmente en la producción de estrategias directas. El hallazgo más significativo en el corpus analizado, sin embargo, fue la alta frecuencia de directivas, típicamente asociadas con el modo imperativo, y la baja frecuencia en el uso de las estrategias directas restantes. Si bien los consejeros también produjeron estrategias convencionalizadas e indirectas no convencionalizadas, estas se usaron para formular elaboraciones y evaluaciones enmarcando consejos directos. Muy pocas de estas estrategias fueron empleadas para dar consejos propiamente dichos.

Dada la predilección por el uso de directivas que revelan los datos, cabe preguntarse entonces si los participantes en estos foros son descorteses, o simplemente responden al carácter informal de la comunicación en línea. Lo que es notable en el corpus es la amplia gama de estrategias de atenuación (v. Cap. 12) que usan los consejeros para mitigar/suavizar las directivas por medio de modalizadores, expresiones de empatía, uso de vocativos, cumplidos, expresiones de afecto y aliento y el empleo de emoticonos. Las elaboraciones y asesoramientos que típicamente enmarcan los consejos directos también funcionan como procedimientos de atenuación. Briz (2003) sugiere que, en las conversaciones coloquiales en español, la atenuación se usa como un recurso estratégico para buscar la aceptación del oyente, y, por lo tanto, se relaciona con el establecimiento de la imagen social. La cortesía, por

TABLA 4.1 Categorías de estrategias lingüísticas, subcategorías y ejemplos de consejos

Categorías globales de consejos	Subcategorías	Ejemplos
1. Directos	Directiva	Dale tiempo/ No juegues con ella
	Directiva mitigada	Deberías dejar esa relación hasta ahí!!
	Verbo performativo	yo te aconsejo que hables con ella sobre su relacion
	Declarativa	Yo te digo q y cortar por lo sano.
	Declarativa mitigada	Pienso que el seguir con ella seria mas danino que decirlela verdad
	Sustantivo	Mi consejo es que hables con ella.
2. Convencionalizados	Preguntas	Por q no hablas con la familia y listo
	Expresiones impersonales	hay que actuar con un poco de frialdad
	Expresiones condicionales	En tu lugar, yo cortaría la relación inmediatamente
3. Indirectos	Declaraciones generales	Es mas facil dejar una relacion en el menor tiempo posible
	Experiencias personales	flaco a mi me pasa exactamente lo mismo que vos

consiguiente, no es un fin en sí mismo sino un medio para un fin. En el caso de los consejos, este fin es mitigar la amenaza potencial del consejo ofrecido y hacerlo más aceptable para el receptor.

Por otra parte, en los consejos en línea, el uso de imperativos podría tener otra interpretación, relacionada con factores contextuales, en este caso, el medio de comunicación. Como ya hemos mencionado, el lenguaje utilizado en Internet tiende a ser breve, conciso, sintácticamente simple y directo. Puede ser que, en situaciones en las que quien busca y quien da consejos no se conocen, las consideraciones de jerarquía sean irrelevantes. Si bien quien imparte un consejo puede asumir el rol de experto, el anonimato de los participantes y la falta de continuidad en la interacción implican que quien solicita consejos no está obligado a aceptar el consejo ofrecido, y, por lo tanto, los problemas de imagen social desempeñan un papel menor (o tal vez ninguno). Quizás la falta de continuidad en la interacción, y la imposibilidad de que el receptor del consejo pueda pedir aclaraciones conlleva otros principios pragmáticos, relacionados con la relevancia, la claridad y la economía del mensaje.

Actividad 2: *Consejos asimétricos.* Hemos mencionado que los consejos entre pares conllevan características que los distinguen de los consejos asimétricos, impartidos por expertos. Visita sitios web de consejos profesionales (por ejemplo, *Cuídate*, dedicado a la salud, o *Todoexpertos*, dedicado a temas muy variados). Examina las estrategias discursivas que se emplean en estos sitios: ¿Qué estrategia(s) se emplea(n) con más frecuencia? Compáralas con los ejemplos de la Actividad 1. ¿Cuáles son las similitudes y diferencias en el uso que observas? ¿Hay ciertas categorías ausentes en un área, pero presentes en otra? ¿O es solo una cuestión de frecuencia?

Actividad 3: *Influencia del medio de interacción.* Compara la formulación de los consejos en la Actividad 1 con consejos impartidos en periódicos y revistas. ¿Qué elementos encuentras en los consejos en foros en línea que los diferencian de los consejos publicados en la prensa tradicional?

4.4 Preguntas para la reflexión

- ¿Cuáles son las ventajas e inconvenientes de utilizar sitios web de preguntas y respuestas en línea en la investigación pragmática?
- ¿Utilizas frecuentemente sitios web de preguntas y respuestas? ¿Los encuentras útiles? ¿Por qué/por qué no?
- ¿Qué importancia tienen los emoticonos y emojis en la formulación de consejos? ¿Piensas que son siempre expresiones de empatía? ¿O pueden tener otras funciones? (v. Cap. 13)
- ¿Piensas que el estudio de los consejos en línea puede tener aplicaciones prácticas? ¿Puedes identificar algunas?

POSIBLES TEMAS PARA UN ENSAYO O PROYECTO DEL CURSO

- ¿Qué importancia tiene el género en la formulación de consejos? Examina algunos sitios web que imparten consejos sentimentales y compara los consejos impartidos por hombres y mujeres a hombres y mujeres, tomando en cuenta solo los consejos en los que es posible determinar el género de consejeros y destinatarios. Si encuentras diferencias, ¿en qué consisten? ¿se relacionan con la forma o el contenido de los consejos? ¿con el género del que pide consejo, o del que lo ofrece?
- Muchos investigadores han observado diferencias interculturales en la formulación de los consejos. Selecciona sitios web de preguntas y respuestas en otro(s) idioma(s) que hables/leas y compáralos con sitios similares en español. ¿Qué podemos aprender de este tipo de estudio? Compara sitios web de distintos países de cultura hispánica y estudia las diferencias regionales si las hubiera.
- Otros: añade uno o dos posibles temas relacionados con los consejos que te parezcan interesantes:

  ....
  ....

En el capítulo de metodología (Cap. 22) encontrarás herramientas que facilitarán la formulación de tu estudio.

Lecturas recomendadas

Briz, A. (2003). La estrategia atenuadora en la conversación cotidiana española. En: D. Bravo, ed., *Actas del Primer Coloquio EDICE. La perspectiva no etnocentrista de la cortesía: identidad sociocultural de las comunidades hispanohablantes*. Estocolmo: Universidad de Estocolmo, 17–46.

Haverkate, H. (1994). *La cortesía verbal: estudio pragmalingüístico*. Madrid: Gredos.

Herring, S. y Androutsopoulos, J. (2015). Computer-mediated discourse 2.0. En: D. Tannen, H. E. Hamilton y D. Schiffrin, eds., *The handbook of discourse analysis*. 2nd ed. Malden, MA: Wiley-Blackwell, 127–151.

Locher, M. A. (2006). *Advice online: Advice-giving in an American Internet health column*. Amsterdam: John Benjamins. [Caps. 5 y 6]

Martínez Flor, A. (2005). A theoretical review of the speech act of suggesting: Towards a taxonomy for its use in FLT. *Revista Alicantina de Estudios Ingleses*, 18, 167–187.

Yus, F. (2010). *Ciberpragmática 2.0: nuevos usos del lenguaje en Internet*. Barcelona: Planeta. [Cap. 5]

Lecturas complementarias

Pudlinski, C. (2005). Doing empathy and sympathy: Caring responses to troubles tellings on a peer support line, *Discourse Studies*, 7(3), 267–288.

Searle, J. R. (1976). A classification of illocutionary acts. *Language in Society*, 5, 1–23.

Sobre consejos específicamente

Eisenchlas, S. A. (2012). Gendered discursive practices online. *Journal of Pragmatics*, 44, 335–345.

Limberg, H. y Locher, M. A., eds. (2012). *Advice in discourse*. Amsterdam: John Benjamins. [Caps. 12 y 13]

Morrow, P. R. (2006). Telling about problems and giving advice in an Internet discussion forum: Some discourse features. *Discourse Studies*, 8(4), 531–548.

Morrow, P. R. (2017). Requesting and advice-giving. En: C. R. Hoffmann y W. Bublitz, eds., *Pragmatics of social media [Handbook of pragmatics 11]*. Berlin: De Gruyter, 661–690.

Placencia, M. E. (2010). Yahoo! Respuestas como columna de consejos: algunos rasgos de un género híbrido. *Tonos Digital-Revista de Estudios Filológicos*, 20. Disponible en: www.tonosdigital.es/ojs/index.php/tonos/article/view/601

5

LAS DISCULPAS

Tania Gómez

(1) "Lo siento mucho. Me he equivocado y no volverá a ocurrir". El Rey Juan Carlos pide perdón por su polémico viaje a África (18/04/2012).

5.1 Introducción

La disculpa es un tipo de acto de habla mediante el cual se intenta subsanar una posible ofensa cometida contra otra persona o grupo de personas. El objetivo central es restaurar el equilibrio en la relación, aunque una disculpa puede cumplir también otras funciones. Las disculpas se realizan tanto en la esfera privada como en la pública (v. Harris, Grainger y Mullany, 2006). El ejemplo (1) ilustra la realización de una disculpa pública: el entonces rey de España Juan Carlos, como Jefe de Estado, pide disculpas al pueblo español por su error de juicio al haber tomado parte en un safari en Botsuana mientras su país estaba atravesando por momentos económicos y sociales críticos (v. Medina López, 2014). Al estar comprometida su reputación, y frente a la indignación de los ciudadanos, una disculpa pública de su parte fue necesaria. Disculpas de este tipo, tanto a nivel nacional como internacional, parecen haber ido en aumento a partir de la década de 1990. Tal es así que se empezó a hablar de *la era de las disculpas (públicas)* (Kampf, 2009). La expansión de las redes sociales seguramente ha intensificado esta tendencia en la última década.

¿Cómo se realizan las disculpas? Esta es la pregunta principal que buscamos responder en este capítulo, con referencia a las clasificaciones de disculpas de Olshtain y Cohen (1983) y de Blum-Kulka, House y Kasper (1989) en particular (v. sección 5.2). Por ejemplo, en (1), podemos ver que la disculpa del rey incluye tres elementos: a) expresar pesar (*Lo siento mucho*), b) admitir el error (*Me he equivocado*) y c) prometer no reincidir (*no volverá a ocurrir*). Estos son elementos frecuentes en disculpas, pero veremos también otras posibilidades, particularmente, en la esfera privada. Otras preguntas que consideramos en este capítulo son las siguientes: ¿Qué recursos se emplean para intensificar las disculpas o para minimizar la ofensa o la responsabilidad de quien ofrece la disculpa? ¿Qué factores afectan la realización de una disculpa? Antes de considerarlas, te pedimos que completes la siguiente actividad:

Actividad 1a: Imagina que tenías una cita con tu mejor amigo/a la semana pasada, pero te olvidaste de la misma y nunca llegaste. En este momento te encuentras con tu amigo/a, te acuerdas de la cita y le hablas. Escribe las palabras exactas que emplearías:

Tú:...
....

Actividad 1b: Habías tomado prestado un libro de tu profesora y tenías que devolvérselo hoy, pero se te olvidó en casa. Al final de la clase te acercas y hablas con tu profesora. Escribe las palabras exactas que emplearías:

Tú:...
....

Actividad 1c: Ahora compara lo que escribiste en las dos situaciones. ¿Qué similitudes y diferencias observas en la formulación de tus respuestas? Considera los factores sociales y situacionales que influyeron en ellas.

5.2 Objetivos y enfoque

El objetivo de este capítulo es que te familiarices con los tipos principales de disculpas, las estrategias de realización y algunos recursos de intensificación/atenuación que se emplean con las disculpas en español. Asimismo, queremos que tomes conciencia de los factores situacionales y socioculturales que influyen en la realización de las disculpas.

Para el análisis de este acto de habla se han propuesto diferentes clasificaciones. Como hemos dicho, aquí haremos referencia a categorías de los estudios clásicos de Olshtain y Cohen (1983) y de Blum-Kulka et al. (1989). Los ejemplos que damos, a no ser que se indique lo contrario, provienen del estudio de Gómez (2008, 2009) sobre disculpas en el español colombiano, basado en juegos de rol.

5.3 Tipos de disculpa

Atendiendo al rol social de quien las profiere y la trascendencia social, política o mediática de quien las recibe, las disculpas pueden dividirse en dos categorías básicas: 1) disculpas públicas, generalmente hechas por personas reconocidas (políticos, famosos, incluyendo cantantes, actores, etc., autoridades en instituciones y empresas) a través de medios masivos; y 2) disculpas privadas que ocurren en la esfera privada, entre amigos, familiares, compañeros de trabajo, etc. Se puede hablar de una categoría intermedia de disculpas semi-privadas que corresponderían a las disculpas que se dan a una persona dentro de un grupo cerrado, de Facebook o WhatsApp, por ejemplo.

5.3.1 Disculpas públicas

Con la digitalización de los medios de comunicación y la expansión de redes sociales en los últimos 15 años, la conducta de celebridades y personas de la vida política y/o en posición de autoridad en instituciones y empresas está sujeta a un constante escrutinio. Los errores que cometen pueden hacerse públicos casi instantáneamente, lo que conlleva riesgos serios para la persona, la institución o la empresa: por ejemplo, la carrera de un cantante o actor puede hundirse de la noche a la mañana, las instituciones pueden caer en desprestigio, y las empresas pueden perder ventas, y valor en el mercado. Frente a las posibles consecuencias de un error de juicio o de otro tipo, las personas o empresas involucradas se sienten obligadas a pedir disculpas públicamente para restaurar su imagen o la de la institución o empresa. Así, la disculpa del rey ante los españoles en (1) fue considerada como una acción positiva que, según el juicio de los medios de comunicación, benefició a la imagen del rey y a la de la monarquía.

En el campo de la política, y como sugiere Bolívar (2011: 43), las disculpas políticas "se convierten en el centro de una lucha ideológica en conflictos de diferente naturaleza en la que participan ampliamente jefes de estado, los medios, y los ciudadanos". Por otro lado, las disculpas corporativas están orientadas a mantener la fidelidad del cliente. El ejemplo (2) ilustra este tipo de disculpa: una empresa de aviación española se disculpa mediante un tuit a un cliente quien previamente había expuesto de forma pública haber sido ofendido por la empresa:

(2) Respuesta de le empresa en un tuit a la queja de un cliente (Fernández-Vallejo, 2017: 161):
@username[1] Hola Joaquín, lamentamos mucho los inconvenientes. Nuestros compañeros de aeropuerto os contactaran directamente una vez se… /1 @username …asigne un nuevo horario de salida para el vuelo. Saludos.

5.3.2 Disculpas privadas

Las disculpas en la esfera privada generalmente se realizan también con el mismo propósito de restaurar las buenas relaciones entre ofensor y ofendido. Suelen darse después del acto ofensivo, como en (3). En este ejemplo, tomado de Gómez (2009: 51), Edith (ofensora) se disculpa por no haber llegado a la cita con su amiga Diana (ofendida) (¡*Ay! Oye, ¡Qué pena*[2] *contigo! Discúlpame de verdad que se me pasó por alto la cita…*). Diana responde inmediatamente aceptando la disculpa (*Está bien nena no te preocupes…*).

(3) 1 Edith: Hola Dianita, ¿Qué más me cuentas?
    2 Diana: Hola, ¡ay! Bien, oye.

3   Edith: ¡Ay! Oye, ¡Qué pena² contigo! Discúlpame de verdad que se me pasó por alto la cita que teníamos la semana pasada, pero es que tantas cosas en la cabeza, mi agenda tan ocupada. De verdad ha sido un poco imposible. Se me olvidó, pero discúlpame, pero te prometo, te prometo que te debo visita, te debo ese encuentro y te lo voy a brindar.
4   Diana: Está bien nena no te preocupes lo ponemos en la agenda otro día no te preocupes.

Sin embargo, las disculpas pueden ocurrir también en anticipación de una acción negativa que tiene la posibilidad de ofender al interlocutor (p. ej. rechazar una invitación) (*Me vas a disculpar, pero no voy a poder asistir...*). Las disculpas privadas se han estudiado tradicionalmente en contextos de interacciones cara a cara, aunque en la actualidad se encuentran también en interacciones mediadas digitalmente, p. ej., en Facebook, Messenger y WhatsApp.

5.4   Estrategias de disculpa y mecanismos de intensificación y atenuación

Como indicamos en la sección 5.2, nos apoyamos en las clasificaciones de Olshtain y Cohen (1983) y Blum-Kulka et al. (1989) por constituir unas de las clasificaciones más claras y completas. En la realización de una disculpa, el hablante puede emplear estrategias (más o menos) explícitas o implícitas. Dentro del primer grupo encontramos: expresiones convencionales de disculpa y declaración de responsabilidad. Dentro del segundo grupo están la presentación de una explicación, el ofrecimiento de reparación y la promesa de no volver a cometer la ofensa. Sin embargo, como observamos en el ejemplo (3), algunos emplean más de una estrategia para reforzar la disculpa. Finalmente, las disculpas pueden producirse con mecanismos de intensificación de la disculpa y/o de atenuación de la responsabilidad o culpa del ofensor.

5.4.1   *Estrategias de disculpa*

Mecanismos indicadores de la fuerza ilocutiva

Los *mecanismos indicadores de la fuerza ilocutiva (MIFIs)* ('Illocutionary force indicating devices, IFIDs') (Blum-Kulka et al., 1989) de una disculpa son expresiones convencionalmente reconocidas como disculpas. Incluyen verbos performativos como *disculpar* (ej. *discúlpeme; le pido disculpas/perdón*), *perdonar* (ej. *perdóname*), fórmulas rutinarias como *perdón, qué pena* (esta última propia del español colombiano), o expresiones de pesar como *lo siento, lo lamento*[3], como en los ejemplos (1) al (3). La mayoría de estas expresiones se emplean en diferentes variedades del español. Sin embargo, lo que puede variar es su frecuencia de uso. Por ejemplo, conforme a datos del Corpus de Referencia del Español Actual (CREA), la expresión *perdón* es la más empleada en el español peninsular oral. Por otra parte, en el estudio de Gómez (2009) sobre disculpas en el español colombiano (específicamente de la zona centro del país, en los departamentos de Boyacá y Cundinamarca), se encontró preferencia por expresiones con el verbo *disculpar* (p. 44). Por su lado, Cordella (1990: 68), en un trabajo basado también en juegos de rol entre chilenos, observó que la expresión preferida era *dar* o *pedir disculpas*.

Además de posible variación regional, hay que tener en cuenta, por otra parte, factores macrosociales como género y edad, y factores microsociales, como distancia social y poder, al igual que factores situacionales. Aquí entraría, por ejemplo, el tratamiento pronominal (in)formal (v. Cap. 6) de acuerdo a estos diferentes factores. Así, en Gómez (2009), entre jóvenes se da el tuteo (ej. *discúlpame*), mientras que entre adultos y cuando los jóvenes se dirigen a adultos mayores aparece el ustedeo (ej. *discúlpeme*).

Declaración de responsabilidad

Detrás del uso de MIFIs hay un reconocimiento implícito en mayor o menor grado de que el ofensor acepta responsabilidad por la infracción. Asimismo, se puede admitir responsabilidad de manera explícita. En los datos colombianos, por ejemplo, aparecen expresiones como "yo sé que fue mi culpa", "fue mi culpa", "fue un error mío", y "yo sé que le fallé" que representan la estrategia de disculpa más frecuente en el estudio de Gómez (2009). Pareciera que, en el grupo estudiado, es importante asumir responsabilidad explícitamente en cualquier situación que se perciba como ofensiva. En (4), por ejemplo, el ofensor declara responsabilidad ante una ofensa percibida por los participantes como no severa:

(4) Un hombre de unos 35 años (Carlos) se tropieza con una mujer de la misma edad (Nancy) en la calle. Como consecuencia del tropiezo, a ella se le cae un libro.

Carlos: ¡Uy! disculpe ¡qué pena!, perdón.
Nancy: No, pero FÍJESE hola.
Carlos: Discúlpeme ¡qué pena! *fue mi culpa*, iba distraído. Discúlpeme. Lo siento mucho.
Nancy: Sí sí, yo lo entiendo, pero igual yo también llevaba afán y qué tal si llevo alguna otra cosa.
Carlos: Discúlpeme, por favor.

Gómez, 2008: 83

Presentación de explicaciones

Con una explicación, el ofensor busca atenuar la culpa al describir las circunstancias detrás de la infracción como se puede ver en (3) y (4) donde los ofensores intentan explicar las razones que los llevaron a ofender: *pero es que tantas cosas en la cabeza, mi agenda tan ocupada e iba tan distraído*. La ocurrencia de explicaciones está relacionada con el poder relativo entre los interlocutores y la gravedad de la ofensa. Por ejemplo, si el ofendido tiene un cargo o posición de poder relativamente más alto entonces, los interlocutores optan por ofrecer una explicación (p. ej. cuando un estudiante pide disculpas a un profesor). De igual forma, la explicación ocurre con más frecuencia en ofensas percibidas como severas como cuando se produce un daño a un objeto ajeno (Gómez, 2009).

En el ámbito público, esta estrategia puede aparecer, pero no es necesariamente preferencial, ya que, como observa Fernández-Vallejo (2017: 162), muchas empresas "prefieren canalizar [las explicaciones] a través del mensaje privado, donde el cliente pierde probablemente capacidad de reacción". El ejemplo (5) sugiere esta tendencia.

(5)   Respuesta en Twitter a un cliente de un banco:
@username porque quitáis cajeros automáticos y la mitad de ellos ni funcionan? Me he andado 5 KM para ir a un cajero que funcione.
Buenos días, sentimos las molestias ocasionadas. ¿Seguimos hablando por mensaje privado?^AA

Fernández-Vallejo, 2017: 163

Ofrecimiento de reparación

Por medio de esta estrategia, el ofensor intenta reparar de alguna manera la infracción cometida. En el contexto público corporativo, el ofrecimiento de reparación refleja las obligaciones legales de la compañía hacia sus clientes. Fernández-Vallejo (2017), en su análisis de disculpas en tuits, encontró que la compañía aérea fue explícita en sus ofertas de reparación al ofrecer en muchas ocasiones un reembolso por el trastorno causado. Por otro lado, en el caso de las compañías bancarias, se espera normalmente que la reparación se ofrezca a través de mensajes privados, dado que los temas son más delicados.

En el ámbito privado, Gómez (2009) encontró que los ofrecimientos de reparación ocurren frecuentemente, aunque depende también de la situación (Taylor, 2012). En Gómez (2009), sin importar la severidad de la ofensa (daño físico, impuntualidad, daño a propiedad), los hablantes ofrecieron distintos tipos de reparación: promesas, recompensas (un café, una bebida) y acciones inmediatas (ej. recoger el libro en (4), o limpiar el mueble en (6)). En el ejemplo (3) de la cita olvidada, la ofensora ofrece reparar la ofensa por medio de una promesa: *te prometo, te prometo que te debo visita, te debo ese encuentro y te lo voy a brindar.*

Promesa de no volver a cometer la ofensa

Esta estrategia suele aparecer cuando el sentimiento de responsabilidad del ofensor es muy intenso. Así, el ofensor prometerá que la acción no se repetirá o se mejorará en un futuro. La baja incidencia de esta estrategia en los datos colombianos de Gómez es comparable con los resultados del español uruguayo (Márquez Reiter, 2000) y del español peninsular (Rojo, 2005). Podría argumentarse que el comprometerse a no volver a cometer la ofensa no es adecuado especialmente si las ofensas son dadas a repetirse.

Actividad 2: Revisa tus respuestas en las actividades 1a y 1b y determina qué estrategias empleaste para llevar a cabo las disculpas.

5.4.2 Modificadores de la disculpa: mecanismos de intensificación y atenuación

Las disculpas, particularmente aquellas realizadas con MIFIs, pueden ser intensificadas mediante diferentes recursos como se puede ver en la Tabla 5.1.

En las explicaciones suelen aparecer mecanismos de intensificación orientados a minimizar la ofensa: "tenía *tantas* cosas en la cabeza, estaba *tan* distraída, se me presentó un inconveniente *grave*, tuve algo *importante* que hacer" (Gómez, 2009: 51–52).

Con respecto a recursos de atenuación, las construcciones impersonales, las mismas que tienen como objeto reducir la responsabilidad de culpa, fueron frecuentes en la muestra de español colombiano (Gómez, 2009). En (6), por ejemplo, Germán, el ofensor, derrama gaseosa en un mueble y tras ofrecer una disculpa explícita (*discúlpeme*), seguida de una expresión de pesar *(¡qué pena con sumercé*[4]*!)*, reduce la responsabilidad de la ofensa al decir *se regó la gaseosa*.

(6) Situación: Germán, un hombre de unos 35 años está tomando una gaseosa en casa de Irma.

Germán: ¡Ay! Discúlpeme, ¡qué pena con sumercé! *Se regó la gaseosa.*
Irma: No, tranquilo tranquilo. Yo, yo misma limpio no se preocupe siéntese siéntese.

Gómez, 2008: 49

Asimismo, se pueden encontrar otros atenuadores como *sólo* y *un poco* como en *sólo se regó un poco de gaseosa en el sofá*, con el propósito de minimizar la ofensa.

TABLA 5.1 Intensificadores en disculpas privadas entre colombianos de la ciudad de Tunja (zona central del país) (Adaptada de Gómez, 2008: 54)

	Ejemplos
Adverbios en superlativo	Lo siento *muchísimo.*
Cuantificadores	Le pido *mil* perdones.
Expresiones de ruego	*Por dios, por dios,* perdóname Carlos. Discúlpeme, *por favor.*
Locuciones adverbiales	*De verdad* lo siento, *de verdad. En serio,* discúlpeme.

Actividad 3: Identifica las estrategias de la siguiente disculpa interpersonal, tomada de Gómez (2008: 45), incluyendo el empleo de mecanismos de intensificación y/o atenuación.

Contexto: Óscar (O) y Fredy (F) son amigos. Tienen entre 30–35 años y están tomando una gaseosa en la casa de Oscar. Fredy (el ofensor) en un momento dado derrama gaseosa en el sofá.

O: ¡Uy! Mi mujer me va uh hermano usted me acaba de dañar los muebles. Ese sofá es italiano.
F: Algo con que limpiar. ¡Uy! No, no hermano.
O: ¿Qué, piensa que lo compraron por allí en Villa de Leyva?[5]
F: ¿Con esto puedo limpiar hermano? ((Mostrándole un trapo o paño))
O: Sí, sí…
F: O de pronto le dañó la–
O: Limpie ahí porque–
F: ¡Uy! no ¡qué pena!, ¡qué pena! con usted […]
O: Pero fresco, tranquilo, dejemos así más bien. Disfrute lo que queda de la gaseosa.
F: ¡Uy! ¡qué pena! Don Óscar. Yo creo que si lo saca mañana tempranito a asolear no le pasa nada.
O: No, mejor lo llevo a un lugar donde limpian sofás.
F: Bueno don Óscar ¡qué pena de verdad!
O: No, fresco.

5.5 Preguntas para la reflexión

- Algunos de los ejemplos de disculpas en este capítulo, tomados de Gómez (2009) provienen de juegos de roles. ¿Qué ventajas y desventajas presenta el uso de juegos de roles en el estudio de las disculpas (u otros actos de habla)? Si intentas recoger datos espontáneos de disculpas en la interacción cara a cara, ¿qué problemas puedes anticipar? (v. Cap. 22).
- Si estás en una red social o en un grupo de WhatsApp, observa casos de pedidos de disculpas. ¿Qué situaciones suelen generar disculpas? ¿Cómo influye el medio en cómo se realizan los pedidos de disculpa?

POSIBLES TEMAS PARA UN ENSAYO O PROYECTO DEL CURSO

Bajo la guía de tu profesor/a y teniendo en cuenta consideraciones éticas,

- Recoge un corpus de disculpas públicas en Twitter, examínalas con referencia a la clasificación de Olshtain y Cohen (1983) o de Blum-Kulka

et al. (1989), y considera las limitaciones de estas clasificaciones para el estudio de disculpas públicas.
- Recoge un corpus de disculpas públicas en la prensa o en una red social y examina su realización con respecto al tipo de ofensa y grado de severidad de la ofensa. Considera también otros factores que pueden influir en la realización de las disculpas.
- Examina similitudes y diferencias en disculpas de famosos del deporte, cantantes o actores con respecto a factores situacionales y otros.
- Recoge un corpus de disculpas de WhatsApp o Facebook y examina el empleo de recursos de atenuación e intensificación en la realización de disculpas. Acuérdate que necesitas obtener la autorización de los participantes antes de recoger datos en cuentas privadas. Te referimos al capítulo de metodología (Cap. 22) al respecto.
- Otros: añade uno o dos posibles temas relacionados con las disculpas que te parezcan interesantes:

....

....

En el capítulo de metodología (Cap. 22) encontrarás herramientas que facilitarán la formulación de tu estudio.

Lecturas recomendadas

Blum-Kulka, S., House, J. y Kasper, G., eds. (1989). *Cross-cultural pragmatics: Requests and apologies*. Norwood, NJ: Ablex, 273–294. [The CCSARP coding manual]

Gómez, T. (2009). Análisis sociopragmático del acto de habla de la disculpa. *Segundas Lenguas e Inmigración en Red*, 2, 38–59.

Harris, S., Grainger, K., & Mullany, L. (2006). The pragmatics of political apologies. *Discourse & Society*, 17(6), 715–737.

Márquez Reiter, R. (2000). *Linguistic politeness in Britain and Uruguay: A contrastive study of requests and apologies*. Amsterdam: John Benjamins. [Caps. 2 y 5]

Medina López, J. (2014). Disculpas, cortesía ideológica y restauración de la imagen: a propósito de un real ejemplo a través de la prensa. *Pragmática Sociocultural. Revista Internacional sobre Lingüística del Español*, 2, 35–75.

Olshtain, E., y Cohen, A. (1983). Apology: A speech act set. In N. Wolfson y E. Judd, eds., *Sociolinguistics and language acquisition*. Rowley, MA: Newbury House, 18–36.

Lecturas complementarias

Bolívar, A. (2011). La ocupación mediática del diálogo político: el caso de las disculpas. *Discurso & Sociedad*, 5(1), 41–70.

Cordella, M. (1990). Apologizing in Chilean Spanish and Australian English: A cross-cultural perspective. *Australian Review of Applied Linguistics*, 7, 66–92.

Fernández-Vallejo, A. (2017). La disculpa corporativa a través de Twitter en Iberia y Banco Santander. *Estudios de Lingüística de la Universidad de Alicante (E.L.U.A)*, 31, 151–170.

Gómez, T. (2008). Descripción del acto de habla de la disculpa: un análisis del habla colombiana. Tesis doctoral. Universidad de Minnesota, Minneapolis, MN.

Kampf, Z. (2009). The age of apology: Evidence from the Israeli public discourse. *Social Semiotics,* 19(3), 257–273.

Rojo, L. (2005). "Te quería comentar un problemilla…". *Hipertexto,* 1, 63–80.

Taylor, G. (2012). Pedidos de disculpas en chino mandarín y español colombiano. En: M. E. Placencia y C. García, eds., *Pragmática y comunicación intercultural en el mundo hispanohablante.* Amsterdam: Rodopi, 187–207.

Wagner, L. y Roebuck, R. (2010). Apologizing in Cuernavaca, Mexico and Panama City, Panama: A cross-cultural comparison of positive- and negative-politeness strategies. *Spanish in Context,* 7, 254–278.

Notas

1 El tag identifica y permite seguir cada interacción del usuario. Dado el límite de palabras de Twitter, la respuesta aparece entrecortada.

2 La expresión *qué pena* en el español colombiano en ocasiones puede reemplazar a una expresión directa de disculpa como *disculpe.*

3 Mientras la expresión *lo lamento/lo lamentamos* comunica pesar, *lamento/lamentamos que…* se percibe como una negación a la responsabilidad de la ofensa. El valor de la expresión depende también de los otros elementos presentes en la disculpa.

4 Pronombre personal común en la zona centro colombiana que reemplaza la forma Ud. de la tercera persona singular. Es una forma de respeto y de mostrar cercanía hacia la otra persona.

5 Ciudad cerca de Bogotá, reconocida por su alta calidad de muebles.

SECCIÓN II
Deixis social

6

LAS FORMAS DE TRATAMIENTO PRONOMINAL

Bettina Kluge

"... no estoy acostumbrado para nada a usar el 'tú', ahora se me ha pegado un poco más porque/ bueno/ lo está diciendo/ constantemente... mi compañero de piso/ pero por lo general nosotros [los argentinos] utilizamos el 'vos'/ ..."

Comentario de Mario, estudiante argentino emigrado a Berlín, tomado de Sinner, 2010: 837

6.1 Introducción

El lenguaje no sirve solamente para transmitir información; también es imprescindible a la hora de establecer y mantener las relaciones sociales. En este sentido, se utiliza para indicar a otros cómo queremos construir e interpretar una relación determinada, por ejemplo, si tenemos confianza con una persona, si nos sentimos cercanos o no a ella, si estamos enfadados y queremos que lo sepa, si consideramos a la persona como un/a igual o no, etc. Las formas de tratamiento son un buen indicador de la relación social e interpersonal con nuestro interlocutor.

En el campo de la deixis social, se distingue entre el tratamiento pronominal —el tema del presente capítulo— y el tratamiento nominal (*amor mío, jefe, Carla*) (Cap. 7). Mientras el tratamiento nominal se puede evitar con bastante facilidad, en muchos contextos es casi imposible no usar una forma de tratamiento pronominal. Por ejemplo, si intentamos suprimir el tratamiento pronominal en una conversación, el resultado probablemente será un diálogo excesivamente impersonal y/o poco natural. Como veremos a lo largo del capítulo, el tratamiento pronominal es un tema bastante complejo, pues el español es, por excelencia, una lengua pluricéntrica y hay diferentes sistemas en uso en las diferentes regiones del mundo hispanohablante (6.3). En un mundo globalizado como el actual, esto puede dar lugar a procesos de acomodación en el tratamiento cuando hablantes de diferentes variedades del español entran en contacto. La cita del comienzo alude a este fenómeno.

6.2 Enfoques y alcance del capítulo

En el estudio del tratamiento pronominal, el trabajo clásico de Brown y Gilman (1960) ha sido el punto de partida para múltiples investigaciones. Según estos autores, dos factores determinan nuestras relaciones sociales: poder y solidaridad. En situaciones de poder, el uso de los pronombres es asimétrico: la persona con más poder recibe trato formal o *V* (del latín *vos*) y la persona con menos poder recibe trato informal o *T* (del latín *tu*). En situaciones de solidaridad, por el contrario, el trato es simétrico. El ejemplo (1) entre un comprador (C) y un vendedor (V) en Mercado Libre Ecuador, una plataforma de comercio electrónico, muestra un uso simétrico de la forma V en un contexto en el que los participantes son desconocidos e interactúan con identidades virtuales. El comprador inicia el ustedeo y el vendedor lo reciproca, construyendo una relación igualitaria.

(1) Comprador: AMIGO ANIMESE EN LOS 300
    Vendedor: No amigo 380.00 lo mínimo cuando usted vea$_v$ a mi perro no se va$_v$ a [a]rrepentir es hermoso

Placencia, 2015: 51

Sin embargo, el modelo de Brown y Gilman (1960) no ha estado exento de críticas. Por ejemplo, una de ellas es que estos autores asumen la existencia de un sistema de tratamiento binario (V vs. T), mientras que los hablantes de numerosas lenguas pueden tener en su repertorio tres o inclusive más formas. Así, en algunas variedades del español, conviven tres, o incluso cuatro, formas: *tú, usted, vos y sumercé*[1], y sus significados pueden representarse mejor quizás en un continuo. Por otro lado, las formas de T y V no se limitan a la expresión de poder y solidaridad, sino que pueden expresar otros significados sociales como distancia, cercanía, confianza, respeto, (in)formalidad, intimidad, etc. De todos modos, en la mayoría de los estudios, se distinguen dos polos: 1) el de las formas T (de cercanía, intimidad, confianza) y 2) el de formas V (de formalidad, distancia, respeto).

Otra crítica que se ha hecho a Brown y Gilman (1960) es que el uso de los tratamientos pronominales no es estático sino dinámico y que una persona puede pasar del empleo de *usted*, por ejemplo, al empleo de *tú* (o viceversa) en una misma interacción, proyectando incertidumbre sobre el trato apropiado en algunos casos, o, en otros, reflejando la dinámica propia de la interacción que permite (re)negociar la relación.

En el estudio de las formas de tratamiento se utilizan diferentes metodologías (v. Hughson, 2009) que reflejan la perspectiva del lenguaje de los investigadores. Brown y Gilman (1960) introdujeron el empleo de cuestionarios para el estudio sistemático del tratamiento pronominal. En dichos cuestionarios típicamente se pregunta al informante qué pronombre utilizaría con su madre, su padre, sus hermanos, amigos, etc. y viceversa. Sin embargo, dadas las limitaciones de los cuestionarios, que dan acceso a las intuiciones de los informantes, hoy en día se aboga por el estudio del habla espontánea, en diferentes situaciones de uso en la vida cotidiana (en restaurantes, cenas familiares, etc.), en los medios de comunicación (periódicos, tertulias televisivas, discursos parlamentarios, etc.) y en la comunicación digital (en las redes sociales, los foros, los chats, el correo electrónico, etc.). El empleo de más de un método puede ser útil si se quiere obtener una perspectiva más completa del fenómeno bajo estudio (v. Cap. 22).

En este capítulo consideraremos los sistemas de formas de tratamiento pronominal disponibles en el mundo hispanohablante, y algunos de sus usos y funciones, haciendo hincapié en la extraordinaria variación que existe en español.

Actividad 1: Considera el tratamiento pronominal en la variedad del español con la que estés más familiarizado/a. ¿Cuáles son las formas de tratamiento pronominal en uso? ¿Con qué significados sociales las asocias? ¿Qué factores sociales y situacionales influyen en la selección de una forma u otra?

6.3 Formas, usos y funciones y factores que influyen en la selección del tratamiento pronominal en español

6.3.1 Formas

En cuanto a la morfología de las formas de tratamiento pronominal, es necesario distinguir, por un lado, los rasgos de singular y plural (¿nos dirigimos a una persona o a más?), y por otro, las formas T y V (¿queremos expresar cercanía y confianza, o formalidad y distancia?). De estos rasgos podemos obtener un esquema base con cuatro posibilidades, como se puede ver en la Tabla 6.1.

Este es el esquema prototípico de las formas de tratamiento pronominal del español que Fontanella de Weinberg (1999) presenta en la *Gramática descriptiva de la lengua española*. Este sistema se emplea en la mayor parte de España (1999: 1402); sin embargo, la autora destaca que hay también otros sistemas en uso en el mundo hispanohablante, y los denomina Sistema II (Tabla 6.2), IIIa (Tabla 6.3), IIIb (Tabla 6.4) y IV (Tabla 6.5).

De acuerdo con Fontanella de Weinberg (1999: 1403), el sistema II (Tabla 6.2) se utiliza en una vasta extensión que comprende territorios de la Península Ibérica (Andalucía occidental, partes de Córdoba, Jaén, Granada), Canarias y zonas de América (la mayor parte del territorio mexicano y peruano, Antillas, la mayor parte

TABLA 6.1 Sistema I

	Singular	*Plural*
Confianza	*tú*	*vosotros/as*
Formalidad	*usted*	*ustedes*

TABLA 6.2 Sistema II

	Singular	Plural
Confianza	*tú*	*ustedes*
Formalidad	*usted*	

TABLA 6.3 Sistema IIIa

	Singular	Plural
Confianza	*vos ~ tú*	*ustedes*
Formalidad	*usted*	

TABLA 6.4 Sistema IIIb

	Singular	Plural
Intimidad	*vos*	*ustedes*
Confianza	*tú*	
Formalidad	*usted*	

TABLA 6.5 Sistema IV

	Singular	Plural
Confianza	*vos*	*ustedes*
Formalidad	*usted*	

de Colombia, Venezuela y una pequeña parte de Uruguay). El sistema IIIa (Tabla 6.3), por otra parte, es "el más difundido en las regiones americanas en las que coexisten voseo y tuteo" (1999: 1404). Incluyen Chile, gran parte de Bolivia, el sur de Perú, parte de Ecuador, gran parte de Colombia, el oeste venezolano, la región limítrofe de Panamá y Costa Rica, y el estado mexicano de Chiapas (1999: 1405). Por otro lado, el sistema IIIb (Tabla 6.4) se encuentra en una pequeña parte de Uruguay (1999: 1403). Finalmente, el sistema IV (Tabla 6.5) se usa en Argentina, Costa Rica, Nicaragua, Guatemala y Paraguay (1999: 1406).

Como se puede apreciar en los diferentes cuadros, los sistemas II a IV no distinguen en el plural entre formas T y V, aquí llamadas formas de confianza y formalidad, respectivamente. La diferencia entre el sistema II y IV radica en la forma T del singular, que es *tú* en un caso y *vos* en el otro (véase más abajo la explicación del voseo). Los dos subsistemas III son quizás los más interesantes porque, si bien parten del modelo binario, tienen a su disposición tres pronombres de tratamiento: *tú, vos* y *usted*.

6.3.2 Algunos usos y funciones

Como hemos visto, hay varios sistemas de trato pronominal en el mundo hispanohablante, y como hemos comentado también, los diferentes pronombres pueden desempeñar diversas funciones. A manera de ilustración, y dadas las restricciones de espacio, nos centramos en esta sección principalmente en el uso del voseo pues es un caso especialmente relevante tanto por su empleo extendido en el español de las Américas como por sus rasgos lingüísticos particulares.

El voseo corresponde al uso de las formas pronominales o verbales de segunda persona del plural (o derivadas de estas) para dirigirse a un solo interlocutor. Es necesario añadir que no hay un solo voseo, sino diferentes variantes regionales. El voseo se conjuga de la siguiente manera *vos habláis/hablás/hablái, vos coméis/comés/comíh y vos vivís o vivíh*. Aparte de este voseo, definido como auténtico o pleno, existe también el voseo mixto que muestra la combinación con el pronombre personal del sujeto *tú* en vez de *vos*: *tú habláis/hablás/hablái,* etc.

El empleo del voseo ha sido estigmatizado en algunas zonas (p. ej. Chile) por ser percibido como rasgo propio del campesinado. No obstante, como señala Torrejón (1986), con respecto al voseo chileno, la estigmatización no es general, pues, por ejemplo, el voseo mixto hoy en día está aceptado en Chile no solo en la conversación informal sino también en contextos formales como los medios de comunicación. Eso es muy diferente en cuanto al Sistema IV de Fontanella de Weinberg (1999), por ejemplo, en el caso argentino, donde el voseo abarca los valores de confianza e intimidad.

En un mundo globalizado, es interesante ver qué pasa cuando usuarios de diferentes sistemas de tratamiento entran en contacto. Esto se da en foros, redes sociales, blogs, etc. (v. Frank-Job y Kluge, 2016). De hecho, en situaciones de contacto entre hablantes de diferentes sistemas, son habituales los casos de *acomodación* y la búsqueda de un terreno común, que reflejan el posicionamiento identitario de los hablantes. Ya vimos el ejemplo de Mario, estudiante argentino radicado en Berlín, al comienzo de este capítulo. Un caso muy similar se presenta en Woods y Lapidus Shin (2016), trabajo que analiza las formas de tratamiento entre migrantes salvadoreños en EE. UU. que eran voseantes antes de la migración. Su uso del voseo o del tuteo después de la migración depende de sus redes sociales: los que se asocian más con inmigrantes mexicanos, en su gran mayoría tuteantes, tienden a acomodarse más hacia el *tú*, mientras que aquellos que tienen más lazos con la comunidad salvadoreña, siguen usando el voseo. Así, las redes sociales reflejan el grado de integración en una determinada comunidad hispana, y/o la importancia que le brinda un hablante a su identidad nacional o regional —salvadoreña en este caso—, y ello se revela en parte con los tratamientos.

Por otro lado, en algunas variedades del español, los hablantes pueden cambiar la forma pronominal que normalmente usan en sus relaciones sociales para expresar un estado emocional alterado: es el llamado *usted de cariño* o el *vos* (o *usted*) *de enojo*. En el ejemplo (2), tomado de la novela chilena *Ardiente Paciencia* de Antonio Skármeta, la joven Beatriz discute con su madre, que no está de acuerdo con que Beatriz se haya enamorado de Mario, el cartero del pueblo. A lo largo de la novela, madre e hija utilizan un tratamiento asimétrico: mientras la madre tutea a su hija,

Beatriz le trata a su madre de *usted*. Sin embargo, en el siguiente extracto se puede ver que la madre pasa al *usted* cuando dice enojada *¡Vaya haciendo su maleta!*, y luego cuando contradice a su hija y le dice, *¡Qué va a saber cuidarse usted![...]*.

(2)
— [Beatriz]: ¡Cómo se *le*$_v$ ocurre, 'ñora, que don Pablo va a andar preocupándose de eso! Es candidato a la presidencia de la república, a lo mejor le dan el Premio Nobel, y *usted*$_v$ le va a ir a conventillear por un par de metáforas.
— [...] [Madre]: ¡*Vaya*$_v$ haciendo *su*$_v$ maleta!
— ¡No pienso! ¡Me quedo!
— Mijita, los ríos arrastran piedras y las palabras embarazos. ¡La maletita!
— Yo sé cuidarme.
— ¡Qué *va*$_v$ a saber cuidarse *usted*$_v$! Así como *la*$_v$ estoy viendo *acabaría*$_v$ con el roce de una uña. Y *acuérdese*$_v$ que yo leía a Neruda mucho antes que *usted*$_v$.

Antonio Skármeta, 1999 [1984]: *Ardiente Paciencia*.
Barcelona: Plaza & Janés, p. 54

El uso del *usted de enojo* en este ejemplo subraya la distancia emocional entre madre e hija en ese momento. Este uso vacilante entre T y V resulta interesante porque muestra cómo los hablantes del español pueden acomodar las formas de tratamiento a los diferentes contextos de habla y a las situaciones concretas con las que se encuentran. Este uso no se da de forma similar en muchas otras lenguas europeas. Por ejemplo, en el alemán, una vez que el/la hablante se ha decidido por una forma de tratamiento en la relación con una persona, sobre todo cuando se trata del empleo de la forma T, resulta difícil pasar a V: el hacerlo puede acarrear consecuencias graves para la relación dado que expresaría que la relación de amistad existente ha cambiado.

Actividad 2: Muchos hablantes nativos del inglés que son aprendices de español encuentran difícil apreciar la diferencia entre formas T y V, ya que el inglés contemporáneo tiene un solo pronombre de tratamiento, *you*. Escoge a) un extracto de una película de habla inglesa y considera cómo traducirías el *you* inglés al español: ¿*tú, vos* o *usted*? o b) un extracto de una película en español, o de una novela como *Ardiente Paciencia*, y reflexiona sobre cómo podrías comunicar en inglés los significados de distancia, cercanía, etc. asociados con diferentes tratamientos pronominales en español. Considera cómo explicarías la relación social entre los personajes de la película o de la novela si tienes que traducir tanto *tú, vos* y *usted* con *you*. ¿Qué otros recursos lingüísticos tienes a tu disposición?

6.3.3 *Factores que influyen en la selección de formas de tratamiento*

Se han identificado varios factores extralingüísticos —tanto sociales como situacionales— que inciden en el uso de las diferentes formas de tratamiento pronominales y nominales (v. Cap. 7). Entre los primeros están, por ejemplo, la edad (relativa), el género, la clase social y la educación formal de los participantes, el conocimiento previo de la persona, o sea, el grado de intimidad que comparten, o incluso la apariencia física (ropa, peinado, etc.). En este sentido, por ejemplo, una camarera veinteañera de una cafetería usaría *¿Qué te traigo?* con clientes jóvenes y *¿Qué desea tomar?* con clientes mayores, pero tendría problemas con los de mediana edad (35–50 años), pues un tratamiento u otro podría ofender al cliente, bien por tratarlo como a un joven o bien por considerarlo viejo.

En relación con lo anterior, es pertinente aludir nuevamente al tema de la acomodación lingüística: para acercarse a su interlocutor, las personas a menudo subrayan lo que tienen en común, por ejemplo, la edad. Ser de la misma edad, con frecuencia conlleva experiencias similares: p. ej., estudiar en la universidad, comenzar a trabajar, ser padres, etc. Consecuentemente, un hablante puede acercarse en su habla y en su posicionamiento identitario a la otra persona en función de este factor. Así, la búsqueda de un terreno común se manifiesta a través del uso de una forma T en lugar de una forma V. En el caso contrario, al querer indicar una distancia en las experiencias de vida, el hablante puede optar por una forma V como el *usted*. También la situación interaccional y los roles sociales asumidos juegan un papel importante en las decisiones que toman los hablantes sobre el uso de los pronombres: dos amigos abogados pueden tutearse al tomar un café juntos y, diez minutos más tarde, en la sala del juzgado, pasarán a tratarse de *usted*.

Sin embargo, con la expansión de la comunicación digital, hay múltiples contextos en los que los participantes actúan con identidades virtuales y no tienen el elemento visual que les ayudaría a deducir la edad, género, etnicidad o estrato social de su interlocutor. En este sentido, situaciones como las que habitualmente se producían en las interacciones cara a cara están cambiando, pues los contextos virtuales propician nuevos usos en las formas de comunicación, incluyendo los tratamientos (v. Caps. 13, 20 y 21).

6.4 Preguntas para la reflexión

- ¿Has intendado alguna vez evitar usar un pronombre de tratamiento, por no saber cómo tratar a la persona? ¿Cuáles fueron tus estrategias lingüísticas para evitar el tratamiento? ¿Qué forma empleas en contextos anónimos en línea? ¿Por qué?
- Suele señalarse la edad relativa de los interlocutores como factor propiciador del uso de *tú* (o *vos*) entre los jóvenes y *usted* con la gente mayor. Reflexiona sobre el concepto de edad y su influencia en el uso de los pronombres: ¿cómo afectan las consideraciones personales sobre la edad en el uso de unos pronombres u otros?
- Acomodación lingüística: si pasaste unos meses en el extranjero, ¿cambió la estancia tu manera de usar los pronombres? ¿te encontraste en alguna situación conflictiva por el uso inadecuado de los mismos?

POSIBLES TEMAS PARA UN ENSAYO O PROYECTO DEL CURSO

- Examina el trato pronominal en una película contemporánea en español. Identifica el uso de formas T y V y considera factores sociales y situacionales que parecen incidir en su empleo.
- Uso en línea: busca los comentarios de usuarios en las páginas públicas de Facebook o Twitter de un/a jugador/a de fútbol, un/a cantante, un actor o una actriz o algún personaje de la política (p. ej. Messi, Shakira, Pablo Iglesias). Con la guía de tu profesor/a, construye un pequeño corpus y analiza las formas de tratamiento utilizadas. ¿Cuándo se percibe un *tú* como signo de agresión o de menosprecio? ¿Cuándo se considera una muestra de confianza? ¿Puedes identificar el origen geográfico de los usuarios analizando el uso que hacen de las diferentes formas de tratamiento?
- Escoge una revista en español dirigida a mujeres u hombres y examina el tratamiento que aparece en los anuncios de publicidad. ¿Varía el uso de acuerdo al producto? ¿Qué otros factores parecen influir? Te puede ser útil referirte al trabajo de Chodorowska-Pilch (2011).
- Si perteneces o tienes acceso a una comunidad de habla hispana, bajo la guía de tu profesor/a, y la autorización del dueño de una tienda (ej. una panadería), observa por un período de tiempo y toma nota del tratamiento pronominal (y nominal) que emplean los vendedores y clientes durante la interacción de servicio. Toma nota también del sexo de los participantes y su edad aproximada. En tu análisis considera la posible influencia de estos factores en el empleo de formas de tratamiento.
- Examina el tratamiento en un corpus de interacciones tomadas de una sucursal de Mercado Libre www.mercadolibre.com/ de un país de habla hispana. Te puede ser útil referirte al trabajo de Placencia (2015).
- Entrevista a un grupo de hispanohablantes sobre su uso de formas de tratamiento y explora los significados que atribuyen a *tú, usted* y *vos* en diferentes contextos, de acuerdo a la variedad del español que emplean.
- Otros: añade uno o dos posibles temas relacionados con las formas de tratamiento pronominales que te parezcan interesantes:

....

....

En el capítulo de metodología (Cap. 22) encontrarás herramientas que facilitarán la formulación de tu estudio.

Lecturas recomendadas

Brown, R. y Gilman, A. (1960). The pronouns of power and solidarity. En: T. A. Sebeok, ed., *Style in language*. Cambridge, MASS: MIT Press, 253–276.
Carricaburo, N. (1997). *Las fórmulas de tratamiento en el español actual*. Madrid: Arco/Libros.
Clyne, M., Norrby, C., y Warren, J. (2009). *Language and human relations: Styles of address in contemporary language*. Cambridge: Cambridge University Press. [Caps. 2, 3 y 5]
Fontanella de Weinberg, M. B. (1999). Sistemas pronominales de tratamiento usado en el mundo hispánico. En: I. Bosque y V. Demonte, coord., *Gramática descriptiva de la lengua española*, tomo 1. Madrid: Espasa Calpe, 1399–1425.
Hughson, J.-A. (2009). *Diversity and changing values in address*. Frankfurt am Main: Peter Lang. [Caps. 2, 5 y 7]
Moyna, M. I. y Rivera-Mills, S., eds. (2016). *Forms of address in the Spanish of the Americas*. Amsterdam: John Benjamins. [Caps. 1, 5, 15]

Lecturas complementarias

Chodorowska-Pilch, M. (2011). Tratamiento formal e informal en las imágenes publicitarias. En: S. Alcoba Rueda y D. Poch, eds., *Cortesía y publicidad*. Barcelona: Editorial Planeta, 49–62.
Frank-Job, B. y Kluge, B. (2016). Multilingual practices in identity construction: Virtual communities of immigrants to Quebec. En: *FIAR (Forum for Interamerican Research)*, 8(1), http://interamerica.de/volume-8-1/job_kluge.
Mestre Moreno, P. (2010). Alternancia de formas de tratamiento como estrategia discursiva en conversaciones colombianas. En: M. Hummel, B. Kluge y M. E. Vázquez Laslop, eds., *Formas y fórmulas de tratamiento en el mundo hispánico*. México, D. F./Graz: El Colegio de México/Karl-Franzens-Universität, 1033–1049.
Placencia, M. E. (2015). Address forms and relational work in e-commerce. En: M. Hernández-López y L. Fernández-Amaya, eds., *A multidisciplinary approach to service encounters*. Leiden: Brill, 37–64.
Rigatuso, E. M. (2011). ¿De *vos*, de *tú*, de *usted*? Gramática, pragmática y variación: hacia una reinterpretación de los pronombres de tratamiento en español bonaerense. En: L. Rebollo Couto y C. R. dos Santos Lopes, eds., *Las formas de tratamiento en español y en portugués. Variación, cambio y funciones conversacionales*. Niterói, RJ: Editora da Universidade Federal Fluminense, 381–407.
Sinner, C. (2010). *¿Cómo te hablé, de vos o de tú?* Uso y acomodación de las formas de tratamiento por emigrantes y turistas argentinos en España y Alemania. En: M. Hummel, B. Kluge y M. E. Vázquez Laslop, eds, *Formas y fórmulas de tratamiento en el mundo hispánico*. México D.F./Graz: El Colegio de México/Karl-Franzens-Universität Graz, 829–855.
Torrejón, A. (1986). Acerca del voseo culto de Chile. En: *Hispania*, 69, 677–683.
Woods, M. R. y Lapidus Shin, N. (2016). 'Fíjate... sabes que le digo yo': Salvadoran voseo and tuteo in Oregon. En: M. I. Moyna y S. Rivera-Mills, eds., *Forms of address in the Spanish of the Americas*. Amsterdam: John Benjamins, 305–324.

Bibliografías sobre tratamiento pronominal y nominal, específicamente, están disponibles en estas direcciones: www.linred.es/informacion.html y https://inarweb.wordpress.com.

Nota

1 No se indagará aquí en el uso de *sumercé*, forma que en la actualidad se utiliza aún en algunas zonas de Colombia (cf. Mestre Moreno, 2010).

7

LOS VOCATIVOS

Anna-Brita Stenström

(1) Situación: Cuatro adolescentes madrileños conversan.
J01: qué tal *tronco*/[1]
G04: me estáis grabando/ je
J04: a ver *tío* qué tal el examen/
G05: una palabra
G04: je

(MALCE2)

7.1 Introducción

Este capítulo se centra en el uso de los vocativos en el contexto de interacciones entre adolescentes en el mundo hispánico. Originalmente, el término vocativo se refería a un caso gramatical utilizado en latín (y en algunos otros idiomas) para dirigirse a alguien. *Domine*, por ejemplo, es la forma vocativa del sustantivo latino *dominus-i* (*señor*). En este capítulo, usaremos *vocativo* como un término pragmático que muestra cómo nos dirigimos unos a otros y cómo seguimos manteniendo el contacto con otra(s) persona(s).

En el extracto (1) se puede observar el empleo de dos vocativos (*tronco* y *tío*) que se usan para la llamar atención de la persona con la que queremos hablar, y con quién queremos permanecer en contacto después de llamar su atención. En otras palabras, el vocativo sirve como un enlace entre el hablante y el oyente, y ciertos vocativos también crean un sentimiento de intimidad y unión.

El vocativo puede consistir en el nombre de la persona (*Teresa, Manuel*), que puede ser reemplazado con un hipocorístico (*Manolo* para *Manuel*), un sustantivo general (*colega, amigo*), un título (*señor, señora*), un término para una ocupación o rango (*doctor, profesora, coronel*), o un grupo de personas (*audiencia, amigos*), un nombre de usuario en la comunicación digital, etc. En las conversaciones entre adolescentes —que son la fuente de datos para este capítulo— el vocativo es a menudo una palabra tabú.

No hace falta decir que es importante saber cómo dirigirse a las personas mediante el uso de las expresiones "correctas". No obstante, como se verá en este capítulo, uno debe ser consciente de que los hábitos pueden variar no solo de hombres a mujeres, de un lugar a otro, y de un país a otro, sino también de adolescentes a adultos.

7.2 Objetivos y enfoque

Si bien los vocativos pueden analizarse desde diferentes perspectivas[2], en este capítulo ilustraremos cómo se puede abordar su estudio utilizando la perspectiva de la lingüística de corpus. Los datos empleados corresponden a conversaciones espontáneas cotidianas entre adolescentes, extraídas de tres corpus: COLAm (Madrid) representa el corpus español; COLAba (Buenos Aires), el corpus argentino; y COLAs (Santiago de Chile), el corpus chileno. Estos corpus son parte del proyecto COLA, un acrónimo de *Corpus Oral de Lenguaje Adolescente*, y datan de principios del año 2000. Consisten en conversaciones espontáneas no supervisadas, grabadas por los propios adolescentes en diversas situaciones fuera de la escuela. Al contar con varios corpus, recogidos con criterios similares, uno de los objetivos que abordaremos en el capítulo es hacer comparaciones para examinar las posibles variaciones regionales en el empleo de los vocativos.

El procedimiento que hemos seguido en nuestro capítulo puede servirte de modelo para futuras investigaciones. Para llevarlo a cabo, en primer lugar, identificamos los vocativos de uso más frecuente y los clasificamos en categorías que abarquen todas las posibilidades. En segundo lugar, examinamos cómo se reflejan en el corpus los vocativos más frecuentes en las tres ciudades: cuándo se usan y quiénes son los usuarios más frecuentes. En tercer lugar, exploramos cómo se usan los vocativos en la conversación en relación con su posición en el enunciado (Leech, 1999); y, por último, observamos los usos más recientes de algunos de ellos.

7.3 Tipos de vocativos

Hay diferentes clasificaciones de vocativos, como la de Leech (1999), propuesta para el inglés y las de Bañón (1997) y Carrasco Santana (2002), entre otras, para el español. Hemos dividido los vocativos de los tres corpus COLA en dos grupos globales: los *amables* y los *groseros*. Los primeros son términos amistosos como *tía* y *amigo*, que no suelen ofender a nadie; los segundos son palabrotas como *zorra*, *puta* o *maricón*, que son "potencialmente" ofensivos. Sin embargo, la distinción entre amable y grosero es un poco controvertida, ya que su significado real depende de quién esté hablando, a quién y en qué situación contextual. Entre los adolescentes, por ejemplo, los vocativos groseros (en apariencia) no suelen ser considerados ofensivos; pertenecen a la jerga común de los jóvenes y tienden a servir como señal de camaradería, de mantener una vinculación estrecha. Así, estos vocativos suelen tener un efecto más amistoso que ofensivo. Esto se refleja en el extracto (2), en el que, como se puede ver, no hay indicaciones de que J01 se ofenda cuando su amiga (J03) se dirige a ella con el vocativo *hija de puta*. La conversación simplemente continúa.

(2) J03: yo quiero ir a Sevilla en verano yo quiero que vengas en verano porque yo quiero ir
J01: pero nooo en verano nooo vente ahora
J03: porque me está jodiendo mucho el despellejarme buáaa
J01: no lloriquees anda
J03: *hija de puta* no me lo puedo creer ayyy me da un montón de grima <risa>
J01: cómo puedo hacerlo para llegar
J03: para llegar a donde a Sevilla
J01: sí

(MAESB2)

De hecho, incluso entre los hablantes, en general, es decir, no solo los adolescentes, los términos abusivos, como *hijo de puta* —que pueden ser profundamente insultantes— pierden su efecto negativo y se convierten, en ocasiones, en términos afectuosos si se dicen de una manera particular, en un contexto particular (v. Cap. 10).

7.4 Frecuencia

Hacer comparaciones entre corpus, aunque hayan sido recogidos con criterios similares como los corpus COLA, puede acarrear problemas. Por ejemplo, los tres corpus COLA considerados aquí varían en tamaño: COLAm, que es el precursor de los otros dos corpus, consta de 456 340 palabras, COLAs de 70 354 palabras y COLAba de 68 579 palabras. Esto significa que las grabaciones de Madrid cubren aproximadamente quince veces más palabras que las grabaciones de Santiago de Chile y Buenos Aires. Para compensar esta discrepancia, se hace necesario comparar solamente los vocativos con una frecuencia de al menos 0,1 por cada mil palabras, lo que inevitablemente conduce a un número reducido de vocativos para estudiar.

Los vocativos con los que nos hemos quedado, pues, son los siguientes: *amigo/a*, *chico/a*, *hombre*, *nene/a* y *tío/a* (vocativos amables), y *boludo/a*, *culiado/a*, *hijo/a de puta*, *huevón/a*, *loco/a*, *maricón/a*, y *puto/a* (vocativos groseros) La distribución de estos vocativos en los tres corpus se presenta en la Tabla 7.1, con los vocativos groseros, en cursiva.

La Tabla 7.1 muestra que, en conjunto, el uso de vocativos entre los adolescentes de Madrid excede en mucho al de los adolescentes de Santiago de Chile y Buenos Aires, y también que los vocativos amables *tío* y *tía*, en particular, superan con creces al único término grosero, *puta*. En las grabaciones de Santiago de Chile y Buenos Aires, es al revés: la preponderancia de los vocativos groseros es notable, con *huevón/huevona* a la cabeza en Santiago, y *amigo/a* el único vocativo amable; y *boludo/a* a la cabeza en Buenos Aires, y *nena* y *nene* como únicos vocativos amables. Al mirar

Los vocativos 73

TABLA 7.1 Los vocativos más comunes

Santiago	pmp*	Buenos Aires	pmp	Madrid	pmp
huevón	1.4	*boluda*	2.3	*tía*	4.1
puta	0.4	*boludo*	1.1	*tío*	3.3
loca	0.3	*nena*	0.4	*chaval*	1.4
culiado	0.2	*nene*	0.3	*tronco*	1.3
amigo	0.1	*loca*	0.2	hombre	0.7
huevona	0.1			*puta*	0.5

*Por mil palabras

la Tabla 7.1, se podría tener la impresión de que los adolescentes de Madrid no usan casi ningún tipo de vocativo grosero; sin embargo, *puta* ocurre en el corpus de Madrid más a menudo que el *puta* de los adolescentes de Santiago, o que el *loca* de los adolescentes porteños. Llama la atención de estos datos que las formas femeninas *boluda* y *tía* ocurran con mayor frecuencia que las formas masculinas correspondientes, mientras que la forma masculina *huevón* eclipsa a la forma femenina *huevona* (ver sección 7.6).

Actividad 1: Argumenta a favor o en contra de la distinción entre vocativos *amables* y *groseros*. ¿Puedes sugerir una distinción mejor? ¿Cuál es tu reacción frente a los resultados presentados en la Tabla 7.1? Considera las posibles razones que expliquen la preponderancia de uno u otro en las tres ciudades.

7.5 Posición y función

En esta sección analizaremos la relación entre la posición de un elemento lingüístico y su función. Partiendo del hecho de que uno de los papeles del vocativo en la interacción es mantener la atención del destinatario, veremos que la forma en que el vocativo lo haga puede depender de su posición, esto es, de que aparezca al principio, en el medio, o al final del enunciado. Puede también ocurrir solo.

Siguiendo a Leech (1999: 108), los vocativos en posición inicial, media y final se relacionan con una unidad más grande que él llama "unidad C" (unidad comunicativa), que sería el equivalente hablado de una oración escrita. Leech describe la posición de un vocativo en relación con la unidad C de la siguiente manera (aquí acompañada de ejemplos de nuestro corpus):

a. En posición inicial, el vocativo precede a una unidad C: *huevón* / cállate.
b. En posición media, el vocativo se produce dentro de una unidad C: ya tengo saldo en el móvil *tía* / con la super tarjeta, o entre dos unidades C: por qué es así *tía* / qué haces.
c. En la posición final, el vocativo sigue a una unidad C: alguien te lo hizo hacer / *boludo*.

Cuando aparece aislado el vocativo no está unido a otra unidad C, como se puede ver en (3):

(3) J01: y a ver lo que decía
    J02: *tío*
    J01: estaba hablando dee…

(MALCE2)

Las principales funciones de los vocativos de acuerdo a su posición son:

a. Atraer la atención de alguien (posición inicial).
b. Identificar a alguien como interlocutor/destinatario (posición media).
c. Mantener y reforzar las relaciones sociales (posición final).

Leech, 1999: 116

Si estos esquemas se aplican a los datos de nuestro corpus, la función principal de *tía* en (4), que resultó ser la forma más común en la posición inicial del enunciado, sería atraer la atención de alguien; la de *huevón/huevona* como en (5), que ocurre más frecuentemente en la posición media, sería identificar a alguien como interlocutor; y, *tío/a* y *boludo/a* como en (6), que son más frecuentes en posición final, servirían para mantener y reforzar las relaciones sociales.

(4) J02: *tía* qué asco. había en mi cuarto una tía que me pensaba que era una cocacola (MALCE2)
(5) J01: sí puta que la tengo rabia *huevón* y la mina sabes que se puso yo me iba a bajar en la Universidad de Chile (SCAWM4)
(6) J03: ves es que ves son todas unas falsas
    J02: s s son todas unas caretas *boluda* (BABAS4)

Actividad 2: Usa el Anexo 2. Siguiendo la clasificación de vocativos de Leech (1999), determina la función de *tía* en cada enunciado donde ocurra. Analiza la función del vocativo al comienzo del enunciado como en *ay tía dejame, claro tía es una mierda,* y *no sé tía*. ¿Se usan así solo para llamar la atención del destinatario o podrían tener en esta "segunda posición" otro efecto?

7.6 Algunas cuestiones sobre el cambio lingüístico

7.6.1 *De grosero a amable*

Los vocativos groseros y amables actúan en el discurso como *marcadores de control de contacto*. Cumplen una función "expresivo-apelativa", asegurando la atención del oyente (Briz, 1998: 225). No obstante, a medida que se generaliza su uso, algunas palabras que antes se consideraban *groseras* pueden perder este estigma ganando más aceptación entre los hablantes. *Huevón/a* y *boludo/a*, por ejemplo, como señalan Rojas (2012) y Ramírez Gelbes y Estrada (2003), respectivamente, son ejemplos típicos de este comportamiento.

Retrocediendo en el tiempo, *huevón* deriva de la forma singular hueva, *testículo*, y el sufijo *-ón*; y *boludo*, de la forma plural bolas, *testículos*, y el sufijo *-udo*, ambos referidos a "hombre valiente". Con el tiempo ambos experimentaron un cambio de significado de *valiente* a *estúpido* y *cobarde*, pero, a pesar de su origen, adquirieron un efecto positivo en muchos contextos, y sirven para señalar un terreno común en el que alguien se dirige a un amigo en una situación íntima (Rojas, 2012: 143–154; Ramírez Gelbes y Estrada, 2003: 337).

Literalmente, *boludo*, como hemos dicho, es un insulto, pero su efecto insultante desaparece cuando se emplea entre amigos en un entorno cercano. De hecho, en ocasiones, según Ramírez Gelbes y Estrada (2003: 342), y con este significado no ofensivo, su uso parece casi obligatorio "en ciertos contextos de solidaridad, sobre todo entre adultos y jóvenes". Añaden, incluso, estos autores que, en determinados casos, no usarlo "puede interpretarse como una estrategia de distanciamiento". En efecto, señalan que *boludo* es aún más íntimo que otros vocativos "por el hecho de ser una *mala palabra*, pues conlleva una carga de intimidad mucho mayor que la de cualquier otro vocativo" (2003: 343).

7.6.2 De vocativo a marcador discursivo

La relación entre función y posición es particularmente patente cuando se analizan, por ejemplo, los usos de *huevón* y *tío/a*. Como veremos a continuación, cuando estos vocativos ocurren en medio de un enunciado, adquieren un nuevo valor que los distancia precisamente de su valor vocativo.

Huevón

Los vocativos en *huevón*, y *(po)/ pues huevón*, en las grabaciones de Santiago, indican que, cuando el hablante los usa, es porque tiene la intención de seguir hablando. Ello señala una clara evolución de su significado vocativo a su nuevo valor pues "cumple la función discursiva de marcar la intención de mantener el contacto comunicativo apelando o 'apuntando' directamente al oyente" (Rojas, 2012: 156). Por consiguiente, su función ya no es simplemente identificar a alguien como destinatario, sino regular, de alguna forma, el discurso del hablante.

Los ejemplos del corpus muestran, en este sentido, que el hablante hoy en día tiende a indicar por *pues huevón* o *(po) pues huevón* que tiene más cosas que decir. A veces, con un resultado positivo, como en (7):

(7) G02: si es una estrella *(po) pues huevón* qué más (queri/quieres) de \<nombre\>

(SCEAB8)[3]

Tío/a

Una evolución similar a la anterior, es decir, pasar de vocativo a marcador discursivo (v. Cap. 17), se está produciendo también en el uso —extremadamente frecuente— de *tío* y *tía* de los adolescentes madrileños. El cambio aquí, sin embargo, es menos directo y pasa por una función que podría denominarse *relleno conversacional*, esto es, *tío* y *tía* sirven para que el hablante disponga de más tiempo para planificar el discurso y pueda seguir hablando:

(8) J02: tía a ver si nos asfaltan ya las calles porque esto es un rollo tía
J01: que es una mierda encima
J02: [la asfaltan fatal bueno]
J01: [al menos la tuya]
J02: ya la tienes asfaltada *tía* yaa es que *tía* yo estoy que si hay máquinas…
(MALCC2)

En el primer enunciado de J02, los dos casos de *tía* son vocativos ordinarios: J02 se dirige primero a J01 usando *tía* para llamar su atención y termina usando *tía* como modo de refuerzo de las relaciones sociales entre ellos. En el último enunciado de J02, sin embargo, los dos ejemplos de *tía* funcionan como rellenos conversacionales. Es decir, los dos ejemplos de *tía* proporcionan a J02 un tiempo adicional de planificación que le permiten continuar su discurso (Stenström, 2006).

Actividad 3: ¿Qué similitudes y diferencias encuentras al comparar el uso de *huevón*, *tía* y *boluda* en el Anexo 2 del capítulo?

7.7 Preguntas para la reflexión

- ¿Cómo crees que afecta a los resultados de la Tabla 7.1 el hecho de que el corpus de Madrid contenga quince veces más palabras que los corpus de Santiago y Buenos Aires?
- ¿Te resulta convincente la descripción de Leech (1999) de que exista una relación entre la función del vocativo y su posición en el enunciado? ¿Se te ocurre alguna alternativa?
- ¿Cómo explicarías la gran diferencia en el uso de los vocativos groseros en las grabaciones de Santiago y Buenos Aires en comparación con la abundancia de vocativos amables en las grabaciones de Madrid?
- Si eres usuario de Facebook, Instagram o WhatsApp, observa el uso de vocativos en las publicaciones de un día cualquiera. ¿Qué tipos de vocativos se emplean? ¿En qué posición ocurren? ¿Qué funciones parecen cumplir?

POSIBLES TEMAS PARA UN ENSAYO O PROYECTO DEL CURSO

- Compara y analiza el uso de *huevona* en Santiago y *boluda* en Buenos Aires en COLAs y COLAba. ¿Se diferencian de algún modo?

- Expón en una tabla la distribución de los vocativos amables *chaval* y *tronco* en el corpus COLAm en términos de género, edad y nivel socioeconómico. Analiza sus diferencias según la propuesta que has visto en este capítulo.
- Extrae un corpus de un sitio público en línea (ej. Twitter) y examina el empleo de vocativos utilizando el esquema de Leech (1999). Considera su utilidad para contextos digitales.
- Otros: añade a la lista uno o dos posibles temas relacionados con el empleo de vocativos que te parezcan interesantes, por ejemplo, en un contexto digital.

....
....

En el capítulo sobre metodología (Cap. 22) encontrarás herramientas que facilitarán la formulación de tu estudio.

Lecturas recomendadas

Bañon, A. M. (1997). El vocativo en español: propuestas para su análisis lingüístico. Barcelona: *Octaedro*.

Carrasco Santana, A. (2002). *Los tratamientos en español*. Salamanca: Ediciones Colegio de España. [Cap. 5]

Jørgensen, A. M., y Martínez, J. A. (2010). Vocatives and phatic communion in Spanish teenage talk. En: J. Norman Jørgensen, ed., *Love ya hate ya: The sociolinguistic study of youth language and youth identities*. Newcastle: Cambridge Scholars, 179–193.

Leech, G. (1999). The distribution and functions of vocatives. En: H. Hasselgård y S. Oksefjell, eds., *Out of corpora*. Amsterdam: Rodopi, 107–120.

Stenström, A.-B. (2006). Taboo words in teenage talk: London and Madrid girls' conversations compared. *Spanish in Context* 3(1), 115–138.

Stenström, A.-B. (2017). Swearing in English and Spanish teenage talk. En: K. Beers y K. Stapleton, eds., *Advances in swearing research*. Amsterdam: John Benjamins, 157–182.

Lecturas complementarias

Briz, A. (1998). *El español coloquial en la conversación*. Madrid: Ariel.

Fitch, K. L. (1998). *Speaking relationally: Culture, communication, and interpersonal connection*. New York: Guilford Press. [Cap. 2]

Rodríguez, F. (2002). *El lenguaje de los jóvenes*. Barcelona: Ariel. [Caps. 3, 4, y 8]

Rojas, D. (2012). *Huevón* como marcador de discurso en el español de Chile. Huellas de un proceso de gramaticalización. *Revista de Humanidades*, 25, 145–164.

Sobre tratamientos específicamente

Hummel, M., Kluge, B., y Vázquez Laslop, M. E. (2010). *Formas y fórmulas de tratamiento en el mundo hispánico*. México D. F./Graz: El Colegio de México/Karl Franzens Universität.

Placencia, M. E., Fuentes Rodríguez, C., y Palma-Fahey, M. (2015). Nominal address and rapport management among university students in Quito (Ecuador), Santiago (Chile) and Seville (Spain). *Multilingua*, 34(4), 547–575.

Ramírez Gelbes, S. y Estrada, A. (2003). Vocativos insultivos vs. vocativos insultativos: acerca del caso de *boludo*. *Anuario de Estudios Filológicos*, XXVI, 335–353. Disponible a través de Dialnet: https://dialnet.unirioja.es.

Rigatuso, E. M. (2015). Interacción, variación, y cambio: estrategias comunicativas en la interacción comercial del español bonaerense actual. En: S. M. Menéndez, ed., *Actas de las II jornadas internacionales Beatriz Lavandera: sociolingüística y análisis del discurso*. Buenos Aires: Editorial de la Facultad de Filosofía y Letras, Universidad de Buenos Aires 1437–1470. Disponible en: http://il.institutos.filo.uba.ar/serie-digital-0.

Anexo 1: Símbolos de transcripción

Símbolo	Comentario
MAESB2, SCFOB8, BABSU2, etc.	número de la conversación en COLAm, COLAs y COLAba
J01, J02, etc.	hablante mujer 1, 2 ('J' en noruego *jente* 'chica')
G01, G02, etc.	hablante hombre 1, 2 ('G' en noruego *gutt* 'chico')
.	pausa breve
...	pausa larga o el habla continúa
/	tonema ascendente
\	tonema descendente
[ ]	habla simultánea
< >	comentario contextual

Anexo 2: Ejemplos del corpus COLA

1 *Huevón* (COLA-Santiago de Chile)

G01: si se reproduce por mí **(po/pues) huevón**
G04: igual no te dieron un beso
G02: y no fuiste a la chocolate al final te la vendió gordo te la vendió
G01: pero si fui donde la <xxx/> **(po/pues) huevón**
G01: cómo qué/
G02: no cacharon
G03: [si hice un carrete **(po/pues) huevón** pero vos no fuiste] a mí nadie me avisó no tenía idea
G01: [el sábado/] a mí nadie me avisó no tenía idea

G03: pero si yo dije avísenle a todos por >1/> messanger/ todos tienen auto **huevón**
G01: pero el gordo el sábado yo dormí en mi casa solo/
G03: no <risa>
G01: nadie me avisó
G03: pero quedó la cagada **huevón**
G04: estaba muy buena **huevón**

(SCPVM3)

2 *Tía* (COLA-Madrid)

J01: sí también es cierto lo que hace tu padre es que sabes no el día es un poco gilipollez o se en realidad tener novio aquí a esta edad no tiene ningun sentido sentido en plan en serio
J03: [ya perooo mola]
J01: [pero es divertido] sabes **tía** y además no se vas cogiendo un poco de experiencia en plan sabes que no vas a ir que **tía** no vas a ir en plan como sabes compianse un poco con los niños en plan más en serio **tía** yo creo que es bueno sabes\ y además sobre todo en plan besumen tal y tal y no te llevas ningún palo fuego cuando sabes/
J03: sí y yo pero mirándola con una cara de asco pero es que es superfuerte **tía**... o sea entonces <risas/> es que está como una cabra **tía** y lo mejor es que tiene una nieta **tía** porque sabes si no tuviese una nieta como que no conoce mucho **tía** pero teniendo una nieta en plan ahí yo creo que la ha afectado tanto **tía** que es que je je <risa/>
J01: bueno **tía** tu a quién fichaste en la fiesta/

(MAORE2)

3 *Boluda* (COLA-Buenos Aires)

J04: [me hago un vestido largo]
J01: [no no no no si te vas a hacer un vestido largo]
J02: ay vos cómo no te vas a poner un vestido largo **boluda**\
J01: pero vos me dijiste que nunca habías usado
J02: las minas **boluda**... las de coso <viento/> además entró en la del Michael tenían todas vestido largo en el cóctel
J01: ah en el cóctel sí **boluda** yo te digo en la fiesta en el boliche
G01: si mi vieja está en Buenos Aires
J02: ja ja y eso en la mañana falto no hago ni el informe ni la monografía
J01: [te van a dejar faltar **boluda**]

> J02: [no puede decir no]
> J01: qué qué te dijo te quedás allá en Buenos Aires
> J02: me dijo faltás a la mañana pero a la tarde venís
> J01: [no sé]
> J02: [je je malo **boluda**]
>
> (BABSU2)

Notas

1 Los símbolos de transcripción empleados aparecen en el Anexo 1.
2 V. p. ej., Bañón (1997), Fitch (1998), y Placencia, Fuentes Rodríguez y Palma-Fahey (2015). También consúltese Hummel, Kluge y Vázquez Laslop (2010).
3 Téngase en cuenta que la transcripción del extracto (6) no refleja la pronunciación real de *huevón*, probablemente en aras de la claridad.

SECCIÓN III

La (des)cortesía

SECTION II

La (dé)construction

8

LA (DES)CORTESÍA

Introducción a su estudio

Nieves Hernández Flores y María Bernal

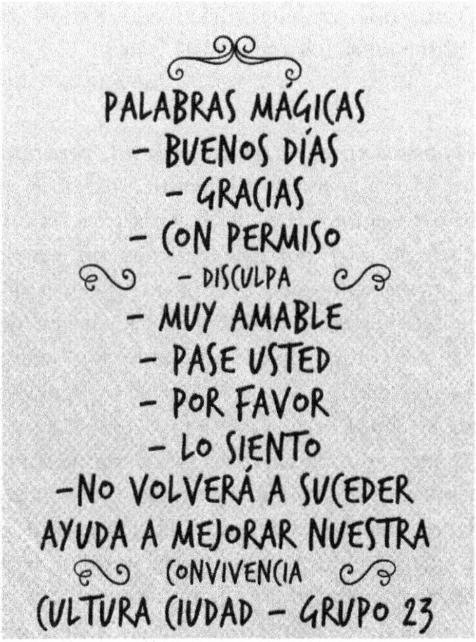

FIGURA 8.1 Tablón de anuncios de una universidad colombiana

8.1 Introducción

El fenómeno de la cortesía supone la muestra más evidente de la relación entre lengua, sociedad y cultura. Esto se debe a su naturaleza *social*, pues la usamos para relacionarnos con los demás, y a su carácter *cultural*, por su dependencia de lo esperable y aceptado socialmente en una comunidad dada. A ello se añade el hecho de que es la *lengua* el canal comunicativo más empleado para expresar cortesía. En la Figura 8.1 vemos la relación entre los usos lingüísticos (lista de palabras corteses) con su valor social (ayuda a la convivencia).

Sin embargo, en la Pragmática, la cortesía se estudia como un fenómeno que va más allá del uso ritual de determinadas palabras, como las del tablón, incorporando todas aquellas estrategias comunicativas que empleamos para conseguir propósitos que a veces son instrumentales (por ejemplo, ser cortés para conseguir algo de alguien), pero también puramente socializadores (por ejemplo, ser cortés en una conversación con amigos para simplemente reforzar la amistad). Además, la cortesía no se limita al manejo de la lengua; también tiene importancia usar una modulación de voz adecuada y una gesticulación conveniente.

En la siguiente interacción (Corpus 1 de conversación coloquial en España, Hernández Flores, 2002), Gerardo se dispone a cenar huevos fritos con chorizo a la brasa (que está envuelto). Su mujer, Verónica, está sentada con él, pero no va a cenar.

(1) Corpus 1
    Gerardo: Vero/ ¿me vas desenvolviendo el→ chori antes de que
             se me enfríen los huevos? ↑ [¿eh?]
    Verónica: [te voy] desenvolviendo el chori

La estrategia cortés consiste, en este caso, en realizar la petición de forma indirecta convencional (v. Cap. 1) y usar recursos lingüísticos como el vocativo (v. Cap. 7), con el hipocorístico del nombre de la destinataria (*Vero*, por *Verónica*) y la forma apocopada de lo solicitado (*chori* por *chorizo*). Estos son recursos que señalan una cercanía social entre los hablantes que es confirmada por la destinataria, Verónica, con una respuesta ecoica de aceptación (repite las palabras de Gerardo). A estas estrategias verbales se une el tono amable empleado por Gerardo, constatado en la grabación (estrategia paraverbal), que iría acompañado seguramente de una sonrisa (estrategia no verbal) (v. Cap. 19).

Sin embargo, el valor cortés de las estrategias comunicativas no es inherente a estas, sino que depende de *qué, con quién* y *en qué circunstancias* estamos hablando, es decir, depende del *contexto*. De esta manera, el ejemplo anterior sería apropiado entre hablantes con una relación próxima (familiares o amigos), pero no lo sería con un desconocido o con alguien con quien tenemos una relación profesional. Estas estrategias y sus valores, por otra parte, tampoco son universales, es decir, lo que se considera cortés en una comunidad cultural no necesariamente lo es en otra. Así, en una petición, como la del ejemplo (1), otras comunidades adjuntarían obligatoriamente una fórmula de cortesía como *por favor* (v. Cap. 1). En definitiva, la cortesía debe entenderse como un tipo de comportamiento comunicativo que se adecúa a valores sociales aceptados y esperados en comunidades culturales específicas. Para obtener esa información, el analista debe recurrir a los miembros de esa comunidad, y esto le permitirá analizar desde la perspectiva de la cortesía 1 (v. Cap. 11).

La otra cara de la moneda de las relaciones sociales la constituye la descortesía (v. Cap. 9), un fenómeno que daña la imagen del otro y produce un efecto interpersonal negativo, como puede observarse en el ejemplo (2), tomado de otro corpus de conversación coloquial española (Briz y grupo Val.Es.Co., 2002; Bernal, 2007); Berta y César son cónyuges.

(2) Corpus 2
Berta: mira que tiene maal ¿eh? Yogur[1]/ tiene mal yogur grande§
César: § (alcahueta)
Berta: ¡cállate ya!/// (2") no hace más que hablar/ °(sandeces)°

César responde al comentario de protesta de Berta en (2) con un calificativo de connotaciones negativas: *alcahueta*. Ella responde confrontándolo ofensivamente, ya que lo manda callar y amenaza su imagen con un comentario descalificador (hablar sandeces).

La (des)cortesía se ha estudiado tradicionalmente a través de *actos de habla* como ofrecimientos, cumplidos, peticiones, críticas o insultos. En principio, pudiera parecer que hay actos más corteses que otros —invitar sería más cortés que pedir— pero esta interpretación depende del contexto. Así, la petición del ejemplo (1) la interpretamos como cortés por las estrategias usadas por Gerardo y por lo que sabemos del contexto. Pero si, por el contrario, el contexto mostrara que esta petición era una más de las muchas realizadas por Gerardo, y que esto impediría a Verónica sentarse a comer, podría resultar descortés, a pesar del uso de formas de cortesía. En el caso de (2), la reacción del destinatario muestra que se ha producido un efecto de descortesía que, sin embargo, habría desaparecido si Berta hubiera usado un tono de broma.

8.2 Enfoque y objetivos

En este capítulo nos centramos en la propuesta para el estudio de la (des)cortesía desde la Pragmática Sociocultural, la cual fue iniciada por Bravo (1996) y desarrollada por diferentes autores desde 2002 dentro del programa EDICE (Estudios del Discurso de la Cortesía en Español). Esta aproximación estudia los efectos sociales logrados mediante estrategias comunicativas dentro de un marco cultural.

8.3 Análisis de la (des)cortesía

¿Cómo nos sentimos cuando nos saludan, nos halagan o nos invitan? Normalmente, nos agrada. Pero, ¿qué ocurre cuándo nos exigen algo o nos critican? Podemos sentirnos presionados y menospreciados. Saludos, halagos, peticiones o críticas son parte de la comunicación diaria que nos afecta emocionalmente. Esto se debe a que todos tenemos una *imagen social* ('face' en inglés), es decir, una autoestima personal que deseamos proteger cuando estamos en contacto con los demás. Al mismo tiempo, sabemos que también los otros tienen autoestima y, por tanto, tratamos normalmente de respetarla.

8.3.1 La imagen social: tipología y características

A la hora de describir en qué consiste la imagen social de la persona, Bravo (1999) propone utilizar dos categorías que responden a principios humanos y, por tanto, supuestamente universales: la imagen de *autonomía* y la imagen de *afiliación*. Se trata de "categorías vacías" que son rellenadas por valores sociales reconocidos y consensuados en cada comunidad de habla. Estos valores de imagen social son, por tanto, parte del *contexto sociocultural* de esa comunidad.

Fíjate en las ilustraciones: la *autonomía* (Figura 8.2) se refiere a la percepción que tiene una persona de sí misma y que los demás tienen de ella como alguien con contorno propio dentro del grupo, mientras que la *afiliación* (Figura 8.3) se refiere a esa percepción en relación con las características que la identifican con el grupo (Bravo, 1999, 2008). En la conversación, la primera se manifiesta en todo *lo que se hace* para diferenciarse del grupo, y la segunda en todo lo que le permite a la persona identificarse con él. En España, por ejemplo, algunos contenidos de la configuración de la imagen social de autonomía consisten en expresar *autoafirmación* y *autoestima*: ser original y consciente de las buenas cualidades propias (Bravo, 1999), y para la imagen de afiliación en las muestras de *afecto* y *confianza*.

A estas características que son parte de la imagen básica de la persona se añaden las de *imagen del rol* (Bravo, 2005), cuyos contenidos varían según los diferentes papeles que los hablantes desempeñan en la vida cotidiana. Se puede apreciar esto en (3) durante un almuerzo en el cual Pili ofrece comida a su invitado, su hermano Alfonso.

(3) Corpus 1
Pili: Alfonso/ ¿quieres un poco de carne? carne
Alfonso: no quiero más§
Pili: §¡sí! §
Alfonso: §no quiero más
Pili: bueno// pues una manzana
Alfonso: ya/ ya no como más

La *imagen de autonomía* de Pili en relación con su rol de anfitriona aparece en sus ofrecimientos, mostrando que cumple con lo esperado de su rol: atender bien a los invitados. Además, su *imagen de afiliación* y la de su destinatario (Alfonso) se benefician porque los ofrecimientos de Pili refuerzan su relación familiar. Insistir en invitaciones y ofrecimientos es normalmente entendido como cortés en la comunidad cultural española. Los rechazos de Alfonso, a pesar de la falta de formas de cortesía, no resultan descorteses en este contexto familiar. Alfonso pone un enfoque en su propia imagen (aquí, su autonomía) decidiendo libremente lo que

FIGURA 8.2 Imagen de autonomía
Fuente: www.3dman.eu

FIGURA 8.3 Imagen de afiliación
Fuente: www.3dman.eu

TABLA 8.1 Ejemplos de comportamientos de cortesía esperables en algunos roles

Rol	Algunos comportamientos esperados	Características de la imagen de autonomía	Características de la imagen de afiliación
Madre/Padre	Dar consejos a los hijos	Capacidad personal de dar consejos válidos	Mostrar el compromiso con, y el interés en, el hijo
Estudiante			
Amigo/-a			
Político/-a			
(Elige un rol)			

quiere comer, lo cual puede hacer gracias a la relación de confianza que le une a Pili, es decir, a la *imagen de afiliación* que ambos tienen por ser familia.

Actividad 1: Usa la Tabla 8.1 para dar ejemplos de *comportamientos de cortesía* esperables en algunos roles dentro de tu comunidad cultural. Te damos ejemplos identificados en estudios de la comunidad cultural española. Describe cómo crees que afectan esos comportamientos a la imagen social (de autonomía y/o de afiliación) de los hablantes. Comenta si esas características del rol son típicas de tu comunidad cultural o si se asemejan a las de otras que conozcas (por ejemplo, otra comunidad hispanohablante). ¿Crees que el factor género (hombre, mujer) puede dar lugar a diferentes características de la imagen del rol?

8.3.2 Las actividades de imagen y su efecto social

Como mencionamos, los comportamientos comunicativos que desarrollamos en nuestras interacciones con otras personas constituyen una actividad social; por medio de la comunicación hacemos amigos, reforzamos relaciones, las modificamos o las rompemos. Esto es así porque la comunicación tiene un *efecto social*, es decir, "las consecuencias ya positivas ya negativas, que una determinada actividad comunicativa pueda tener sobre el clima social imperante en la situación en el momento de su ocurrencia" (Bravo 1996: 13). Así, en el ejemplo (1), la recepción positiva de Verónica confirma que el comportamiento de Gerardo es cortés mientras que en el ejemplo (2) la recepción negativa de Berta confirma que el comportamiento de César es descortés.

Tomando una actividad a la que le adjudicamos, por ejemplo, posibles contenidos descorteses, diremos que tiene efecto de descortesía cuando el destinatario evidencie un rechazo ante lo dicho, muestre desacuerdo o, incluso, realice a su vez actividades amenazantes a la imagen del interlocutor (como responder con un insulto), como ocurre en (2); en este caso, de alguna manera habrá una disociación entre los hablantes. Por tanto, la reacción del destinatario en la interacción, junto con nuestro conocimiento del contexto situacional y cultural, es clave en la interpretación de cortesía o descortesía.

El efecto social producido puede ser valorado como positivo, y entonces hablamos de *actividades de imagen de cortesía*, o negativo, *actividades de imagen de descortesía*. Ese efecto no recae solo en la imagen del destinatario al que se dirige la comunicación, sino también en la del propio hablante, de forma que si alguien es (des)cortés con otra persona su propia imagen se ve afectada positiva o negativamente. En ocasiones, el efecto social positivo recae principalmente sobre el mismo hablante, manteniéndose al margen la imagen del destinatario, que recibe un efecto *neutro*. Se trata de comportamientos comunicativos donde el hablante destaca sus propias virtudes, sin que la imagen del interlocutor esté involucrada. A este tipo de actividad de imagen se le denomina *actividad de autoimagen*. En el ejemplo (3), los rechazos de Alfonso a las invitaciones de Pili no los interpretamos como corteses o descorteses, pero sí tienen un efecto social de reafirmación de su imagen de autonomía y de afiliación (ver comentario al ejemplo (3)). Por tanto, entendemos que las actividades de imagen pueden ser de tres tipos: *de cortesía, de descortesía* y *de autoimagen* (Hernández Flores, 2013).

8.3.3 Actividades de imagen y cortesía

Según Bravo (2005: 33), la cortesía es una actividad comunicativa cuya finalidad es *quedar bien con el otro*, y que responde a normas y a códigos sociales supuestamente compartidos por los hablantes. El comportamiento cortés considera siempre el beneficio del interlocutor y su efecto en la interacción es interpersonalmente positivo.

En la interacción diaria, la finalidad de *quedar bien con el otro* puede deberse a un propósito de simplemente mantener una comunicación agradable. En estos casos, la cortesía supone el *realce* de las imágenes de los interlocutores, es decir, destaca la imagen social del otro y la propia. Pero, en ocasiones, la cortesía surge porque se prevé un posible conflicto que *amenace* la imagen del otro y que podría perturbar la relación; o se usa cuando la amenaza ya se ha producido y hay que *reparar* el posible daño cometido (Hernández Flores, 2002).

La cortesía y sus funciones en relación con la situación de la imagen social de los hablantes durante la interacción ha sido clasificada por Bernal (2007: 183–184) en las siguientes categorías: *valorizante, estratégica atenuadora, estratégica reparadora, ritual* (expectativas ritualizadas, por ejemplo, en los saludos y despedidas) y *discursiva* (mostrar interés por las narraciones del interlocutor) (v. Cap. 13).

El ejemplo (1), pedir un favor que requiere poco del interlocutor, y (3), ofrecer comida, eran casos de cortesía valorizante. En (4), por el contrario, vemos un ejemplo de cortesía mitigadora en conversación coloquial, donde Pili se disculpa ante su vecina Celia por su visita, que ha interrumpido la tarea que esta última estaba realizando.

(4) Corpus 1
Pili: ¡buh madre mía!/ ¡pero si es que yo de verdad!// ¡estás ahí con tu hermana y dirá tu hermana que a qué!§
Celia: §¡que no!// ¡mi hermana no dice nada!
Pili: sí/ que a qué hora§
Celia: §¡NO, NO, NO! §
Pili: §que a qué hora hemos venido

La estrategia de Pili consiste en mostrar su pesar, lo que supone una actividad de *cortesía* reparadora de la posible amenaza a la imagen de Celia y a la suya propia por interferir en un momento en que su vecina estaba ocupada. Celia, por su parte, acepta la disculpa de Pili quitando importancia a la inoportuna visita, lo que muestra con cortesía reparadora hacia Pili que confirma su imagen de afiliación, es decir, el sentimiento de *confianza* (cercanía y familiaridad) que existe entre ellas y que permite a Pili interferir en su vida familiar.

Actividad 2: Ana y Victoria, que son hermanas, están hablando de las lámparas que ha comprado Ana para su piso. Identifica estrategias de cortesía y trata de relacionarlas con la imagen de autonomía y afiliación de los hablantes, así como con los roles que representan. Discute si se trata de cortesía valorizante, atenuadora o reparadora.

(5) Corpus 2
Victoria: ¿cómo la has encendido↑?§
Ana: § tocando (3")
Victoria: ¡ay! pues sí/ sí que [ilumina=]
Ana: [es un mue(ble)]
Victoria: = ¡qué cosa más bonita! ¿eh? ¡qué original!
[…]
Victoria: es una monada /// (3") es graciosísima/ ¿qué más? /// (3") ¿qué más lámparas tienes?
Ana: °(ya/ ninguna más)° ¡ah! sí/ las del cuarto
Victoria: ¡ah! ((7")) ¡ay qué mona!

8.3.4 Actividades de imagen y descortesía

La descortesía es una actividad comunicativa que responde a códigos sociales supuestamente compartidos por los hablantes, a la que se le atribuye la finalidad de dañar la imagen del otro. En todos los contextos perjudica al interlocutor y tiene un efecto interpersonalmente negativo, por lo que se puede deducir que el destinatario ha interpretado la actividad como descortés en ese contexto (Bernal, 2007: 86).

1. *Descortesía por amenazas a la imagen del interlocutor.* Las amenazas realizadas sin atenuación ni reparación pueden consistir en ataques a la valía de la otra

persona respecto a sus capacidades físicas y de personalidad, al desempeño de su rol profesional u otro rol que tenga en situaciones cotidianas, a la relación con familiares o allegados, etc. Es el tipo de descortesía que ocurre en el ejemplo (2) al usar el calificativo de *alcahueta*.
2. *Descortesía por incumplimiento de las normas de cortesía*. En este caso, se realizan actos que rompen ciertas expectativas de comportamientos rituales de cortesía en determinadas situaciones en que serían esperados. Por ejemplo, no responder a un saludo puede mostrar un posible enfado y llevar a una situación de hostilidad.

Un caso diferente sería el uso de actividades aparentemente descorteses para expresar solidaridad y reforzar la relación entre los miembros de un grupo que tienen un alto grado de confianza entre sí. Esto sería más bien un tipo de cortesía de grupo en cuanto al afianzamiento de lazos interpersonales mediante bromas (Bernal, 2007) o, como Zimmermann (2003) ha señalado para el habla de los jóvenes, de comportamientos de *anticortesía* (v. Cap. 10).

Actividad 3: Examina los intercambios en (6) entre dos contertulios del programa La Noria[2] y da ejemplos de comportamientos de descortesía; describe cómo afectan a la imagen social (de autonomía y/o de afiliación) de los hablantes. ¿Se puede decir algo respecto a la imagen de rol de los contertulios? ¿En qué nos basamos para decir que ha habido un efecto de descortesía?

(6) Corpus 3
Rodríguez: por favor/ ¡estoy terminando ya!
Iglesias: estás mintiendo/ no terminando/ estás mintiendo
Rodríguez: (*baja la vista y mira hacia un lado*) °es imposible→°/ (*ruido del público*) María Antonia/ mira/ estás cada día peor-
Iglesias: ¡y túu!
Rodríguez: yo no sé si te has toma(d)o la pastilla o→
Iglesias: que me da igual/ mira/ no me insultes ((que me da lo mismo)) ¿VALE? (*aplausos del público*) no seas machista ni cabrón ¿VALE?/ (*Rodríguez se ríe, mira hacia abajo y gesticula*) eres UN MACHISTA Y UN CABRÓN

8.3.5 Las actividades de autoimagen

El tercer tipo de actividad de imagen no tiene efecto social de cortesía ni de descortesía, pues la imagen del interlocutor permanece ajena al comportamiento comunicativo del hablante. Mediante la actividad de autoimagen, el hablante trata de dar una buena impresión de sí mismo. Fíjate en el ejemplo (7) en la respuesta de Pili al cumplido cortés de Gerardo (cortesía valorizante) sobre unas sopas elaboradas por ella.

(7) Corpus 1
   Gerardo: °¡te han salido mu' buenas!°
   Pili: ¡hombre!
   Gerardo: °¡estas/ estas no tienen conservantes ni colorantes→!°
   Pili: ¡no/ no// estas no! ¡estas son de las tradicionales!

Pili no responde con cortesía (como decir: *gracias, me alegro de que te gusten*), sino con una actividad de autoimagen: confirma que, efectivamente, sus sopas son muy buenas, lo que supone un efecto positivo para su imagen de autonomía en sus roles de *ama de casa* (siendo una de las características *ser una buena cocinera*) y de *anfitriona* (ofrecer lo mejor a sus invitados), lo que también reafirma su imagen afiliativa. La imagen de Gerardo queda, en este intercambio, en un segundo plano.

Actividad 4: Marta y Amelia, vecinas, hablan sobre ropa y sus habilidades con la costura. Señala si en (8) ves casos de actividad de autoimagen. ¿Se producen actividades de cortesía?

(8) Corpus 2
   Marta: yo m- en ropa me gasto mucho/ a mí me gusta ir muy bien vestida/ que en ropa me gasto mucho
   Amelia: bueno/ pero nos lo hacemos nosotros y no es como ir a [una butic]
   Marta: [nos lo] hacemos nosotros eb- pero mis telas son- (( )) así/ me cuestan muy caras/ °(mis telas)°/ bueno pues nada/// ¿usted n- usted no cose?
   Amelia: yo sí/ yo me lo hago todo
   Marta: °(¡ay qué gracia! [(( )))°=]
   Amelia: [yo no voy] tan elegante como usted pero- pero to- TODO lo que llevo me lo hago yo
   Marta: = es que nosotros hemos cosido a la gente mejor de Valencia

8.4 Preguntas para la reflexión

- Los extractos de corpus pertenecen a conversaciones grabadas en España. ¿Qué parecidos y diferencias observas con respecto a lo esperable en tu propia comunidad cultural o en otra de habla hispana que conozcas? En concreto, en cuanto a las características de la *imagen social*, su adaptación a los *roles* y las estrategias comunicativas empleadas.
- Para analizar las actividades de imagen de una comunidad que no es la nuestra necesitamos saber algo de su contexto sociocultural (sus valores, costumbres, recursos comunicativos habituales, etc.). ¿Qué ideas se te ocurren para acceder a ese conocimiento cultural?

- En los ejemplos (excepto 6) los hablantes mantienen relaciones próximas (familia, amigos, vecinos). ¿En qué medida afecta a las actividades de imagen? ¿Observas diferencias con respecto a (6)?

> **POSIBLES TEMAS PARA UN ENSAYO O PROYECTO DEL CURSO**
>
> - ¿Difieren o se parecen las actividades de imagen realizadas en dos comunidades culturales diferentes? Elige una situación comunicativa (p. ej., conversaciones durante una cena informal) o un acto de habla concreto (p. ej., el ofrecimiento) en dos comunidades (p. ej. en Lima y Caracas). Mediante análisis de corpus, o bien mediante un cuestionario a un número seleccionado de hablantes nativos, analiza semejanzas y diferencias entre las dos comunidades.
> - Las interacciones con familiares y amigos tienen un propósito fundamentalmente *social*, al contrario que las *institucionales* (en clase, oficinas, comercios, en la televisión) donde hay un propósito instrumental (conseguir algo concreto). En este segundo caso, ¿cómo, y para qué, se realizan actividades de imagen? Elige un extracto de corpus, analiza las actividades de imagen y discute cómo contribuyen a conseguir su fin instrumental.
> - Otros: añade uno o dos posibles temas relacionados con el estudio de la (des)cortesía que te parezcan interesantes:
>
>   ....
>   ....
>
> En el capítulo de metodología (Cap. 22) encontrarás herramientas que facilitarán la formulación de tu estudio.

Lecturas recomendadas

Albelda Marco, M. y Barros García, M. J. (2013). La cortesía en la comunicación. *Cuadernos de lengua española* 117. Madrid: Arco/Libros.

Bravo, D., ed. (2008). *(Im)politeness in Spanish-speaking socio-cultural contexts*. Número especial. *Pragmatics,* 18(4).

Bravo, D. (2012). Cortesía lingüística y comunicativa en español. En: S. de los Heros y M. Niño-Murcia, eds., *Fundamentos y modelos del estudio pragmático y sociopragmático del español*. Washington D.C.: Georgetown University Press, 83–115.

Pinto, D. y de Pablos-Ortega, C. (2014). *Seamos pragmáticos: introducción a la pragmática española*. New Haven, CT: Yale University Press. [Caps. 8 y 9]

Lecturas complementarias

Te recomendamos revisar los estudios accesibles del Programa EDICE en: http://edice. asice.se/ donde encontrarás tesis doctorales, actas de congresos y publicaciones electrónicas en las que se tratan temas relacionados con la (des)cortesía en una variedad de contextos socioculturales. Además, te recomendamos las siguientes publicaciones:

Bernal, M. (2007). *Categorización sociopragmática de la cortesía y de la descortesía. Un estudio de la conversación coloquial española*. Tesis de doctorado, Stockholm University. Disponible en: http://urn.kb.se/resolve?urn=urn:nbn:se:su:diva-6758. [Caps. 5 y 6]

Bravo, D. (1996). *La risa en el regateo: estudio sobre el estilo comunicativo de negociadores españoles y suecos*. Stockholm: Stockholm University. Institutionen för spanska och portugisiska. Disponible en: http://edice.asice.se. [Caps. 3 y 4]

Bravo, D. (1999). ¿Imagen 'positiva' vs imagen "negativa"?: pragmática sociocultural y componentes de *fase*. En: *Oralia*, 2, 155–184.

Bravo, D. (2005). *Estudios de la (des)cortesía en español. Categorías conceptuales y aplicaciones a corpora orales y escritos*. Buenos Aires: Dunken.

Bravo, D., ed. (2008). *(Im)politeness in Spanish-speaking socio-cultural contexts*. Número especial. *Pragmatics*, 18(4).

Briz, A. y grupo Val.Es.Co. (2002). *Corpus de conversaciones coloquiales*. Anejo de la Revista Oralia. Madrid: Arco/Libros.

Hernández Flores, N. (2002). *La cortesía en la conversación española de familiares y amigos. La búsqueda del equilibrio entre la imagen del hablante y la imagen del destinatario*. Aalborg: Aalborg University. Institut for Sprog og Internationale Kulturstudier, 37. Disponible en: http://edice.asice.se. [Caps. 4, 5 y 6]

Hernández Flores, N. (2013). Actividad de imagen: caracterización y tipología en la interacción comunicativa. *Pragmática Sociocultural*, 1(2),175–198. Disponible en: www.degruyter.com/view/j/soprag.

Zimmerman, K. (2003). Constitución de la identidad y anticortesía verbal entre jóvenes masculinos hablantes de español. En: D. Bravo, ed., *Actas del primer coloquio del programa EDICE. La perspectiva no etnocentrista de la cortesía: identidad sociocultural de las comunidades hispanohablantes*. Estocolmo: EDICE, 47–59.

Notas

1 Se refiere a la expresión *tener mala leche*, tener mal carácter o malas ideas.
2 Tertulia celebrada en el programa *La noria*, de TV4, entre el político Miguel Ángel Rodríguez y la periodista María Antonia Iglesias.

9

LA DESCORTESÍA EN LAS REDES SOCIALES

Pilar Garcés-Conejos Blitvich y Patricia Bou-Franch

FIGURA 9.1 Humor gráfico y comunicación digital
Autor: El Xoco[1]

9.1 Introducción

La comunicación digital forma parte de las acciones cotidianas de millones de individuos del planeta. Usamos Internet para estar en contacto con nuestros amigos y familiares (como recoge la Figura 9.1), por motivos profesionales, para comprar y vender, y para un sinfín de tareas en las que las relaciones interpersonales y los significados sociales ocupan un papel destacado y que son objeto de interés en estudios de pragmática.

En este capítulo vamos a introducir algunos modelos para el estudio de significados sociales en la comunicación digital. A modo de ilustración, nos centraremos en redes sociales como Facebook o YouTube, que constituyen plataformas participativas orientadas a la sociabilidad y a la conexión interpersonal, y son por tanto muy adecuadas para el estudio de significados sociales. La comunicación en red tiene otra característica importante: su visibilidad para una audiencia potencialmente muy numerosa. Los usuarios interconectados se comunican simultáneamente con una red de interlocutores a través de un *agregado de contextos sociales* ('context collapse', boyd y Marwick, 2011) que reúne, en un mismo espacio comunicativo digital, grupos sociales diversos —algunos desconocidos— con quienes un individuo se comunicaría por separado y por diferentes motivos fuera de Internet. Los contextos agregados digitales pueden dificultar la sociabilidad y, junto a otras características como el anonimato o la larga permanencia virtual del registro de las interacciones en algunas plataformas, constituyen factores que podrían explicar la aparición de descortesía y conflicto en la red (Bou-Franch y Garcés-Conejos Blitvich, 2014; Page et al., 2014; Tagg y Seargeant, 2014).

El conflicto social es parte habitual de la comunicación humana y aparece con frecuencia en la comunicación digital hasta el punto de que redes como YouTube o Twitter se asocian con facilidad a la polémica extrema. La parte de la pragmática que se ocupa de interacciones conflictivas se denomina descortesía lingüística.

9.2 Enfoque y objetivos

El objetivo de este capítulo, por tanto, es abordar los estudios de descortesía lingüística en las redes sociales. El análisis de la descortesía lingüística constituye un campo de estudio propio relativamente reciente (v. Sección III). Por tanto, nuestro propósito es presentar una definición de descortesía, detallar su evolución en dos etapas destacadas —segundo orden, primer orden (Eelen, 2001)— y relacionar esta información teórica con las manifestaciones de este fenómeno tan habitual en el contexto de las redes sociales.

Asimismo, discutimos y analizamos cómo se desarrollan las secuencias descorteses en las interacciones digitales polilógicas, o de múltiples participantes.

9.3 Análisis de la descortesía

En términos generales, optamos por una definición amplia que entiende la descortesía como la comunicación de significados sociales considerados inapropiados según las normas y convenciones de un contexto local específico, relacionados con emociones negativas. En este sentido, veremos en esta sección y con más detalle cómo realizar análisis de cortesía de primer y segundo orden utilizando datos digitales.

Al igual que ha ocurrido con otros fenómenos comunicativos, el estudio de los datos digitales relacionados con descortesía y conflicto ha puesto de manifiesto que los modelos teóricos tradicionales fundamentados en una concepción de la comunicación cara a cara entre dos interlocutores que buscan la armonía y el consenso eran inadecuados para contextos mediatizados y polilógicos (Garcés-Conejos Blitvich, 2010, 2018; Bou-Franch y Garcés-Conejos Blitvich, 2014).

A menudo, estos contextos digitales cuentan con numerosos participantes directos (aquellos que contribuyen activamente en la interacción) e indirectos (los que tienen acceso y leen las contribuciones de los participantes directos, pero no contribuyen directamente). Además, debido al agregado de contextos sociales (boyd y Marwick, 2011), la audiencia es muy diversa y en ocasiones desconocida, lo cual influye en el diseño de los enunciados. Esto tiene, como veremos, repercusiones muy importantes para el estudio de la descortesía.

9.3.1 Estrategias de descortesía

Empezaremos nuestra revisión de la aplicación de modelos de descortesía al análisis de datos digitales discutiendo la descortesía denominada de *segundo orden*, que se desarrolló cronológicamente en primer lugar. Una aproximación de segundo orden supone la aplicación de modelos teóricos, taxonomías, etc. a datos que interpretamos desde el punto de vista del analista. Con respecto a la descortesía, esto significa que es el analista el encargado de decidir qué enunciados son conflictivos y qué intención comunicativa es descortés y, en ocasiones, también de relacionar ciertas expresiones lingüísticas con significados descorteses.

La taxonomía de estrategias de descortesía, creada a imagen inversa de la propuesta por Brown y Levinson (1987) y desarrollada por Culpeper (2005), es, sin duda, la que se ha utilizado con mayor frecuencia hasta la fecha.

Para ejemplificar esta propuesta, realizaremos un análisis de segundo orden del ejemplo (1), aplicando la taxonomía de la Tabla 9.1 a una secuencia digital. El texto aparece como en el original, sin modificar.

(1) Comentarios al artículo publicado el 22 de marzo de 2018 en la página de Facebook del periódico El País sobre la sentencia recibida por una menor palestina que abofeteo a un soldado israelí.

1. Participante (P)1: Lo que no saben los idiotas y opinión a la ligera, es que esta niña tiene años, junto a su familia, de defender su casa que los colonos importados le quieren arrebatar y el ejército sionista cobarde los ayuda
2. P2: De hecho es complicado cuando esos militares de un ejército extranjero de ocupación se han metido a tu casa sin permiso. (Con el agravante que horas antes le habian destruido la cara al primo)…
3. P3: Participante 1 yo e leído escritos tuyos, que no hay ilegales y que los que vienen de fuera, tienen los mismos derechos que los que están dentro jjj ah pero para los judíos eso no vale jjjjj como sois los nazis podemitas, eh
4. P4: Participante 3 vuelve a infórmate otra vez de quien es el pueblo oprimido y el opresor en la situación en la que se vive en Palestin, anda. Y luego me dices si tiene sentido tu discurso de "mismos derechos"

TABLA 9.1 Taxonomía de estrategias de descortesía (Culpeper, 2005; Lorenzo-Dus, Garcés-Conejos Blitvich y Bou-Franch, 2011)

Descortesía explícita

Descortesía positiva	**Descortesía negativa**
Ignorar al interlocutor	Asustar, amenazar
Excluirle de la actividad	Mostrar condescendencia, menospreciar o ridiculizar
Desligarse del otro	
Mostrarse desinteresado	Invadir el espacio del otro
Utilizar marcadores de identidad inapropiados	Hacerle sentir en deuda
Utilizar lenguaje oscuro o secreto	Obstaculizar o entorpecer al otro lingüística o físicamente
Incomodar	
Buscar el desacuerdo	
Emplear palabras tabú	
Insultar al otro o llamarle cosas	
Asociar al otro con cuestiones negativas	

Descortesía implicada

Sarcasmo
Abstenerse de ser cortés

Esta breve secuencia es ilustrativa del tipo de comportamiento verbal conflictivo que encontramos en las redes sociales. P1 y P2 defienden a la menor palestina, justifican sus actos, y responden de este modo a la información del artículo. Sin embargo, P3 reconduce la discusión y lo hace volviéndola personal, con un argumento *ad hominem* contra P1. Para ello, utiliza varias estrategias de descortesía: muestra el desacuerdo con su postura, le asocia con aspectos negativos, el presentar argumentos como inconsistentes, y le insulta llamándole *nazi podemita* (en relación al partido político español Podemos). P4 continúa en la misma línea: se refiere directamente a P3 para mostrar su desacuerdo, se alinea con P1 y P2, y le asocia con el aspecto negativo de estar mal informado y de presentar argumentos sin sentido.

Pese a su brevedad, el análisis de esta secuencia confirma los resultados de estudios previos sobre descortesía en línea. En primer lugar, encontramos un predominio de estrategias de descortesía contra la imagen positiva de los participantes. La imagen positiva tiene que ver con la necesidad de ser apreciado y aceptado, y de tener terreno en común con los demás. Este predominio es lógico cuando lo que se pretende es no apreciar ni aceptar, o indicar que no se tiene terreno en común con los interlocutores. En segundo lugar, existe la tendencia a no discutir los temas de manera abstracta u objetiva, sino de atacar a los participantes por tener ideas diferentes a las propias. Además, ese ataque a los interlocutores se generaliza y se lanza contra los grupos a los que el individuo atacado representa: *como sois los nazis podemitas*. En los entornos (semi)anónimos como los que nos ocupan, se tiende a enfatizar (y a atacar) la identidad grupal más que la individual (ya que esta última se desconoce). De esto modo, al aunar la descortesía positiva y el ataque a la identidad grupal, se polariza la discusión en dos facciones encontradas e irreconciliables en las que los miembros de una de ellas estrechan sus lazos al oponerse radicalmente a los del otro. De este modo, se crean coaliciones entre los participantes, otra de las funciones clave de la descortesía que se observa con frecuencia en las redes sociales.

Actividad 1: Lee detenidamente el ejemplo 3 y analiza las estrategias de descortesía o conflicto aplicando el modelo de la Tabla 9.1.

9.3.2 La descortesía de primer orden

Las aproximaciones de *primer orden* al estudio de la (des)cortesía surgieron como rechazo a los modelos de segundo orden a los que se criticaba por poner excesivo énfasis en la visión del analista sobre los fenómenos investigados y por establecer una correspondencia intrínseca entre ciertas expresiones lingüísticas y la comunicación de significados descorteses (v. Cap. 8). Por el contrario, los enfoques de primer orden consideran que la descortesía depende de las normas de prácticas sociales en contextos concretos, y son los hablantes, no las expresiones lingüísticas *per se*, los que comunican descortesía. Se añade, además, que, en realidad, un enunciado es descortés solo cuando así lo consideran los propios oyentes. Por lo tanto, los análisis de descortesía tienen que estar basados en estos últimos, y no en la visión del analista. Como resultado, el analista tiene que asegurarse de que sus conclusiones coincidan con las de los participantes. Esta posición generó una serie de problemas en el campo, ya que no es frecuente, en el transcurso de una interacción cara a cara, expresar de forma explícita si un enunciado se ha interpretado como descortés. Además, esto obligaba al analista a poder realizar análisis con cierta credibilidad únicamente cuando conocía bien la situación y a los participantes, con las consiguientes limitaciones que esto suponía.

Los datos digitales, sin embargo, han sido muy útiles en el sentido de que, dado su volumen y el anonimato del entorno, nos han permitido tener mayor acceso a las evaluaciones de los participantes sobre ciertos comportamientos verbales, y sobre todo a cómo entienden la descortesía los propios interlocutores, como podemos observar en el siguiente ejemplo:

(2) Comentarios en YouTube sobre un vídeo que recoge la intervención del diputado Gabriel Rufián en la Comisión de Investigación sobre la utilización partidista en el Ministerio del Interior, bajo el mandato del ministro Fernández Díaz, de los efectivos, medios y recursos del Departamento y de las Fuerzas y Cuerpos de Seguridad del Estado con fines políticos: www.youtube.com/watch?v=WEeY_oDe--U.

El análisis de las opiniones de los participantes en (2) nos muestra que el comportamiento verbal de G. Rufián, político catalán, no es juzgado de modo homogéneo. Algunos participantes le acusan de mala educación, de tener un tono burlón, de creerse con derecho a insultar, condenar e interrumpir y tener una "boca de cloaca": estos comportamientos verbales no son propios de las normas de la práctica social habitual y, por tanto, pueden ser calificados de inapropiados y descorteses. Sin embargo, otros alaban sus intervenciones, ya que, desde su punto de vista, consigue acorralar a los mentirosos, llama por su nombre a los "gánsteres de la política" y los pone contra las cuerdas. G. Rufián es, así, el estandarte de la verdad en un sistema corrupto, lleno de mentirosos. Desde esta perspectiva, su comportamiento no solo no es inapropiado, sino que está justificado. Si va en contra de las normas es porque estas protegen a los que se están aprovechando de los ciudadanos.

Este breve análisis pone de manifiesto que, como argumentaban los proponentes de la descortesía de primer orden, lo que es o no descortés varía según los interlocutores y las prácticas sociales. Asimismo, como se ha observado en otros estudios, los oyentes/lectores tienden a juzgar ciertos comportamientos en función de sus vínculos afectivos, y estos, a menudo, están relacionados con posicionamientos ideológicos.

9.3.3 Análisis de secuencias descorteses

En esta sección explicamos una propuesta para el estudio de las respuestas a actos descorteses. Se trata de un modelo que intenta ir más allá de las estrategias descorteses individuales y dar cuenta del desarrollo interaccional de la descortesía. Culpeper et al. (2003) propusieron un modelo que tipifica las posibles respuestas al acto descortés (v. Figura 9.2).

Aunque se trata de un modelo básico, tiene dos claras ventajas para el estudio de la descortesía en el discurso: la primera radica en que las opciones de respuesta propuestas están sujetas a variación contextual y este es un campo interesante de estudio; la segunda consiste en que, al considerar las reacciones de los interlocutores, el modelo comienza a alejarse del interés exclusivo por el hablante, típico de los primeros modelos, y se aproxima a las percepciones y reacciones del oyente. Bousfield (2007) desarrolla este modelo y adopta como punto de partida la noción del evento ofensivo desencadenante de la secuencia descortés. Además, propone un listado de estrategias defensivas y observa que cualquier respuesta ofensiva puede convertirse en un nuevo desencadenante de conflicto. Por último, enumera una

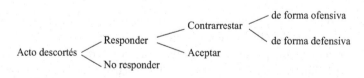

FIGURA 9.2 Modelo de secuencia de descortesía (Culpeper et al., 2003: 1563) trad. nuestra

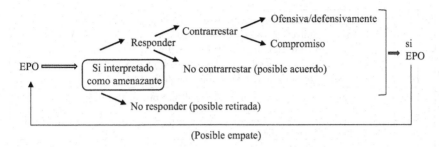

FIGURA 9.3 Modelo de secuencia de conflicto para la comunicación digital (adaptado de Bou-Franch y Garcés-Conejos Blitvich, 2014: 33)

serie de posibles formatos de cierre de la secuencia descortés, siguiendo a Vuchinich (1990), que incluyen: 1) la sumisión al rival, 2) la intervención de una tercera persona con autoridad, 3) el compromiso, 4) el empate y 5) la retirada.

Reformulaciones posteriores del modelo señalan que está diseñado para explicar la conversación cara a cara entre dos participantes, y apuntan la necesidad de ampliarlo para incluir interacciones polilógicas y digitales (Dobs y Garcés-Conejos Blitvich, 2013). En este sentido, Bou-Franch y Garcés-Conejos Blitvich (2014) analizan secuencias de conflicto en comentarios de YouTube. Como ya señalábamos, la comunicación en YouTube, como en otras plataformas digitales, no es cara a cara, sino que está mediatizada por ordenador, es con frecuencia anónima y polilógica. Como consecuencia de lo anterior, la interacción se desarrolla combinando secuencias de turnos con una alternancia lineal o interconectada (Lorenzo-Dus, Garcés-Conejos Blitvich y Bou-Franch, 2011). Los participantes se comunican a través de un agregado de contextos sociales en el que cada uno de ellos puede tener diferentes opiniones y expectativas respecto a las normas y convenciones sociales que rigen la interacción. Este estudio pone de manifiesto que no hay actos ofensivos *per se*, ya que cualquier enunciado puede ser objeto de acuerdo para unos, y desacuerdo y oposición para otros. Por ello, es la reacción de un interlocutor, el segundo turno de la secuencia, la que determina si un enunciado anterior amenaza su imagen social o su identidad, y, por tanto, interpreta el enunciado como una ofensa. Partiendo de la idea de que cualquier enunciado es potencialmente ofensivo (EPO), estas autoras proponen un modelo para el conflicto en interacciones polilógicas de redes sociales en la Figura 9.3.

El modelo representado en la Figura 9.3, además de incluir las opciones de respuesta, incluye también las opciones de posibles cierres de la secuencia. Como muestra el esquema, los enunciados de cierre constituyen, a su vez, enunciados potencialmente ofensivos que podrían desencadenar, a su vez, respuestas que prolongarían la secuencia de conflicto, como se puede ver en (3):

(3) Comentarios al vídeo informativo sobre la huelga feminista del 8 de marzo de 2018, titulado *Lectura del manifiesto del 8M en Sol, Madrid* y publicado por eldiario.es en YouTube, ese mismo día.

1	P1	La mayoría son bolleras, perroflauticas, feas que no las tocan ni con un palo, marimachos, universitarias guarrillas con pancartas de "yo con mi cuerpo hago lo que quiero" si te las comes dobladas... Señoras que no tienen nada que hacer en casa solo ver el sálvame, algunas que no les apetecía ir a trabajar, otras que no saben ni por qué se están manifestando jajajaja
2	P2	Quién eres tú para siquiera evaluar a una sola persona de las que aparece en este vídeo
3	P3	No se puede ser más tont@
4	P4	P1 Según datos oficiales más de 6 millones de mujeres han salido a las calles a manifestarse 64 países del mundo celebran esta misma huelga, así que saca cuentas que estamos hablando de más de 60 millones de mujeres en todo el mundo ¿60 millones de mujeres son perroflautas, feas y amargadas? De verdad que algunos sois retrasados a más no poder
5	P5	P4 y acaso se a ganado algo con alguna manifestación?
6	P2	Primer exponente que acude a la memoria (colectiva). Así, rápido: "Revuelta de Haymarket El incidente de Haymarket, masacre de Haymarket o revuelta de Haymarket fue un hecho histórico que tuvo lugar en Haymarket Square (Chicago, Estados Unidos) el 4 de mayo de 1886 y que fue el punto álgido de una serie de protestas que desde el 1 de mayo se habían producido en respaldo a los obreros en huelga, para reivindicar la jornada laboral de ocho horas" https://es.m.wikipedia.org/wiki/Revuelta_de_Haymarket.
7	P6	Nadie nos va a borrar lo que hemos conseguido le pese a quien le pese.
8	P7	¿y que habeis conseguido? La brecha salarial es mentira, no se debe al sexismo. La violencia de genero es ultraminoritaria y tampoco se debe al sistema. Teniendo en cuenta que lo que pide el feminismo o es mentira o no tiene relacion exclusiva con las mujeres, yo mas bien diria que es un movimiento supremacista de genero (...)

Esta secuencia comienza con un primer comentario en respuesta al vídeo de YouTube, y desencadena siete comentarios de los cuales cinco se oponen o contrarrestan el EPO inicial, mientras que dos (los comentarios 5 y 8), no solo no se ofenden, sino que continúan la línea argumental y se oponen a los comentarios 4 y 6. Por tanto, el comentario 1 es un EPO que inmediatamente desencadena una secuencia de conflicto cuando P2 contrarresta el primer comentario de forma defensiva y ofensiva. P1 no responde a este nuevo enunciado y, en el comentario 3, P3 se suma a P2 y rechaza la intervención inicial. En el siguiente comentario, P4 selecciona al receptor de su mensaje de forma explícita, P1, y de nuevo se posiciona en contra del comentario inicial de tal forma que, simultáneamente, se opone a P1 y se alinea con P2 y P3. El comentario 5 se posiciona en contra del anterior y este desencadena otro conflicto cuando en el comentario 6, P2 vuelve a intervenir para dar una respuesta contraria al argumento del comentario inmediatamente anterior. A continuación, P6 contrarresta las intervenciones contrarias anteriores y, a su vez, P7 le responde cuestionando su comentario. Podemos observar cómo los participantes se posicionan en dos grupos sociales, en líneas generales, a favor y en contra del feminismo. De esta forma, el desarrollo del conflicto dibuja también la progresión en la formación de grupos. En el análisis también observamos que la mayoría de participantes publican un único comentario y se retiran de la participación activa en esta interacción que parece no tener fin. Además, observamos que un EPO puede recibir varias respuestas y que cualquiera de estas, a su vez, puede constituir un nuevo EPO que desencadene subsiguientes respuestas de conflicto. Estos son, sin duda, patrones comunes en las interacciones descorteses de YouTube.

Actividad 2: Lee detenidamente el ejemplo (1) del principio e identifica aperturas, desarrollos y cierres de la secuencia de descortesía. ¿Tiene la secuencia comentarios de cierre, que finalicen el conflicto? ¿En qué sentidos podrías argumentar que este ejemplo contradice patrones de interacción lineal y diádica?

9.4 Preguntas para la reflexión

- ¿Qué opinas de que la gente se insulte en YouTube? ¿Por qué crees que las opiniones se radicalizan en YouTube? ¿Por qué crees que los usuarios de YouTube se involucran en conversaciones conflictivas?

POSIBLES TEMAS PARA UN ENSAYO O PROYECTO DEL CURSO

- Busca un vídeo de YouTube potencialmente ofensivo y lee los comentarios. Si son conflictivos, analiza cómo se desarrollan las secuencias y discute la formación de grupos, y los patrones de descortesía y conflicto de la interacción.
- Pregunta a tus compañeros si alguna vez se han sentido ofendidos por un comentario en un grupo de WhatsApp y por qué. Explica las respuestas y relaciónalas con los modelos de descortesía anteriores.
- Otros: añade uno o dos posibles temas relacionados con la descortesía en las redes sociales que te parezcan interesantes:

....

....

En el capítulo de metodología (Cap. 22) encontrarás herramientas que facilitarán la formulación de tu estudio.

Lecturas recomendadas

Bou-Franch, P. y Garcés-Conejos Blitvich, P. (2014). Conflict management in massive polylogues: A case study from YouTube. *Journal of Pragmatics*, 73, 19–36.

Bousfield, D. (2007). Beginnings, middles and ends: A biopsy of the dynamics of impolite exchanges. *Journal of Pragmatics*, 39, 2185–2216.
Brown, P. y Levinson, S. C. (1987). *Politeness: Some universals of language use*, Cambridge: Cambridge University Press.
Culpeper, J. (2005). Impoliteness and entertainment in the television quiz show *The Weakest Link*. *Journal of Politeness Research*, 1, 35–72.
Eelen, G. (2001). *A critique of politeness theories*. Manchester: Saint Jerome Publishing. [Caps. 2 y 4]
Garcés-Conejos Blitvich, P. (2010). The YouTubification of politics, impoliteness and polarization. En: R. Taiwo, ed., *Handbook of research on discourse behavior and digital communication: Language structures and social interaction*. Hershey, PA: IGI Global, 540–563.

Lecturas complementarias

boyd, d. y Marwick, A. E. (2011). Social privacy in networked publics: Teens' attitudes, practices, and strategies. En: *A Decade in Internet Time: Symposium on the Dynamics of the Internet and Society*. Oxford, UK. Disponible en: https://papers.ssrn.com/sol3/papers.cfm?abstract_id=1925128.
Culpeper, J., Bousfield, D. y Wichmann, A. (2003). Impoliteness revisited with special reference to dynamic and prosodic aspects. *Journal of Pragmatics*, 35, 1545–1579.
Dobs, A. M. y Garcés-Conejos Blitvich, P. (2013). Impoliteness in polylogal interaction: Accounting for face-threat witnesses' responses. *Journal of Pragmatics*, 53, 112–113.
Garcés-Conejos Blitvich, P. (2018). Globalization, transnational identities, and conflict talk: The complexity of the Latino identity. *Journal of Pragmatics*, 134, 120–133.
Lorenzo-Dus, N., Garcés-Conejos Blitvich, P. y Bou-Franch, P. (2011). Online polylogues and impoliteness: The case of postings sent in response to the Obama Reggaeton YouTube video. *Journal of Pragmatics*, 43, 2578–2593.
Page, R. E., Barton, D., Unger, J. W., y Zappavigna, M. (2014). *Language and social media: A student guide*. London: Routledge.
Tagg, C. y Seargeant, P., eds., (2014). *The language of social media identity and community on the Internet*. Basingstoke: Palgrave Macmillan.
Vuchinich, S. (1990). The sequential organization of closing in verbal family conflict. En: A. D. Grimshaw y D. Allen, eds., *Conflict talk: Sociolinguistic investigations of arguments and conversations*. Cambridge: Cambridge University Press, 118–138.

Nota

1 Autor: El Xoco/Xose A. Padilla (www.facebook.com/xoco.xocafamily). Las autoras desean agradecer a Xose A. Padilla la creación de la viñeta para este capítulo.

10
LA ANTICORTESÍA

Gerrard Mugford y Sofía Montes

(1) Situación: Una chica joven relata su experiencia con un camarero en un bar:

Fui por mi [café] de frappé y no me lo daba el *wey*, estaba haciendo otras cosas menos el mío y ahí estaba, ¿no? Entonces, yo así con cara de "*wey*, ya dámelo". Y de que me dice, "Amiga, ¿estás enojada o así tienes la cara?". Y yo de "así la tengo".

10.1 Introducción

La palabra *wey* que aparece en el ejemplo (1) es exclusiva del español mexicano. Es una palabra polisémica y multifuncional cuyos significados van de los relativamente suaves *bobo* y *tonto* a los agresivos e intensos *estúpido* e *idiota*. Al mismo tiempo, refleja el extendido uso de *anticortesía* —una estrategia conversacional que aparenta amenazar la imagen del destinatario (Brown y Levinson, 1987)—, pero que en realidad se usa para mantener y fortalecer las relaciones interpersonales. Las expresiones anticorteses en el español mexicano pueden ir desde el leve *¡Hola, pinche Juan!* (que literalmente significa *¡Hola, inútil Juan!*) que plasma el uso de un apelativo al mucho más severo *¡Qué méndigo eres!* donde *méndigo* significa *desgraciado* en español mexicano. Sin embargo, es el contexto el que da el significado a estas expresiones, pues *wey, pinche* y *méndigo* pueden ser tomadas tanto como insultos o como signos de amistad. Esta aparente contradicción comunicativa entre insulto y solidaridad demuestra lo que es la anticortesía, que puede entenderse a través de un enfoque sociopragmático que interrelaciona la agresión verbal y el distanciamiento social con el afecto mutuo y la alineación interpersonal.

Es importante mencionar que las palabras usadas como ejemplos en este capítulo son extremadamente ofensivas si se emplean fuera de un contexto de relaciones cercanas.

10.2 Anticortesía

La *anticortesía* pone de relieve la dificultad que los interlocutores pueden tener al expresar abiertamente sus sentimientos: no querer parecer ni demasiado rudos y severos ni demasiado sentimentales o excesivamente emocionales. Por un lado, la *anticortesía* puede verse como una forma de mitigar situaciones desagradables. Por ejemplo, un padre puede reprender a su hijo con *¡Qué zonzo eres!* (que literalmente significa *¡Qué tonto eres!*) donde *zonzo* puede verse como una especie de juego verbal afectivo. Mientras que, por otro lado, la anticortesía puede ser una forma de ocultar los verdaderos sentimientos. Es lo que ocurre en *te quiero un chingo, wey* (literalmente, *te quiero un montón, tonto*) enunciado, en el que el hablante *des-romanticiza* su afecto, reacio a mostrar sus verdaderos sentimientos, combinando el afecto con la agresión verbal.

El término *anticortesía* fue propuesto por Zimmerman (2003) quien examinó las prácticas discursivas de jóvenes españoles, mexicanos y uruguayos, que parecían ir en contra de las prácticas de cortesía normativa. Dentro del esquema de cortesía de Brown y Levinson (1987) (v. Cap. 11), los interactuantes manifiestan cortesía positiva para demostrar cercanía, solidaridad y apoyo a los demás (por ejemplo, expresando acuerdo, bromeando y usando apodos), y cortesía negativa para demostrar distancia y no imponerse ante los demás (por ejemplo, disculpándose, siendo indirectos y usando muletillas). Sin embargo, Zimmerman encontró que los jóvenes españoles parecen romper estas normas de cortesía, utilizando, entre otros mecanismos, palabras y expresiones aparentemente descorteses para mostrar solidaridad y cercanía. Zimmerman (2003: 57) señala lo siguiente:

> Desde una perspectiva formal, hemos visto que las estrategias establecidas por Brown y Levinson no se observan entre los jóvenes de España. ¿Tenemos por ello el derecho de decir que sus actos de habla están destinados a amenazar la identidad del otro? Obviamente no. Los textos analizados… se destacan por un ambiente cooperativo, no agresivo. En ningún momento de los actos que a veces parecen por su forma muy agresivos e insultantes se percibe una queja o algo similar por parte del agredido.

Esta observación llevó al autor a concluir que tal comportamiento no era descortés, sino que reflejaba prácticas de cortesía *antinormativas*:

> Lo vemos en los mecanismos de constitución del léxico juvenil, y lo vemos todavía con más claridad en sus hábitos de interacción entre ellos y sobre todo en lo que respecta a la identidad. Por ello pienso que los actos descritos como descorteses de hecho no son descorteses sino que son parte de esa actividad antinormativa. Por ello los llamo *anticorteses*.
>
> Zimmerman, 2003: 57, cursivas del autor

Sin embargo, Bernal (2008: 775–776), examinando asimismo prácticas de (des)cortesía, sugiere que dichas prácticas no se limitan al grupo etario de los jóvenes y señala que las mujeres también las emplean:

> Pensamos que, en lo que a la sociedad española respecta, el grado de convencionalización de estas expresiones de efecto habitual negativo como vehículo de significados afiliativos y solidarios con los interlocutores (en el sentido de señalar una afectividad positiva y corroborar que existe un alto grado de confianza entre ellos) sobrepasa los límites de un grupo en particular. Así, no son únicamente seña de identidad en el lenguaje juvenil masculino (Zimmerman, 2003), sino que aparecen también en otros grupos sociales como personas de edades más avanzadas y entre mujeres.

El uso generalizado de la anticortesía en el contexto mexicano se puede entender en términos de una lucha entre la agresión verbal y el afecto, como una forma de fortalecer las relaciones interpersonales y participar en el juego del lenguaje creativo.

La lucha entre la agresión verbal y el afecto también puede examinarse bajo el concepto de *descortesía de burla* ('mock impoliteness') (Haugh y Bousfield, 2012) que implica entender que una aparente amenaza a la imagen del destinatario (Brown y Levinson, 1987) no debe ser considerada ni ruda ni descortés.

De acuerdo a Culpeper (2011), la descortesía de burla involucra la *recontextualización* de la descortesía para reforzar "efectos socialmente opuestos, es decir, para comunicar afecto y fortalecer lazos íntimos entre los individuos y la identidad del grupo" (p. 207, trad. nuestra).

La *anticortesía* puede fortalecer las relaciones interpersonales porque, si uno puede ser grosero y descortés con otra persona y no se ofende, existe, según el contexto y la relación, un sentimiento cercano de solidaridad y cercanía. No se trataría en absoluto de un acto amenazante (Brown y Levinson, 1987) y la base de la relación social sería fuerte y robusta.

En términos de juegos verbales (v. p. ej. Cook, 2000), la anticortesía demuestra una dimensión lúdica en el uso cotidiano del lenguaje ya que los interactuantes se representan mutuamente como personas desagradables e indeseables, por ejemplo, *idiotas, tontos, cabrones,* etc. Como argumenta Cook (2000), "las personas que están acostumbradas a cooperar en el juego, juzgando sus capacidades, tiempos de reacción y actitudes, se encuentran en mejores condiciones para colaborar en situaciones más urgentes y actos prácticos" (p. 103, trad. nuestra).

En un sentido muy real, la *anticortesía* representa un duelo lingüístico con cierto parecido, por ejemplo, a la práctica de 'sounding' descrita por Labov (1972).

Actividad 1: ¿Se emplean prácticas de *anticortesía* en tu comunidad de habla? Menciona algunos ejemplos.

10.3 Enfoque, análisis y objetivos

En este capítulo examinaremos la anticortesía y, a manera de ilustración, los usos de la palabra *wey* en particular, con el propósito de explicar cómo se utiliza la anticortesía para fortalecer las relaciones interpersonales, mostrar agresión y afecto al mismo tiempo, y jugar con el lenguaje. Sin embargo, consideraremos también otros ejemplos de anticortesía del español mexicano que incluyen la utilización de palabras como *mensa*, *estúpida* y *babosa* dentro de determinados contextos comunicativos. Aunque en este capítulo nos centraremos en el *lenguaje sociable interpersonal*, la anticortesía se encuentra cada vez más en el lenguaje transaccional (Mugford, 2013).

10.4 Anticortesía y *wey*

Para entender el origen del significado de *wey* uno debe dirigirse a la palabra *güey* o incluso *buey* (el animal). Originalmente, se utilizaba como un insulto y este significado aún aparece generalmente en los diccionarios. Por ejemplo, el Diccionario del Español Usual en México define *buey* como *tonto* o *estúpido* y el Diccionario Breve de Mexicanismos le otorga a *buey* el significado de *persona tonta, mentecata*. La palabra buey aparentemente fue transformada en *güey* que también es ofensiva, pero al mismo tiempo incluye funciones solidarias. El Diccionario del Español Usual en México (1996) define esta palabra de la siguiente manera:

> **güey** s m **1** (*Popular*) Buey: "Le vendí mis *güeyes* a mi compadres" **2** (*Popular, Ofensivo*) Persona desconocida y despreciada: "La entrada a la oficina estaba llena de *güeyes*", "Había un *güey* parado en el zoológico" **3** (*Popular, Ofensivo*) Tonto: "¡Qué *güey* soy, no traje el pasaporte!, "¿Qué me ve, *güey*? **4** De güey (*Popular*) De tonto: "De *güey* que me dejó asaltar" **5** Entre los jóvenes, manera de conservar la atención de su interlocutor y de asegurar su solidaridad "¡No, *güey*, te aseguro que no lo supe!"

Contemporáneamente, el uso de *wey* en las conversaciones cotidianas permite establecer un *terreno común* ('common ground'). Los saludos coloquiales pueden incluir ¡*Quiúbole, wey!* y ¡*Qué onda, wey!* confirmando así la existencia de una relación amistosa, de confianza. Reforzando la cercanía y la solidaridad, *wey* también puede expresar preocupación por el destinatario como en *Te ves mal, ¿qué traes, wey?* E incluso puede ser usado para buscar ayuda de un amigo: *Wey, ¡ayúdame con la caja!* y ¡*Jálale, wey!* El ejemplo (2) ilustra cómo se usa la palabra *cabrón* de forma similar. En este ejemplo, tres hombres que son amigos se están riendo por un chiste que uno de ellos contó. Uno de ellos, Gabriel, responde así al chiste:

(2) Gabriel: ¡Ayyy, cabrón, cómo me haces reír ¡no manches!

Con la palabra *cabrón*, Gabriel transmite pertenencia al grupo y solidaridad al que contó el chiste. *Cabrón*, al igual que *wey*, tiene muchos usos, pero aquí se emplea aquel que pretende demostrar afecto y confianza. El uso de *wey* puede reflejar una resistencia a emplear el nombre del destinatario, una práctica particularmente observable entre los hombres mexicanos.

Se puede ver una aparente agresión verbal cuando un participante está criticando a otro y dice: *¡Qué wey eres!* o *¡Estás bien wey!* (que significan *eres/estás muy tonto*), *Te estás haciendo el wey* (*Estás fingiendo inocencia*) o *Lo hiciste a lo wey* (de una manera estúpida). Mientras que la palabra *wey* parece ser antagónica, si el destinatario no muestra molestia u hostilidad frente a su uso, indica que hay un grado significativo de afecto.

El aspecto lúdico de su empleo se ve a menudo a través de las bromas, el cotorreo y juegos verbales. El jolgorio se puede ver en expresiones como *Wey, no aguantas nada* y *Aguántate cabrón*. La creatividad textual se puede hacer presente mediante el uso de *wey* en burlas, cotorreos, etc. Por mencionar un ejemplo, un interactuante puede criticar su propia pereza diciendo *Estoy weyando* o *Me estoy haciendo wey*.

En el ejemplo (3), tomado de Mugford, Franco Lomelí y Valdivia (2017: 24), Pamela, una estudiante universitaria mexicana, critica a una amiga suya posicionando el uso de la palabra en el contexto de los animales de granja. Da a entender que el vivir en una granja puede ser sinónimo de falta de educación, generando un uso exagerado de *wey* que podría ser de mal gusto:

(3) Pamela: Te la pasas weyando a todo mundo. Pareciera que vives en un corral de vacas.

En conclusión, situando el empleo de formas anticorteses dentro del lenguaje coloquial, el uso específico, la comprensión y la evaluación de *anticortesía* dependen de la situación social, el contexto y la relación entre los interactuantes. En la siguiente sección de análisis, se examinará cómo los factores contextuales influyen en la interpretación de anticortesía.

Actividad 2: Analiza la Figura 10.1 y con base en la información ya presentada considera las razones detrás del empleo de *ay güey* en el diseño de la camiseta y el impacto que genera esta expresión.

10.5 El análisis de la anticortesía

La dificultad de analizar la anticortesía recae en entender la intención del hablante detrás del uso de expresiones o palabras como *wey* ya que, como argumenta Mills (2017: 3–4), el interlocutor puede estar ocultando sus verdaderos sentimientos detrás de estas palabras y puede estar utilizándolas con diferentes fines. En la siguiente sección analizaremos cómo las palabras anticorteses pueden ser utilizadas para fortalecer las relaciones interpersonales, mostrar agresión verbal y afecto, y como un tipo de juego verbal (v. también Cap. 7).

110 Gerrard Mugford y Sofía Montes

FIGURA 10.1 Camiseta con *Ay güey* en el diseño

10.5.1 Refuerzo de las relaciones

El uso interpersonal de *wey* se centra en la construcción y el mantenimiento de las relaciones grupales. En (4), una situación que involucra amigos y familiares, la palabra *wey* refleja solidaridad, inclusión grupal y deseos de mantener la conversación con vida.

(4) Manuel, Bernardo y Víctor son compañeros de clase de Jonatán en una universidad pública y Berta y Lilia son sus primas, todos se encuentran en la casa de Jonatán.

1	Lilia:	No sacó vasos.
2	Berta:	No, no, no… ay no, Jonny.
3	Jonatán:	Ay.
4	Manuel:	Eres una decepción para la familia.
5	Bernardo:	Ja, ja, ja.
6	Víctor:	Ja, ja, ja, ja, ja.
7	Jonatán:	Me vieron cara de mesero, o ¿qué?
8	Bernardo:	¿Qué sabes hacer bien, *wey*?
9	Jonatán:	Ja, ja, ja uuuyy… Víctor no había venido a mi casa pero
10		ya se está dando cuenta.
11	Bernardo:	Ja, ja, ja.

12	Manuel:	Te invito a sentarte, *wey*, ja, ja, ja.
13	Bernardo:	Igual, we.
14	Jonatán:	¿Por qué no se sientan, *wey*, están esperando a que se
15		siente uno?
16	Bernardo:	Ja, ja, ja.

Esta interacción comienza cuando Lilia se da cuenta de que los vasos para las bebidas no están listos y entonces Berta y Manuel se dirigen a manera de burla hacia Jonatán, quien se defiende preguntándoles si parece *mesero* con *Me vieron cara de mesero, o ¿qué?* (línea 7). Consecuentemente, Bernardo sigue molestando a Jonatán preguntándole si sabe hacer algo bien: *¿Qué sabes hacer bien, wey?* (línea 8). En circunstancias normales de conversación, la pregunta de acusación directa y el uso de *wey* se considerarían amenazantes, pero dada la fluida naturaleza jocosa de la conversación, *wey* se utiliza para mostrar solidaridad con el resto del grupo. Luego Manuel invita a Bernardo a sentarse al dirigirse a él como *wey* —otra señal de solidaridad—: *Te invito a sentarte, wey, ja, ja, ja* (línea 12). Como respuesta, Bernardo invita a Manuel a que también tome asiento: *Igual, we* (línea 13). En esta respuesta, Bernardo también usa *wey* (we), que puede verse como un tipo de *heterorrepetición* ('shadowing'), es decir, repetir la frase o el enunciado anterior de un interlocutor (Tannen, 1989: 88). Jonatán insiste y repite la invitación: *¿Por qué no se sientan, wey, [...]?* (línea 14) usando de nuevo *wey* para remarcar cercanía e informalidad. El constante y repetido empleo de *wey* refuerza el uso solidario e interpersonal y proporciona un hilo de conversación a lo largo de la interacción.

10.5.2 *Agresión verbal y afecto*

La doble expresión de la agresión verbal y el afecto son características claves de la anticortesía y su uso no está restringido al género masculino. Entre mujeres también es muy común el empleo de *pendeja*, por ejemplo, para demostrar solidaridad como en (5), o desprecio cuando hablan de alguien que no conocen o consideran inferior por motivos desconocidos al oyente. En (5), la primera mujer utiliza *pendeja* y la segunda le responde con *mensa*. *Mensa* se utiliza para mostrar pertenencia a un grupo, pero impone más límites que *pendeja*, ya que al ser menos agresiva se da a entender que no se está muy conforme con el empleo de *pendeja* en el turno anterior.

(5) Silvia: ¿Quién es mi *pendeja* favorita eh?
    Dafné: Ja ja ja ja, cállate, ¡qué *mensa* estás!

Por lo general, como ya señalamos, los hombres no se dirigen entre sí con sus nombres propios (Juan, José, Luis, etc.). Al contrario, emplean *wey* o buscan alternativas como *pendejo* que cumple la misma función de mostrar pertenencia, confianza y solidaridad, como se puede ver en (6):

(6) Roberto: Este *wey*, ni me pone atención, no me quiere.
Armando: Ja ja ja, *pendejo*, claro que no es cierto.

Mientras que *wey* es comúnmente repetido a lo largo de una conversación o un diálogo, esta interacción presenta variación dado que Armando emplea la palabra *pendejo*. La agresión o el afecto pueden variar durante un intercambio de palabras como se muestra en (7). Por ejemplo, ante alguna autoridad, los jóvenes suelen utilizar palabras menos agresivas como *menso*, *torpe* o *bobo* para referirse a sí mismos o a otros. En el siguiente segmento de una conversación, una mujer le dice a su compañero de clase ¡Qué *pendejo*! antes de dirigirse a la maestra y refiriéndose a este como *menso*.

(7) Roberta: ¡Qué *pendejo*!… Maestra, que este *menso* también quería eso.
Andrés: Perdón, maestra, no había escuchado.

10.5.3 Juegos del lenguaje

Los juegos del lenguaje, en los que los interlocutores pueden tomar distintos roles, involucran creatividad. Por ejemplo, entre hombres, en ocasiones recurren a dirigirse con palabras *anticorteses* cambiando el género a femenino, como *estúpida* y *babosa* en (8). De esta manera, aligeran el vínculo de afecto que genera la palabra *amar*.

(8) Felipe: ¿A poco no me amas?
Bernardo: Ja ja ja, *estúpida*, *babosa*.

10.6 Preguntas para la reflexión

- ¿Qué problemas existen al definir la palabra *wey*? ¿Es fácil identificar los usos amistosos y agresivos de *wey*? ¿Cuáles son los factores contextuales que se requieren? Considera el uso de *wey* en (1).
- ¿Crees que el uso de *wey* puede afectar a la riqueza del vocabulario coloquial (especialmente entre jóvenes) en el español de México?
- ¿Crees que hablantes no nativos del español deberían usar palabras como *wey* o *cabrón* en sus conversaciones? ¿O sólo deberían ser capaces de identificar sus usos? ¿Piensas que podría haber rechazo hacia hablantes no nativos del español que emplean enunciados anticorteses como *wey* o *cabrón*?
- En tu opinión, ¿qué factores han propiciado el uso y desarrollo de la *anticortesía* en la lengua hablada? ¿Es una excepción el español de México?

> **POSIBLES TEMAS PARA UN ENSAYO O PROYECTO DEL CURSO**
>
> - El análisis presentado en este capítulo se centra en las motivaciones e intenciones del hablante. Examina ahora: 1) la evaluación e interpretación del oyente de enunciados anticorteses, y 2) la construcción conjunta entre interactuantes del significado interaccional de una palabra. Puedes utilizar los diálogos de series mexicanas como *Club de Cuervos, Ingobernable* o *Sr. Avila.*
> - Examina las prácticas de anticortesía que se emplean en una película en lengua española como, por ejemplo, *Amores Perros* o *Nosotros los Nobles*. Describe la relación entre los usuarios que emplean anticortesía, y los tipos de actos de habla con los que ocurre la anticortesía.
> - Otros: añade uno o dos posibles temas sobre la anticortesía que te parezcan interesantes:
>
> ....
> ....
>
> En el capítulo de metodología (Cap. 22) encontrarás herramientas que te facilitarán la formulación de tu estudio.

Lecturas recomendadas

Bernal, M. (2008). Do insults always insult? Genuine impoliteness versus non-genuine impoliteness in colloquial Spanish '¿Insultan los insultos? Descortesía auténtica vs, descortesía no auténtica en español coloquial'. *Pragmatics* 18(4), 775–802.

Culpeper, J. (2011). *Impoliteness: Using language to cause offence*. Cambridge: Cambridge University Press. [Caps. 1 y 7]

Haugh, M. y Bousfield, D. (2012). Mock impoliteness, jocular mockery and jocular abuse in Australian and British English. *Journal of Pragmatics*, 44, 1099–1114.

Mugford, G. (2013). Foreign-language users confronting anti-normative politeness in a Mexican university. *Intercultural Pragmatics*, 10, 101–130.

Mugford, G., Franco Lomelí, N. y Valdivia, I. (2017). Bad words in the right places: Mexican Spanish stance-taking and the communicative functions of *wey*. *Verbum et Lingua*, 10, 9–27.

Zimmerman, K. (2003). Constitución de la identidad y anticortesía verbal entre jóvenes masculinos hablantes de español. En: D. Bravo, ed., *Actas del Primer Coloquio del Programa EDICE. La perspectiva no etnocentrista de la cortesía: identidad sociocultural de las comunidades hispanohablantes*. Estocolmo: EDICE, 47–59.

Lecturas complementarias

Te recomendamos las siguientes lecturas para ampliar tus conocimientos sobre este tema y la relación ente cortesía, descortesía y anticortesía:

Brown, P. y Levinson, S. C. (1987). *Politeness: Some universal in language usage*. Cambridge: Cambridge University Press. [Cap. 5]
Cook, G. (2000). *Language play, language learning*. Oxford: Oxford University Press. [Cap. 1–3]
Gómez Molina, J. R. (2002). El insulto en la interacción comunicativa: estudio sociolingüístico. *Oralia* 5, 103–132.
Labov, W. (1972). *Language in the inner city: Studies in the black English vernacular*. Oxford: Blackwell. [Cap. 8]
Mills, S. (2017). *English politeness and class*. Cambridge: Cambridge University Press. [Introducción]
Tannen, D. (1989). *Talking voices: Repetition, dialogue, and imagery in conversational discourse*. Cambridge: Cambridge University Press. [Cap. 3]
Taylor, C. (2016). *Mock politeness in English and Italian: A corpus-assisted metalanguage analysis*. Amsterdam: John Benjamins. [Cap. 2]
Zimmerman, K. (2002). La variedad juvenil y la interacción verbal entre jóvenes. En: F. Rodríguez González, ed., *El lenguaje de los jóvenes*. Barcelona: Ariel, 137–163.

Diccionarios citados

Diccionario del Español Usual en México (1996). México: El Colegio de México.
Gómez de Silva, G. (2001). *Diccionario breve de mexicanismos de Guido Gómez de Silva*. México D.F: Academia Mexicana – Fondo de Cultura Económica. https://tajit.memberclicks.net/assets/documents/diccionario%20breve%20de%20mexicanismos%20segun%20guido%20gomez%20de%20silva.pdf. [Acceso 24-07-2018]

11

LA CORTESÍA 1

María de la O Hernández-López y Lucía Fernández-Amaya

(1) Diálogo entre un profesor de un país andino en su primer contacto con un catedrático español, en España:

Profesor: […] encantado de conocerle. He leído varios de sus trabajos.
Catedrático: Por favor, trátame de tú, que me haces sentir viejo.

11.1 Introducción

Hay ocasiones en las que intentamos ser amables pero no logramos cumplir nuestro objetivo. Esto se puede ver en el ejemplo (1) en el que el profesor habla de *usted* al catedrático para comunicar respeto, considerando que para él es una persona desconocida y con un estatus profesional superior. El catedrático, por el contrario, siguiendo unas convenciones sociales diferentes, intenta relajar la situación y le responde pidiéndole que le tutee porque con el *usted* "le hace sentir viejo". Hay muchos ejemplos de este tipo, y, probablemente, todos hemos vivido experiencias similares. Esto es así porque el fenómeno de la cortesía es algo relativo: lo que es comportamiento cortés para una persona puede no ser interpretado como tal por otra.

Los estudios de cortesía se originaron en el mundo anglosajón en la década de 1970. El modelo más conocido es el de Brown y Levinson (1987 [1978]). Estos autores, aludiendo a los dos polos de una pila, propusieron distinguir dos tipos de estrategias de cortesía: 1) estrategias de *cortesía positiva*, es decir, aquellas estrategias lingüísticas que se orientan hacia la inclusión en un grupo, la solidaridad, la empatía y la cercanía con el otro, y 2) estrategias de *cortesía negativa*, es decir, estrategias que atienden a la necesidad del individuo de mantener su autonomía; con estas últimas, se tiende a evitar la imposición, y la comunicación se orienta hacia la deferencia y el estilo indirecto. Así, por ejemplo, y con referencia a (1), el empleo de *tú* en el español peninsular se podría considerar, en muchos contextos, una estrategia de cortesía positiva, porque expresa cercanía con el oyente, mientras que el uso de *usted* representaría una estrategia de cortesía negativa porque comunica distancia (v. Cap. 6).

A partir de Brown y Levinson (1987 [1978]) proliferaron estudios en los que se aplicaba su propuesta, u otras clasificaciones del mismo corte, a corpus de datos. Así, por ejemplo, algunos autores (v. Hickey, 1991, 2005) propusieron que los hablantes del español peninsular se orientaban hacia la cercanía y la solidaridad con el oyente mientras que los hablantes del inglés británico, por el contrario, lo hacían hacia una cortesía de distanciamiento.

Si bien el modelo de Brown y Levinson ha sido empleado extensamente, también ha recibido muchas críticas. Una de ellas es la de centrarse solamente en la producción del hablante, sin tener en cuenta la reacción del oyente, como si el uso de la lengua fuera estático y no dinámico. Veamos un ejemplo:

(2) Situación: A y B son colegas de trabajo. Conversan en el pasillo y A le dice a B lo siguiente:

A: Como siempre, este nuevo corte de pelo ¡te queda de maravilla!

Siguiendo el modelo de Brown y Levinson (1987 [1978]), a primera vista, un analista clasificaría el enunciado de A como un cumplido y, por lo tanto, como una estrategia de cortesía positiva. Sin embargo, si, por ejemplo, A y B tienen una relación de enemistad, A podría estar comunicando sarcasmo y no admiración. Es decir, ya no se trataría de un cumplido sino de una burla. Por consiguiente, para interpretar adecuadamente el enunciado de A, el analista necesita considerar no solo el acto iniciativo (el cumplido en este caso), sino también el acto reactivo (la respuesta al cumplido), al igual que el contexto de la interacción.

Este ejemplo ilustra, pues, que, en el estudio de la cortesía, es importante tener en cuenta la percepción del oyente. Además, y relacionado con esto, el análisis de la cortesía no debería restringirse solamente a lo que el analista determine, según la aplicación de determinados modelos y conceptos teóricos a la producción verbal de un hablante o grupo de hablantes (enfoque llamado *cortesía de segundo orden* o *cortesía 2*), sino que debería incluir también la perspectiva de los interlocutores sobre lo que consideran apropiado o no en situaciones concretas (enfoque llamado *cortesía de primer orden* o *cortesía 1*) (Watts, Ide y Ehlich, 1992; Eelen, 2001). Este último enfoque es el objeto de estudio de este capítulo (v. también Cap. 9).

11.2 Enfoque y objetivos

El enfoque de la cortesía 1 busca explorar, por un lado, cómo los interlocutores perciben los actos comunicativos en contextos específicos, y por otro, qué consideran comportamiento apropiado. Esto incluye las *expectativas* de cortesía que tienen los hablantes para diferentes géneros y contextos interaccionales.

Las nociones de cortesía 1 y 2 fueron propuestas por Watts et al. (1992); sin embargo, fue Eelen (2001) quien desarrolló esta distinción y destacó su importancia. Este autor propone dividir la cortesía 1 en tres tipos:

a. La cortesía 1 *expresiva*: aquellos casos en los que el hablante persigue tener un comportamiento cortés a través del empleo de determinadas expresiones lingüísticas, como, por ejemplo, el uso de fórmulas de tratamiento (*usted*, *doctor*, etc.), expresiones formulaicas convencionales (*por favor*, *gracias*, etc.), y diferentes formas de construir los actos de habla como las disculpas, las quejas, etc. Estos son posiblemente los elementos más estudiados en las investigaciones sobre cortesía. La cortesía 1 se asemeja, en gran medida, a la cortesía negativa de Brown y Levinson (1987 [1978]).
b. La cortesía 1 *clasificatoria*: hace referencia a juicios evaluativos que ayudan a categorizar el comportamiento de otras personas como corteses o descorteses. Por ejemplo, en Carmona-Lavado y Hernández-López (2015), uno de los encuestados manifiesta lo siguiente con respecto a su interacción con los camareros de un restaurante: "… nos atendieron con mucha cordialidad y respeto" (98).
c. La cortesía 1 metapragmática: se refiere a lo que las personas consideran que es o no (des)cortesía. Esto se refleja, por ejemplo, en (1).

La distinción entre cortesía 1 y 2 ha sido muy útil en trabajos realizados en las últimas dos décadas al contribuir con la noción de cortesía 1 a centrar la atención en las percepciones de los participantes sobre comportamiento apropiado en una determinada interacción. Sin embargo, este enfoque no ha estado exento de críticas. Por ejemplo, el hecho de que los participantes se conviertan en analistas de sus propias interacciones hace que se entremezclen los roles de investigador y participante, lo que, a su vez, podría reducir el papel del analista a un mero comunicador de lo que el participante entiende. Es así que actualmente se tiende hacia un enfoque mixto que combine la cortesía 1 y la 2. Este capítulo se centrará en explicar e ilustrar cómo se puede analizar la cortesía 1, y su relevancia en la investigación pragmática.

Con respecto a la metodología (v. Cap. 22), las herramientas de análisis son variadas. Por ejemplo, Haugh (2010) recaba información en foros de opinión y blogs sobre la percepción de los internautas de un incidente concreto acaecido entre un profesor y un estudiante por correo electrónico. La interpretación descortés y ofensiva del incidente no fue la de sus protagonistas (profesor y alumno) sino la de terceras personas.

Otra manera de estudiar la percepción de los participantes es mediante la técnica del incidente crítico ('critical incident technique') que tiene su origen en la psicología y el márketing. Se pide a los participantes describir su última experiencia satisfactoria o negativa en un determinado contexto. Se trata de averiguar qué acciones o comportamientos contribuyen a que una actividad comunicativa sea negativa o satisfactoria. Por ejemplo, Carmona-Lavado y Hernández López (2015) emplearon esta herramienta en el contexto de interacciones de servicio en un restaurante. Se centraron, en particular, en experiencias satisfactorias, buscando averiguar qué acciones o comportamientos contribuyen a que la interacción sea percibida como tal.

Finalmente, en el caso de la cortesía 1 metapragmática, tres de los métodos de recogida de datos más comunes son: 1) grupos focales, 2) tipos diversos de cuestionarios (v. p. ej. Pinto, 2011), o 3) entrevistas (v. p. ej. Placencia, 2001), donde las personas involucradas pueden expresar su percepción de una situación concreta.

Hay que tener en cuenta, sin embargo, que, aunque el común denominador de estos estudios es entender la cortesía 1, los objetivos específicos pueden variar, y, por tanto, también las herramientas de estudio. En el caso de Pinto (2011), el autor exploró, desde el punto de vista de los clientes, si la forma de comunicarse de los vendedores en una tienda de comida denotaba sinceridad o hipocresía. Muy diferente es el caso de Haugh (2010), también mencionado anteriormente, que buscaba averiguar, en un contexto virtual, qué cuestiones morales o juicios de valores sociales llevaban a los comentaristas a evaluar la situación como descortés u ofensiva. Las conclusiones de este y otros estudios revelan que, en entornos digitales, los juicios de valor son mucho más variados y complejos que en entornos presenciales. Carmona-Lavado y Hernández-López (2015), por su parte, analizaron si, en casos de experiencias satisfactorias en restaurantes, la cortesía influía en dicha satisfacción o si había otros factores más importantes. De esta manera, a la hora de realizar un estudio, es necesario tener muy claro no solo qué contexto o género se está analizando, sino también los objetivos generales y específicos, para poder seleccionar un método apropiado (v. Cap. 22).

Unos de los géneros discursivos en los que se ha analizado la cortesía 1, al que ya nos hemos referido, es el de la comunicación en interacciones de servicio (en el mundo hispánico, v. p. ej. Placencia, 2001; Fernández-Amaya, Hernández-López y Garcés-Conejos Blitvich, 2014, entre otros). Aquí ilustraremos cómo se puede examinar la cortesía 1 en la comunicación entre recepcionistas de hoteles y clientes, por medio de un cuestionario.

11.3 Análisis

En las interacciones de servicio, la satisfacción del cliente depende de muchos factores; uno de los más importantes es la comunicación con la persona que le atiende. En estos casos, el papel de la cortesía es fundamental para que el cliente se sienta satisfecho y decida volver a hacer uso del servicio, para que lo recomiende o escriba una buena reseña en Internet. El cuestionario diseñado por Fernández-Amaya et al. (2014) busca averiguar, entre otros aspectos, cuáles son las preferencias comunicativas de usuarios de hoteles cuando interactúan con un/a recepcionista y así acceder al ideal de cortesía en este contexto. Emplean un cuestionario de escala de valores, usando la escala Likert de puntuación que, en su caso, va del 1 al 5. Este tipo de escala permite distinciones más sutiles que opciones que se presentan como categorías binarias.

En cuanto al contenido de las preguntas, hay muchas maneras de formularlas cuando se trata de cuestiones de cortesía. Una de ellas es desgranando todos aquellos aspectos relacionados con la cortesía, como son la cercanía, el respeto, el estilo directo o indirecto, el uso de *tú/usted*, etc., tal y como se puede ver en la Tabla 11.1. Hay que recordar, sin embargo, que el cuestionario no debe incluir términos demasiado técnicos para que no interfieran con la comprensión de las preguntas por parte de los informantes.

Actividad 1:

a. Valora del 1 al 5 cada ítem del cuestionario presentado y compara tus respuestas con las de tu compañero/a. ¿Qué expectativas compartes con tu compañero/a?

b. Identifica qué ítems están destinados a comprobar si el cliente juzga que el lenguaje o comportamiento del/de la recepcionista se orienta hacia la cortesía negativa (i.e., la distancia o la deferencia), o hacia la cortesía positiva (i.e., la cercanía o la camaradería).

TABLA 11.1 Extracto adaptado del cuestionario de Fernández-Amaya et al. (2014)

En su opinión, ¿qué importancia tienen los siguientes aspectos de su conversación mantenida con el recepcionista? Escoja una respuesta para cada pregunta :

1= No importante   2= No muy importante   3= Importante
4= Muy importante   5= Crucial

A. En su opinión, el recepcionista *debería* utilizar el siguiente tipo de lenguaje:

a) Expresiones amables, por ejemplo, cumplidos.
b) Expresiones tales como "por favor", "gracias", "perdón"; pedir las cosas de manera educada como, por ejemplo: "Por favor, ¿me puede decir el número de su habitación?" en lugar de "Oye, dime el número de tu habitación".
c) Intentar ser educado y respetuoso, por ejemplo, al utilizar USTED, en vez de TÚ en español o saludar con "Buenos días, señor/a" en vez de "¿Qué pasa?"
d) Expresar interés, ver si el cliente está satisfecho, cómodo, si encuentra las cosas a su gusto.
e) Despedirse adecuadamente, como, por ejemplo: "Que tenga un buen viaje, señor/a".

B. En lo que a su actitud/comportamiento se refiere, el recepcionista *debería*...

a) Usar un tono de voz adecuado: ni demasiado bajo, ni demasiado alto.
b) No interrumpir al cliente cuando esté hablando.
c) Ser humilde: reconocer sus errores, aceptar las críticas, mostrarse dispuesto a cambiar, aceptar las quejas del cliente por el servicio recibido o disculparse si se producen malentendidos.
d) Proporcionar con claridad la información necesaria al cliente.
e) Mostar cercanía y familiaridad con el cliente (por ejemplo, tratarle como si fuese alguien que le conoce, que se preocupa por usted).
f) Tener un buen sentido del humor.
g) Prestar atención a las necesidades del cliente en todo momento.

En cuanto a los resultados obtenidos, Fernández-Amaya et al. (2014) encontraron que los encuestados preferían un tipo de cortesía que se manifiesta de manera inclusiva (solidaridad y respeto) y no exclusiva (o bien solidaridad o bien respeto).

Por otro lado, Hernández-López y Fernández-Amaya (2019) intentan averiguar qué es exactamente la cortesía para los clientes españoles de hoteles, y así identificar sus expectativas. Una de las preguntas de su cuestionario es la siguiente:

a. ¿Cómo consideras que fue el recepcionista (en tu última estancia en un hotel)?

Muy educado[1]	Educado	Neutral	Maleducado

b. Razona tu respuesta:

Es decir, con esta pregunta se intenta conocer si los participantes percibieron a los recepcionistas como corteses o descorteses y cómo se manifestó este comportamiento. Los participantes, al justificar su respuesta, dan información sobre qué aspectos hacen que la situación sea (des)cortés.

En resumen, con las diferentes preguntas de los cuestionarios empleados, el objetivo de las autoras es averiguar qué es (des)cortesía para los clientes de un hotel cuando se relacionan con el recepcionista.

Actividad 2: Intenta recordar la última vez que estuviste en un hotel y responde a las preguntas a y b del cuestionario que aparece tras la Actividad 1. Compara tus respuestas con las de un/a compañero/a.

En cuanto a resultados, Hernández-López y Fernández-Amaya (2019) identificaron las siguientes categorías temáticas:

a. Cuando el recepcionista había sido evaluado como (muy) educado, el participante lo justificó por:
   1. el interés mostrado por el bienestar del cliente (por ejemplo, al hacer recomendaciones y ofrecimientos para ayudarle).
   2. la manifestación de empatía/solidaridad lingüística (cuando el idioma de ambos no coincide).
   3. el empleo de fórmulas corteses al saludar, dar las gracias, disculparse, etc.
b. Cuando el recepcionista había sido evaluado como maleducado, el participante lo justificó por:
   4. la falta de interés por el bienestar del cliente (falta de respuesta ante las necesidades).
   5. la falta de dominio de la lengua del cliente.

TABLA 11.2 Ejemplos de respuestas al cuestionario

EJEMPLO	ESTRATEGIA(S)
No parecían muy preocupados por atender al cliente.	4
Interesado en explicarnos rutas turísticas, el funcionamiento y horarios del comedor, que estaba disponible al teléfono para cualquier cosa que nos hiciera falta (toallas, jabón…).	
Se dirigió a mí utilizando fórmulas corteses de comunicación.	
No dominaba el idioma inglés. No fue capaz de resolver un problema en la reserva.	
Muy educado, amable, sonriente, atento e interesado.	
Pacientes cuando no me entendían o yo no los comprendía. (SOBRE TODO CUANDO TUVO QUE LIDIAR CON EL MARAVILLOSO INGLÉS DE MI MARIDOOOO!!).	
No parecían muy preocupados por atender al cliente. Con desgana, casi ni miraban al cliente. Poca información, y no atendieron a las preguntas con propiedad, más bien para salir del paso. Falta de información. También, los servicios que estaban en la web (wi-fi) no eran los reales, pero ante la queja reaccionaron como si no fuera con ellos.	
Parecía que le molestara que le preguntásemos dudas que teníamos acerca de la habitación.	
Se esforzó por hablar español a pesar de que hablábamos algo de inglés y nos recomendó actividades para hacer durante la estancia.	

Actividad 3a: ¿En qué categoría incluirías la justificación de tu respuesta en la Actividad 2?

Actividad 3b: En la Tabla 11.2 aparecen algunas de las respuestas dadas por los clientes. Indica en cada caso en cuál de los cinco grupos temáticos relacionados con las estrategias de cortesía, indicados más arriba, se pueden incluir. Ponemos un ejemplo al principio.

Como has podido comprobar, la cortesía 1 se basa en las percepciones y en las evaluaciones de los participantes. Consideramos que, sin la opinión de los participantes, el investigador que analiza un determinado corpus no puede saber con seguridad cuál es la percepción de la cortesía que estos tienen ni cuál es su motivación para usar una estrategia u otra. Una de las conclusiones más relevantes de Hernández-López y Fernández-Amaya (2019) es que, en el contexto hotelero, los clientes españoles tienden a esperar un estilo comunicativo que combina, por un lado, la solidaridad y la cercanía, representado en el interés constante por el cliente y el lenguaje verbal directo, y, por el otro, el respeto, marcado principalmente por las fórmulas corteses. Esto contradice estudios previos sobre cortesía 2 que clasifican la cultura de los hablantes de español peninsular dentro de la preferencia por la solidaridad, excluyendo la expresión de respeto o cortesía negativa como rasgos distintivos (v. p. ej. Hickey, 1991, 2005).

Es decir, que si bien algunos estudios de cortesía previos en el contexto español, centrados en el análisis de estrategias verbales, han demostrado preferencia por la expresión de solidaridad y cercanía, en nuestro caso, basado en el estudio de cortesía 1 en el contexto hotelero en España, no hay contraposición entre estrategias, sino que la cortesía ideal para los clientes es aquella que se manifiesta de manera inclusiva (solidaridad y respeto) y no exclusiva (o bien solidaridad o bien respeto). Por otro lado, esto demuestra que, cuando se tienen en cuenta las percepciones de los participantes en la interacción, no podemos seguir hablando de patrones culturales en general, sino que hay que examinar actividades concretas como las de atención al cliente. En otras palabras, la percepción de comportamiento apropiado está estrechamente ligada al tipo de actividad en la que interactúan los participantes. Así, en un contexto distinto (por ejemplo, entre amigos y familiares) los resultados pueden ser muy diferentes.

11.4   Preguntas para la reflexión

- Basándote en tus conocimientos de cortesía y pragmática, ¿cuál es la utilidad de recoger datos del tipo que facilitan las preguntas de la Tabla 11.1? Razona tu respuesta.
- ¿Alguna vez estando en un hotel, restaurante o comercio has sentido que no te han tratado con el nivel de cortesía o educación que esperabas? Si es así, ¿a qué se debió exactamente? El cuestionario que aparece en la Tabla 11.1, ¿refleja adecuadamente tu experiencia? ¿Qué preguntas añadirías?

POSIBLES TEMAS PARA UN ENSAYO O PROYECTO DEL CURSO

Bajo la guía de tu profesor/a, y teniendo en cuenta consideraciones éticas (v. Cap. 22), te sugerimos los siguientes temas:

- Partiendo de la encuesta que aparece en el Actividad 1, lleva a cabo un pequeño estudio que evalúe las ventajas y desventajas de la propuesta vista en este capítulo. Por ejemplo, podrías centrarte en las percepciones de los visitantes en un centro de información turística de tu ciudad. Tu objetivo sería averiguar qué acciones o comportamientos (lingüísticos y actitudinales) contribuyeron a que el encuentro entre visitantes e informadores fuese positivo o negativo. 30 encuestas sería un buen número.
- Partiendo de la propuesta de la cortesía 1 que has visto en este capítulo, lleva a cabo un estudio comparativo en el que analices dos situaciones diferentes de la vida cotidiana, por ejemplo, en interacciones de servicio en los contextos a continuación:
    - una conversación entre un/a peluquero/a y cliente que acaba de llegar a la peluquería,
    - una conversación entre un panadero de barrio y un cliente conocido,

- una conversación entre un camarero de un pub nocturno y un grupo de jóvenes,
- un cliente que va a comprar un teléfono móvil y comienza una conversación al respecto con el comercial de la compañía telefónica,
- una conversación telefónica de un cliente con el empleado de una compañía aérea para pedir información sobre la cancelación de tu vuelo.

Dependiendo de los contextos que vayas a analizar, puedes utilizar un corpus ya existente o construir tu propio corpus.

Considera lo siguiente:

a. Posibles expectativas de cortesía en los dos contextos de atención al público que has escogido,
b. Similitudes y diferencias con respecto al trato del proveedor del servicio con el cliente (ej. uso de fórmulas corteses típicas, fórmulas de cercanía, etc.),
c. Los aspectos comunicativos (en conjunción con los no comunicativos) que son importantes en cada caso,
d. Si se tienen las mismas expectativas o no en los dos contextos y a qué se puede atribuir esto.

- Otros: añade uno o dos posibles temas sobre la cortesía 1 que te parezcan interesantes:
  ....
  ....

En el capítulo de metodología (Cap. 22) encontrarás herramientas que facilitarán la formulación de tu estudio.

Lecturas recomendadas

Brown, P. y Levinson, S. C. (1987 [1978]). *Politeness: Some universals in language use.* Cambridge: Cambridge University Press. [Cap. 5]

Carmona-Lavado, A. y Hernández-López, M. (2015). Customer perceptions of politeness as a differentiating element in Spanish restaurants encounters. En: M. Hernández-López y L. Fernández-Amaya, eds., *A multidisciplinary approach to service encounters.* Leiden: Brill, 87–112.

Eelen, G. (2001). *A critique of politeness theories.* Manchester: St. Jerome Publishing. [Cap. 2]

Haugh, M. (2010). When is an email really offensive? Argumentativity and variability in evaluations of impoliteness. *Journal of Politeness Research,* 6(1), 7–31.

Pinto, D. (2011). Are Americans insincere? Interactional style and politeness in everyday America. *Journal of Politeness Research,* 7, 215–238.

Watts, R. J., Ide S. y Ehlich K. (1992). Introduction. En: R. J. Watts, S. Ide y K. Ehlich, eds., *Politeness in language: Studies in its history, theory and practice*. Berlin: Mouton de Gruyter, 1–17.

Lecturas complementarias

Fernández-Amaya, L., Hernández-López, M. y Garcés-Conejos Blitvich, P. (2014). Spanish travelers' expectations of service encounters in domestic and international settings. *Tourism, Culture & Communication*, 14, 117–134.

Grainger, K. (2011). 'First order' and 'second order' politeness: Institutional and intercultural contexts. En: Linguistic Politeness Research Group, eds., *Discursive approaches to politeness. Mouton Series in Pragmatics 8*. Berlin: De Gruyter Mouton, 167–188.

Haugh, M. (2007) The discursive challenge to politeness research: An interactional alternative. *Journal of Politeness Research*, 3(2), 295–317.

Hernández-López, M. y Fernández-Amaya, L. (2019) What makes im/politeness for travellers? Spanish tourists' perceptions at national and international hotels. *Journal of Politeness Research*, 15(2).

Hickey, L. (1991). Comparatively polite people in Spain and Britain. *ACIS*, 4(2), 2–6.

Hickey, L. (2005) Politeness in Spain: Thanks but no 'thanks'. En: L. Hickey y M. Steward, eds., *Politeness in Europe*. Clevedon: Multilingual Matters, 317–330,

Kádár, D. Z. y Haugh, M. (2013). *Understanding politeness*. Cambridge: Cambridge University Press. [Caps. 3 y 5]

Placencia, M. E. (2001). Percepciones y manifestaciones de la (des)cortesía en la atención al público: el caso de una institución pública ecuatoriana. *Oralia*, 4, 177–212.

Nota

1 Si bien es cierto que a lo largo del texto hemos utilizado los términos 'cortés' y 'descortés', basándonos en la terminología empleada en el área, para el cuestionario se consideró preferible emplear términos de uso común en el lenguaje no especializado: 'educado' y 'maleducado'.

12
LA ATENUACIÓN Y LA INTENSIFICACIÓN EN LA EXPRESIÓN DE LA (DES)CORTESÍA EN LA CONVERSACIÓN COLOQUIAL

Antonio Briz y Marta Albelda

(1) Secuencia conversacional en la que participan tres hablantes: P y C, cuñadas y mujeres mayores de 55 años y J, joven de 25 años aproximadamente, hijo de C y sobrino de P. Están tomando café en casa de C y J:

P: ¿cómo va el coche ya↓ Juan?
J: muy bien/ que lo diga la mamá→
C: ¡ay! está hecho un artista (...) pero él me ha dado a mí mucho berrinche con esta historieta/ PORQUE↑ yo soy una persona que no soy nada tacaña// y le dije↑ *Juan/ no te duela// lo que estás pagando↓ tú es que vas a las clases un poquito distraído→* porque como llevaba tantas cosas en la cabeza↑ (...) pues le decían a lo mejor *la segunda a la derecha//* ¡BUEENO!// y ya no se acordaba/ cuando llegaba si era en la segunda o era en la tercera↑/ y eso es lo que fallaba MUCHO

Briz y Grupo Val.Es.Co., 2002: G68A1, líneas 365–389

12.1 Introducción

Conversar es negociar nuestras acciones e intenciones con nuestros interlocutores para lograr una meta. Puesto que todo discurso tiene una intención, las acciones comunicativas que conforman un discurso son argumentos o conclusiones a las que se llega a partir de tales argumentos, y a su vez, son mecanismos de relación interpersonal con los demás. Por ello, conversar es una actividad lingüística retórico-argumentativa y una actividad social. Concretamente, esta última consiste en armonizar las relaciones con el interlocutor, tener en cuenta al otro y velar por su imagen, que también significará velar por la propia; buscar un equilibrio entre los derechos y obligaciones de los participantes, entre las agendas personales y los territorios de cada uno. En suma, la actividad social consiste en buena medida en ser cortés o estratégicamente cortés.

Ahora bien, no se es igualmente (des)cortés ni se entiende ni se expresa igual lo (des)cortés en situaciones comunicativas de inmediatez o coloquialidad que en situaciones de formalidad (v. Sección III). En la conversación cotidiana, que es el prototipo de la inmediatez comunicativa y de la coloquialidad, cuyo fin predominante es más interpersonal (de refuerzo de los lazos personales y sociales) que transaccional (argumentativo), se favorecen, como se explicará más adelante, modos diferentes de producir y, sobre todo, de interpretar esta actividad cortés y descortés. Los atenuantes y los intensificadores son estrategias lingüísticas de expresión de la (des)cortesía.

En el extracto de la conversación que encabeza este texto, C emplea una serie de estrategias atenuantes e intensificadoras con fines corteses. *Está hecho un artista* es un acto cortés valorizador hacia el hijo, un halago expresado de forma intensificada. También es un uso intensificado el que autodefine a C como una persona *nada tacaña*, que, en este caso, no tiene una función cortés sino de autoimagen. Los usos atenuados de este fragmento son corteses porque reparan la imagen de J, a quien le costó mucho obtener su licencia para conducir: la minimización en *un poquito distraído*; y la justificación *porque como llevaba tantas cosas en la cabeza↑*. La intensificación maximiza la fuerza de lo dicho mientras que la atenuación reduce el impacto de lo expresado.

12.2 Enfoque y objetivos

Las estrategias lingüísticas de atenuación e intensificación no solo se dirigen a fines (des)corteses, también se emplean con otros propósitos. Por ejemplo, la atenuación en artículos científicos o en juicios suele buscar la objetivización e impersonalización; asimismo, los intensificadores en la publicidad tienen propósitos persuasivos. Muy frecuentemente, sin embargo, se dirigen a fines sociales de cortesía, descortesía o anticortesía (Briz, 2007) (v. Sección III), y en ello se centrará este capítulo.

Una de las propuestas más extendidas sobre cortesía verbal, la de Brown y Levinson (1987), parte de una concepción de la cortesía exclusivamente mitigadora o atenuante. Para estos autores, la razón de ser de la cortesía es mitigar los posibles actos amenazantes de imagen en la comunicación. Sin embargo, otros estudios han destacado que la cortesía también puede surgir de manera *gratuita* y sin que existan amenazas en la relación entre los interlocutores. Es la denominada *cortesía valorizadora* (Barros, 2011), que muy habitualmente se expresa a través de mecanismos intensificadores (Albelda, 2007; Briz, 2017).

Veremos también que, por ser fenómenos pragmáticos, los factores situacionales y culturales en que se llevan a cabo los usos atenuantes e intensificadores influyen en el tipo de formas de expresión empleadas y en sus funciones (Albelda, 2008).

12.3 Atenuación y (des)cortesía

12.3.1 La atenuación como mecanismo retórico-argumentativo y estratégico en la expresión de la (des)cortesía

La atenuación es una estrategia pragmática al servicio de la eficacia comunicativa. Funciona reduciendo la fuerza ilocutiva de los enunciados y/o minimizando la intensidad de la carga semántica. Su empleo se relaciona principalmente con la gestión de la imagen social, bien la autoimagen del que habla o bien de la imagen de los interlocutores (*heteroimagen*). En este último caso, se considera que su función es ser cortés.

Al mismo tiempo es un mecanismo retórico-argumentativo porque permite a los hablantes comprometerse menos con lo que expresan, si aquello les conviene para conseguir sus metas comunicativas. Así, se aprecia en el ejemplo (2) de una conversación argentina: el hablante J atenúa su propuesta para no ser impositivo y así ganarse el beneplácito de su interlocutora:

(2) J: ¿quiénes competirían?/ **yo lo que pienso- estaría bueno** hacer EQUIPOS/ **digamos**/ de distintos cursos **¿no**?
I: claro

Corpus Ameresco, esvaratenuacion.es, Tucumán,
TUC.001.04.13, líneas 347–355

Los mecanismos lingüísticos para expresar atenuación son muy variados: fónicos, morfológicos, sintácticos o léxicos (Briz, 2007, 2012; Caffi, 2007; Kaltenböck et al., 2010; Mihatsch y Albelda, 2016). En (2), el hablante restringe la opinión a su propio juicio (*yo lo que pienso*) para dejar cabida a otras posibles visiones del asunto, emplea una expresión impersonal en condicional (*estaría bueno*) y da opciones mediante el marcador fático *¿no?*

12.3.2 La atenuación mitigadora cortés

La atenuación tiene función cortés cuando quien habla la emplea porque calcula un riesgo en la relación interpersonal, en tanto que lo dicho podría dañar la imagen del interlocutor o vulnerar su territorio (*función preventiva*). También puede compensar un daño ya cometido sobre el interlocutor (*función reparadora*). En (1), los atenuantes de la madre (C) son reparadores de la imagen del hijo (J) porque su mala competencia en la conducción ha sido puesta en evidencia.

Hay atenuación cortés más estratégica o la hay más puramente social. Es estratégica cuando el interés por cuidar o proteger la imagen es un fin supeditado a otro fin interesado del hablante: por ejemplo, cuando se mitiga una petición para satisfacer necesidades personales. La atenuación social muchas veces es más ritualizada y, habitualmente es requerida por la situación o el género discursivo: disculpas, correcciones, expresiones de modestia, etc.

Actividad 1: Lee el ejemplo (3). C emplea atenuación en una de sus dos intervenciones. Identifica cuál es, qué mecanismos se emplean y señala si se trata de un uso cortés o no. Si es cortés, indica si la función es preventiva o reparadora. Es un extracto de una conversación entre amigos:

(3) A: (me he comprado) un Maquintos
C: ¿¡y por qué no te has comprao un Pecé!?
A: ¡coño! cállate ya↓ hombre/ porque es el único que conozco
C: pero ese no es el mejor/ vamos↓ yo es que todo el mundo que conozco se compra Pecé/ no está tan caro

Briz y Grupo Val.Es.Co., 2002: H.38.A.1: líneas 803–816

12.4 Intensificación y (des)cortesía

12.4.1 La intensificación como mecanismo retórico-argumentativo y estratégico en la expresión de la (des)cortesía

La intensificación es una estrategia pragmática que actúa como mecanismo retórico-argumentativo de refuerzo de lo dicho o del punto de vista propio o ajeno. Decir *sí* significa expresar acuerdo; decir *por supuesto que sí* supone intensificar dicho acuerdo.

La intensificación puede o no estar implicada en actividades de cortesía. En (4), la hablante, con la doble negación, la negación enfática y el marcador discursivo *la verdad*, imprime fuerza a su opinión, puede incluso que reafirme la imagen del yo, pero no existe actividad cortés:

(4) S: no me ha gustao nada de nada la película la verdad

12.4.2 La intensificación en la cortesía valorizadora

La intensificación se pone al servicio de la cortesía especialmente en los actos valorizadores (Albelda, 2007; Barros, 2011). El intensificador imprime un mayor grado de fuerza ilocutiva en actos que refuerzan y maximizan la imagen del interlocutor (alabanzas, elogios, halagos, muestras de interés o de acuerdo, consejos positivos, agradecimientos, etc.).

En la conversación entre vecinas en (5), A y M, mediante adjetivos valorativos y la modalidad exclamativa, intensifican las cualidades de la compra de R y, así refuerzan y elevan su imagen:

(5) R: he idoo a comprar hilo y agujas pequeñas/ por lo del vestido
A: ¡ay!
M: es muy majo
A: ¡aay! este queda muy bonito
M: es precioso
A: esto queda muy bonito/ Roge

Briz y Grupo Val.Es.Co., 2002: MA.341.A.1, líneas 596–630

La intensificación cortés presenta un alto grado de ritualización y puede variar socioculturalmente. Por ejemplo, las manifestaciones de acuerdo reforzado, muestras de interés extremo o la maximización de las alabanzas continuas son propias de culturas de acercamiento, como la española (v. 12.5.2).

12.4.3 La intensificación en la descortesía

Los intensificadores pueden participar también en la maximización de acciones descorteses. Se emplean para contradecir con fuerza los argumentos o conclusiones del otro interlocutor o para reforzar desacuerdos, lo que a menudo puede devenir en descortesía, en amenazas a la imagen de nuestros interlocutores. La intensificación descortés es frecuente en ciertos actos directivos, exhortativos (órdenes, mandatos, recriminaciones) o en reacciones intensificadas a dichos actos, como las intervenciones de A (pareja de E y padre de P) en (6):

(6) E: ¿estas cajas qué hacen aquí?/ si es que esto no tenía ni que estar
A: PABLO/ ¡sácalas!
P: tengo prisa/ que llego tarde
A: pues TE ESPERAS

Briz y Grupo Val.Es.Co., 2002: J.82.A.1, líneas 190–196

Con el apelativo marcado fónicamente y el imperativo reforzado con la exclamación (*PABLO ¡sácalas!*), el padre intensifica la orden hacia su hijo. Tras la negativa del hijo, el padre reacciona con un nuevo acto directivo intensificado mediante la pronunciación marcada y el uso de la partícula *pues*. Se imprime así mayor fuerza a la orden y recriminación, convirtiendo dicha acción en potencialmente amenazante y descortés.

No obstante, en situaciones como la de (6) en que la relación entre los interlocutores es de cercanía, cabe preguntarse si lo codificado como descortés es interpretado por los oyentes como tal. Quizás, en algunos casos, es solo una mera estrategia retórica con la que se imprime mayor fuerza argumentativa para lograr el fin comunicativo; o en otros, desarrolla otro tipo de funciones.

12.4.4 La intensificación en la anticortesía

En la conversación coloquial se documentan intensificaciones descorteses que son solo fingidas y, antes que denigrar a los otros hablantes, son mecanismos que refuerzan o crean mayores lazos sociales en un grupo determinado e, incluso, se convierten en marcas de identidad de dicho grupo social (amigos, familia, etc.). Es la llamada *anticortesía* (Zimmermann, 2005; Bernal, 2005) (v. Cap. 10).

En (7), la primera primera intervención de M (mujer y esposa de J, amiga del matrimonio F y P) expresa un acto intensificado codificado como descortés: es una recriminación hacia F y J, por no pensar en ellos para un posible viaje. Sin embargo, en las siguientes intervenciones se aprecia que no existe tal efecto descortés. Se trata aquí de una descortesía fingida con una función lúdica (nótense las risas al comienzo de la segunda intervención de M), que apunta complicidad y amistad entre los interlocutores:

(7)
F: nosotros por un punto[1]/ casi también nos volvemos a marchar a Mallorca// nos volvían a regalar el viaje a Mallorca si comprábamos otra cosa distinta/ yo estabaa/ decidida a comprarla (RISAS)
J: no/ no/ porque yo no puedo ir (…)
M: ¡coño!/ pues haberla comprao y vamos nosotros// MIRA ESTE/ TÚ NO PIENSAS EN LOS DEMÁS/ EGOÍSTA
P: yo ahora puedo coger una semana/ si es preciso/ y recuperarla luego
M: (RISAS)/ OYE/ si el aparato os hacía falta↑

Briz y Grupo Val.Es.Co., 2002: PG.119.A.1, líneas 455–466

Aunque la anticortesía se documenta en diferentes contextos de inmediatez, es en la conversación coloquial entre jóvenes donde el fenómeno es más frecuente y, sobre todo, donde los intensificadores son especialmente más extremos. Entre jóvenes, los intensificadores antinormativos en forma de expresiones malsonantes, de lenguaje directo y soez y de insultos favorecen la identidad grupal y el aumento de los lazos sociales (Zimmermann, 2005; Bernal, 2005).

Actividad 2: En los siguientes fragmentos conversacionales se emplean diversos mecanismos de intensificación. Teniendo en cuenta la situación comunicativa de cada uno, reconoce, según los casos, si tales intensificadores se encuentran al servicio de la cortesía, descortesía o anticortesía (funciones explicadas en los apartados previos 12.4.2, 12.4.3 y 12.4.4):

(8) Situación: los cuatro interlocutores son jóvenes de alrededor de 20 años, varones y amigos. Están en una comida de picnic:
A: están infectando el ozono↑ ¡coño!/ y luego dicen que no nos echemos espráis
D: porque tú te tiras cada cuesco→/ que eso sí→
B: eso sí que destruye la capa de ozono (RISAS)
C: (RISAS)
B: eso sí que es cloro/ puro carbono↓ nano§
D: (RISAS) eso sí es ozono (RISAS)
A: eso es bueno/ porque es sustancia orgánica
B: (RISAS)

Briz y Grupo Val.Es.Co., 2002: H.38.A.1, líneas 393–412

(9) Situación: tres mujeres en una casa particular: B y C son hermanas, y para ellas trabaja A, como empleada de la limpieza:
A: lo han hecho fijo↓ a mi marido en la fábrica

B: ¡AAYY! ¡QUÉ ALEGRÍA! ¿¡por qué no me lo habías DICHO! (...) ¿en la fábrica?
C: ¿síii? ¡qué BIIEEN!
Briz y Grupo Val.Es.Co., 2002: RB.37.B.1, líneas 8–9; 25–27

12.5 Factores que condicionan el uso de la atenuación e intensificación

12.5.1 Registro y género discursivo

Atenuación e intensificación se emplean de diversa manera y con diferente frecuencia según las exigencias de formalidad/informalidad de cada situación y según las convenciones propias de cada género discursivo. La inmediatez y la informalidad en la que se desarrollan las conversaciones coloquiales favorece el empleo de la intensificación. Por su parte, la atenuación se asocia más a contextos con cierta distancia entre los participantes, o entre los participantes y el mensaje enunciado, en tanto que conviene minorar tensiones de temas controvertidos o serios, prevenir o resolver conflictos, etc. De ahí que la atenuación no sea tan frecuente en la conversación coloquial como la intensificación.

Sin embargo, dentro de una misma conversación los contextos son dinámicos y surgen momentos en los que se generan situaciones más distantes, como la introducción de un tema polémico, que puede llevar a cambiar el tono y, en consecuencia, favorecer el empleo de atenuantes.

Los factores que miden la mayor informalidad de un registro (Briz, 2004; Albelda, 2008) son:

a. mayor relación de igualdad o solidaridad entre los interlocutores,
b. mayor relación de proximidad entre los interlocutores,
c. mayor cotidianidad temática,
d. mayor familiaridad con el lugar físico de la interacción,
e. finalidad más interpersonal y socializadora.

Estos rasgos, que suelen ser propios de la conversación coloquial, suponen un discurso más directo en el que los interlocutores se expresan sin tapujos porque hay menos riesgos de amenaza a las imágenes. No extraña, pues, que se empleen intensificadores como manifestaciones de cortesía valorizadora y de anticortesía, en tanto estrategias de comunión fática, de aumento de las relaciones sociales, y muestras de complicidad y camaradería.

La atenuación cortés aflorará más frecuentemente cuando alguno de los factores situacionales anteriores varíe. Por ejemplo, si se trata de una conversación entre personas desiguales jerárquicamente (profesor–alumno; madre–hija) o si la finalidad conversacional es más transaccional (obtener información en una oficina, negociar un plan de trabajo). Así, en (10), el estudiante que entra en el despacho del profesor para preguntarle algunas dudas sobre la asignatura, atenúa porque advierte la desigualdad jerárquica y la menor proximidad entre ambos; es consciente de la finalidad más transaccional de su conversación:

(10) A: *solo quería* hacerle una pregunta *¿puedo?*
B: *claro/ pase*
A: *no sé/ es que* cuando *usted* explicó la estadística inferencial no lo entendí/ *si fuera tan amable de explicarme* estas fórmulas…

Por otro lado, hay géneros en los que alguno de estos fenómenos se vuelve más prototípico. Por ejemplo, en las tertulias televisivas de crónica social donde prima la coloquialidad, es común el recurso a la anticortesía, e incluso también a la descortesía extrema, para generar espectáculo (Briz, 2012). Asimismo, la intensificación cortés es típica de discursos de elogio y alabanza, panegíricos, discursos conmemorativos, etc. La atenuación es frecuente en géneros más transaccionales: por ejemplo, en artículos académicos, en consultorios médicos o en entrevistas de obtención de información.

12.5.2 *Culturas de distanciamiento y de acercamiento*

La frecuencia y el modo de empleo de atenuantes e intensificadores también puede variar culturalmente. Se ha propuesto una diferenciación gradual entre dos tipos de culturas, de acercamiento y de distanciamiento, en función del comportamiento interaccional y social de los interlocutores. De acuerdo con Briz (2007), la frecuencia y el tipo de cortesía empleada (mitigadora o valorizadora), la necesidad de acudir a atenuantes según la sensibilidad hacia las amenazas a la imagen, o la expectativa de realizar intervenciones colaborativas a las aportaciones de los otros interlocutores, son rasgos discursivos que caracterizan una cultura como de más acercamiento o distanciamiento.

La cortesía valorizadora se asocia con culturas de acercamiento en las que se tiende a acortar las distancias sociales, a interferir directamente en la esfera privada de los demás y a establecer puentes de relación y confianza entre los hablantes. La cultura española es de acercamiento. Por ello, no se alaba igual en España que en Holanda, pues un exceso de halago en Holanda se entendería de forma negativa. No ocurre así en España, donde las alabanzas intensificadas son norma de conducta social en ciertas situaciones, por ejemplo, de visita. En estas culturas de máximo acercamiento, además, y especialmente en la conversación coloquial, se emplean con frecuencia intensificadores corteses y anticorteses y, en menor grado, cortesía mitigadora o atenuadora, la cual se percibe como una muestra de distancia y de falta de solidaridad entre los hablantes.

En las culturas de más distanciamiento suelen respetarse más los diversos territorios de los interlocutores: existe mayor distancia en el espacio físico al comunicarse, hay más deferencia y respeto por el tiempo, los planes o las opiniones de los demás. Ejemplos de culturas de menor acercamiento que la española son la mexicana, la chilena o muchas de las culturas centroamericanas. En ellas es más frecuente el recurso a la atenuación y a la cortesía mitigadora, lo que revela la necesidad de compensar la distancia social. Es conocida, por ejemplo, la mayor tolerancia del español, frente al mexicano, por el imperativo sin atenuar.

Actividad 3: Aparentemente los siguientes enunciados podrían parecer descorteses en tanto que se codifican formalmente mediante imperativos directos —sin modular—, rechazos, o evaluaciones negativas sobre los interlocutores. En ellos no se emplean mecanismos de atenuación:

a. Preséntate al examen.
b. No vuelvas a decirme eso.
c. Cabrón.
d. No no no, ni pensarlo.
e. Sois los peores estudiantes que he tenido en mi vida.
f. Dame un pitillo.

Al igual que te mostramos en el modelo, imagina para cada uno de ellos una situación comunicativa en la que, a pesar de ser directos y aparentemente descorteses en su codificación, no se interpretaran como tales en determinados contextos.

Modelo. Enunciado: *¡Ponte el vestido rojo!*

Posible situación: Dos amigas en una conversación personal. Una de ellas va a asistir a una boda y está dudando sobre si el color *rojo* será una buena elección para este tipo de evento. Este enunciado sería la reacción de la otra amiga para hacerle ver que sí lo es.

12.6 Preguntas para la reflexión

- ¿Consideras que hay mecanismos lingüísticos que tienden a emplearse de forma habitual como atenuantes o como intensificadores? ¿Sabrías identificar algunos para el español? ¿Si no eres hispanohablante, coinciden con los de tu lengua materna?
- ¿En qué sentido la atenuación y la intensificación son mecanismos estratégicos y retóricos en el discurso? Reflexiona sobre la indireccionalidad que pueden propiciar en el acto de habla en el que aparecen (debido al desajuste entre lo dicho codificadamente y lo que se ha querido decir, la verdadera intención del hablante).
- ¿Es tu cultura materna más tendente al acercamiento o al distanciamiento? ¿Podrías medirlo por la frecuencia de cortesía mitigadora y valorizadora empleada?

POSIBLES TEMAS PARA UN ENSAYO O PROYECTO DEL CURSO

- Lo juzgado aquí como cortés, descortés o anticortés, ¿se juzgaría del mismo modo en otros géneros discursivos? Realiza una comparación de

> estas tres funciones sociales de la atenuación y la intensificación en dos géneros distintos, uno más informal (por ejemplo, mensajería instantánea electrónica, tertulias radiofónicas o televisivas, etc.) y uno más formal (entrevistas de personaje, textos legales, ruedas de prensa, etc.).
> - Elige un tipo de acto de habla (petición, consejo, ofrecimiento, invitación, cumplido, disculpa, etc.) y, sobre un corpus discursivo (por ejemplo, www.esvaratenuacion.es) identifica todas sus ocurrencias. Obsérvalas e intenta buscar un patrón común en su estructura, fijándote especialmente en cómo se comportan la atenuación y la intensificación.
> - Otros: añade uno o dos posibles temas relacionados con la atenuación e intensificación (des)corteses que te parezcan interesantes:
>
> ....
> ....
>
> En el capítulo de metodología (Cap. 22) encontrarás herramientas que facilitarán la formulación de tu estudio.

Lecturas recomendadas

Albelda, M. (2008). Influence of situational factors on the codification and interpretation of impoliteness. *Pragmatics*, 18(4), 751–773.

Barros, Mª J. (2011). *La cortesía valorizadora en la conversación coloquial española: estudio pragmalingüístico*. Granada: Editorial Universidad de Granada. [Caps. 3 y 5]

Briz, A. (2007). Para un análisis semántico, pragmático y sociopragmático de la cortesía atenuadora en España y América. *Lingüística Española Actual*, XIX, 1–38.

Briz, A. (2017). Una propuesta funcional para el análisis de la estrategia pragmática intensificadora en la conversación coloquial. En: M. Albelda y W. Mihatsch, eds., *Atenuación e intensificación en géneros discursivos*. Madrid/Frankfurt: Iberoamericana/Vervuert, 43–69.

Brown, R. y Levinson, S. C. (1987). *Politeness. Some universals in language use.* Cambridge: Cambridge University Press.

Caffi, C. (2007). *Mitigation: A pragmatic approach.* Oxford: Elsevier. [Caps. 1 y 2]

Lecturas complementarias

Albelda, M. (2007). *La intensificación como categoría pragmática: revisión y propuesta*. Frankfurt: Peter Lang.

Bernal, M. (2005). *Categorización sociopragmática de la cortesía y la descortesía*. Universidad de Estocolmo. [Cap. 5] Disponible en: www.diva-portal.org/smash/get/diva2:196989/FULLTEXT01.pdf.

Briz, A. y Grupo Val.Es.Co. (2002). *Corpus de conversaciones coloquiales.* Anejos de la revista Oralia. Madrid: Arco/Libros.

Briz, A. (2004). Cortesía verbal codificada y cortesía verbal interpretada en la conversación. En: D. Bravo y A. Briz, eds., *Pragmática sociocultural: estudios sobre el discurso de cortesía en español*. Barcelona: Ariel, 67–93.

Briz, A. (2012). La (no)atenuación y la (des)cortesía, lo lingüístico y lo social: ¿son pareja? En: J. Escamilla, ed., *Miradas multidisciplinares a los fenómenos de cortesía y descortesía en el mundo hispánico*. Barranquilla/Estocolmo: Universidad del Atlántico, 33–75.

Kaltenböck, G., Mihatsch, W. y Schneider, S., eds., (2010). *New approaches to hedging*. Bingley: Emerald.

Mihatsch, W. y Albelda, M., (2016). La atenuación y la intensificación desde una perspectiva semántico-pragmática. *RILI*, XIV, 1(27), 7–18.

Zimmermann, K. (2005). Construcción de la identidad y anticortesía verbal. En: D. Bravo, ed., *Estudios de la (des)cortesía en español*. Buenos Aires: Dunken, 245–271.

Nota

1 Se refiere a los puntos obtenidos por la compra de un aparato y canjeables por un viaje.

13

EMOTICONOS Y EMOJIS

Su relación con la cortesía en la comunicación digital

Agnese Sampietro

(1) A felicita a su madre (B) por su cumpleaños
   1. A: Felicidades!!! 🖤🖤💃👑🎈🎊
   2. B: 🐱😊😋

13.1 Introducción

Los *emoticonos* son pequeñas caritas, compuestas, generalmente, por secuencias de signos de puntuación, como por ejemplo :), que se añaden a los mensajes enviados a través de dispositivos electrónicos. Los emoticonos surgieron en los años 80 y se difundieron rápidamente gracias a la popularización de la comunicación a través de Internet (correos electrónicos, foros, etc.) y de los dispositivos electrónicos (ordenador, teléfono móvil, tabletas, etc.). Desde hace algo más de diez años, han aparecido, además, los denominados *emojis*, pequeñas imágenes prediseñadas en color, como los dibujitos incluidos en el ejemplo (1), que han ido sustituyendo en buena medida a los emoticonos textuales en la comunicación digital. Una organización internacional, el Consorcio Unicode, se encarga de su definición, actualización y estandarización para que se visualicen de manera similar en diferentes sistemas operativos. Al margen de las caritas, generalmente de color amarillo, el catálogo de emojis, hoy en día, incluye una amplia variedad de imágenes, como animales, gestos, alimentos, señales de tráfico y muchas más. Por ejemplo, en (1), el usuario A completa su felicitación con una secuencia de emojis variados: dos corazones, una bailarina, una corona, un globo, confetis y cotillón 🖤🖤💃👑🎈🎊; B, por su parte, responde con un gato y dos caritas, una sonriente y la otra que saca la lengua 🐱😊😋.

Gracias a su implementación en aplicaciones como Twitter, Messenger o WhatsApp, entre otros soportes, los emoticonos —forma que utilizaremos como hiperónimo para indicar tanto los emoticonos textuales, es decir, las caritas de signos de puntuación, como los emojis— se han popularizado enormemente, hasta el punto de que, en la actualidad, constituyen un rasgo característico de la comunicación digital. Los emoticonos se pueden utilizar para sustituir palabras o, más frecuentemente, para aliarse con el texto escrito para expresar un mensaje multimodal (v. Cap. 14). Los trabajos realizados por lingüistas sobre la comunicación mediada por la tecnología muestran que una de las posibles funciones de los emoticonos está relacionada con la cortesía (Dresner y Herring, 2010; Sampietro, 2016, 2017). En este capítulo consideramos el uso de emoticonos y emojis en asociación con actividades de cortesía, con referencia a su empleo en WhatsApp, la popular aplicación de mensajería.

13.2 Objetivos y enfoque

El propósito de este capítulo es ilustrar el estudio de los usos y las funciones de los emoticonos en WhatsApp desde la perspectiva de la (des)cortesía. Cuando hablamos de cortesía en pragmática, no nos referimos solamente a usos rituales del lenguaje, como la costumbre de saludar o agradecer, sino a diferentes estrategias verbales que se emplean en la interacción con fines sociales o instrumentales (v. Cap. 8). Los hablantes en sus intercambios comunicativos siguen, de forma más o menos voluntaria, ciertas normas que ayudan a mantener el equilibrio en las relaciones sociales (Goffman, 1967).

La cortesía verbal ha sido estudiada desde diferentes puntos de vista (v. Sección III). En este trabajo adoptamos las categorías de cortesía de Bernal (2007), que retoma conceptos desarrollados por Goffman (1967), adaptándolos a las características socioculturales de la conversación oral en castellano peninsular.

13.3 Emoticonos y cortesía en WhatsApp

El estudio de la cortesía destaca la importancia de las normas de carácter verbal o no verbal que permiten mantener armonía en las relaciones sociales y efectos positivos a nivel interpersonal. Uno de los conceptos fundamentales para entender la cortesía verbal es el de *imagen* (en el original inglés, 'face'), desarrollado por Goffman (1967). Los hablantes durante las interacciones cara a cara proyectan una imagen de sí mismos; los interlocutores intentan mantener el equilibrio entre la imagen personal y el respeto por la imagen del otro, en una especie de *danza* constante entre la consideración del otro y la de uno mismo. Aplicando este concepto al ámbito lingüístico, Brown y Levinson (1987) distinguieron entre *imagen positiva* e *imagen negativa*. La primera consiste en el deseo de ser aprobado por los demás; la imagen negativa, por otro lado, es una expresión de la libertad y autonomía del individuo, el deseo de tener libertad de acción y no recibir imposiciones (v. Cap. 8).

El supuesto equilibrio entre los dos tipos de imágenes, la positiva y la negativa, podría parecer fácil de conseguir; no obstante, la realidad comunicativa nos muestra otra cosa. Hay formulaciones, por ejemplo, que por su propia naturaleza resultan *amenazantes*. Por ejemplo, actos verbales como las órdenes, en muchos contextos, constituyen una amenaza a la imagen social del interlocutor, porque, al usarlas, se limita su autonomía. También las expresiones de disculpa pueden ser lesivas para la imagen del hablante. Sin embargo, no todo es una amenaza. Brown y Levinson (1987) identificaron también estrategias realzadoras de la imagen, como las muestras de solidaridad y empatía con el interlocutor. Estos autores elaboraron un catálogo completo de las posibles realizaciones de la cortesía en el lenguaje.

Con todo, su teoría ha recibido numerosas críticas (v. p. ej., Watts, 2003; Bravo, 2008), especialmente por la supuesta universalidad que pretendieron atribuir a su modelo. Estudios posteriores identificaron diferentes codificaciones de la cortesía dependiendo del contexto sociocultural. Para el español, es relevante, por ejemplo, el trabajo de Bravo (2008). La autora, en vez de destacar la atenuación de las amenazas a la imagen, prefiere enmarcar la cortesía en dos dinámicas interpersonales: la *autonomía* y la *afiliación* (v. Cap. 8). La primera se relaciona con el deseo de cada individuo de ser percibido como único y diferente dentro de su grupo; por otra parte, la afiliación es la necesidad de ser visto como parte de un grupo social (Bravo, 2008). Teniendo en cuenta este equilibrio entre autonomía y afiliación, Bernal (2007) distingue cinco categorías de cortesía: *estratégica, valorizante, ritual, discursiva* y *de grupo*; y tres tipos de descortesía: *normativa, amenazante a la imagen* y *aquella que incumple las normas de cortesía*. Para nuestro análisis del uso de los emoticonos en WhatsApp en relación con la cortesía, nos remitiremos a las cinco categorías de cortesía identificadas por Bernal (2007) en su estudio de la conversación oral en español.

13.4 Análisis

En este apartado ofrecemos algunos ejemplos de usos de emoticonos relacionados con la cortesía en WhatsApp y algunas actividades de análisis. Los ejemplos proceden de un corpus de chats diádicos de WhatsApp entre 120 usuarios (no grupos), recogido en España entre 2014 y 2015. Mostraremos fragmentos que contienen emoticonos, cuya función está relacionada con la cortesía verbal, haciendo referencia a las diferentes categorías de cortesía descritas por Bernal (2007).

13.4.1 *Emoticonos y cortesía estratégica*

La cortesía estratégica es el uso de formulaciones corteses con un objetivo comunicativo que va más allá del hecho de ser simplemente cortés (Bernal, 2007: 113). Se distinguen a su vez dos tipos de cortesía estratégica: la *atenuadora* y la *reparadora*. La primera consiste en suavizar formulaciones que pueden resultar amenazantes para la imagen, ya sea de la persona que habla o escribe o de su interlocutor, como las órdenes, que pueden ser interpretadas como una manera de reducir la autonomía del interlocutor. La segunda se produce cuando el hablante se autocorrige y repara todo, o parte de lo expresado, porque considera que su intervención puede suponer una posible amenaza a la imagen del interlocutor o a la suya propia. Las acciones de cortesía reparadora maximizan la afiliación y contribuyen al sentimiento de confianza entre los interlocutores.

En nuestro corpus hemos encontrado varios ejemplos de atenuación de formulaciones impositivas por medio de emoticonos, como en el ejemplo (2)[1]:

(2) A y B son amigos. Suelen jugar a *frontón*, una modalidad de pelota vasca, junto a otros amigos, pero B lleva tiempo sin jugar por motivos de salud. A pide a B que le deje unas pelotas (turno 2).

1. A: Nennn
2. A: Tienes pelotas de fronton??
3. A: No nos kedan pa manana!!
4. B: Sí que tengo
5. A: Buahh.. a las 8.30 o 9 estas??
6. A: Me las puedo acoplarrr
7. B: Son comunitarias
8. A: Buahh.. pues un paquetitooo
9. A: ;))
10. A: 😜😜😜
11. B: A partir de las 6 estaré por aquí
12. A: Vale.. tx

En este ejemplo, vamos a centrar la atención en los turnos 8 a 10. En el turno 8 (*pues un paquetitooo*) aparece una petición. Pese a la formulación elíptica, se trata de un pedido expresado de manera directa (v. Cap. 1). No se encuentran, por ejemplo, formulaciones del tipo: *¿podrías darme un paquetito, por favor?* La formulación de un pedido de manera directa podría representar una amenaza tanto para la imagen del hablante como la de su interlocutor. Para contrarrestar la fuerza ilocutiva de esta petición, aparecen en el fragmento diversos ejemplos de cortesía estratégica. La cortesía atenuadora se puede intuir en el uso del dimunitivo (-ito), de la onomatopeya *buahh*, de la multiplicación de la vocal final de *paquetitooo* y de la repetición de signos de puntuación (v. Yus, 2014) que atenúan la fuerza ilocutiva del turno 8. La cortesía reparadora, por su parte, está presente en los emoticonos que aparecen en los dos siguientes turnos de A. Concretamente, el interlocutor A añade, en el turno 9, un guiño (un punto y coma seguido de paréntesis cerrados); y, en el turno 10, tres emojis con los ojos cerrados sacando la lengua. Por medio de estos emoticonos, A busca la comprensión y la complicidad de B, que custodia las pelotas, pero también intenta, de alguna manera, reparar la fuerza elocutiva de la petición directa que había formulado en el turno 8. No hay elementos lingüísticos que muestren la estrategia reparadora de A, sino que son los emoticonos los encargados de realizar esta función.

Actividad 1: En el siguiente ejemplo, observa el uso de los emojis que aparecen en el turno 3.

Contexto: A y B son amigos. El hermano de B está implicado en la organización de una carrera, para la cual se han agotado las inscripciones. A había pedido anteriormente a B que hablara con su hermano para poder participar en la misma.
1. A: Dile a tu hermano que hemos hablaooo con los que están por encima de él 😭😭😭😭😭😭😭😭
2. A: Es bromita eeeee
3. B: 😭😭😭😭😭😭
4. B: Siento no haberte podido ayudar...
5. A: Jijiji

¿Crees que los emojis del turno 3 (que representan unas caritas que lloran profusamente) son una reproducción visual de la expresión facial de la persona que escribe? ¿De qué manera estos emojis influyen en el intercambio, desde el punto de vista de la cortesía? ¿Crees que es relevante el hecho de que los emojis hayan sido repetidos más veces?

13.4.2 Emoticonos y cortesía valorizante

La cortesía no consiste únicamente en evitar tensiones y amenazas, sino que existen formulaciones genuinamente positivas que se utilizan para valorizar la imagen del interlocutor (Bernal, 2007: 127). Un ejemplo muy claro son los cumplidos (v. Cap. 3). En (3) se encuentra una muestra de emojis asociados con este tipo de expresiones.

(3) A y B son primas; poco antes de este intercambio, habían tenido que lidiar con una dependienta bastante descortés. A sirve de complemento a B en el manejó la situación.
1. A: Eres grande, vi
2. A: X algo tienes cum laude
3. A: 😊😘✌️😘😊
4. B: Jajajajja

La usuaria, en el turno 3, ha añadido dos emojis sonrientes, dos besos, y entre ellos un emoji que representa una mano, en la que se levantan los dedos índice y corazón separados. Este gesto puede tener diferentes significados dependiendo del contexto cultural (v. Cap. 19). En España, suele representar la V de victoria. Aunque no siempre es necesario encontrar una motivación explícita para la introducción de cada uno de los emojis que utilizamos en WhatsApp, o de su repetición, en este caso, podemos considerar que ambos dibujitos contribuyen a reforzar el cumplido. La sonrisa muestra la actitud positiva de la persona que realiza el halago —lo enfatizan—, mientras que la V de victoria se relaciona gráficamente con el logro de la persona que lo recibe, que, al parecer, obtuvo la máxima calificación en algún trabajo académico. Al no ser el turno final, también los emoticonos que representan besos contribuyen a reforzar el cumplido, como si la persona realmente quisiera besar a la amiga. En definitiva, los emojis en (3) realzan el halago verbal al que acompañan.

13.4.3 Emoticonos y cortesía ritual

Gran parte de las expresiones corteses que utilizamos a diario, como las fórmulas rutinarias de cortesía, entre las cuales podemos mencionar saludos, despedidas y agradecimientos (Bernal, 2007: 143–144), ocurren en fases (semi)ritualizadas de la interacción. Nuestra investigación indica que, en los mensajes de WhatsApp, los emoticonos se usan con mucha frecuencia de forma ritualizada, precisamente con el tipo de actos que acabamos de mencionar, como vemos en el ejemplo (4):

(4) A es la madre de B (hija adolescente). A está de viaje.
1. A: Buenos días! qué tal ha ido preciosa? 😊
2. B: Bien
3. B: Vamos a desayunar dentro d un rato
4. A: Nosotros estamos desayunando ahora
5. A: Luego cuando estés con el abuelo te llamamos 😘

Este fragmento es una muestra de un uso característico de los emoticonos en WhatsApp, en la apertura y cierre de una conversación. De forma muy similar a la conversación coloquial, los intercambios transmitidos a través de WhatsApp se enmarcan a menudo en saludos y despedidas. Por ejemplo, en nuestro corpus, hemos observado que la introducción de la carita que manda un beso (como la que cierra el turno 5 en el ejemplo anterior) en las secuencias de cierre es tan habitual que casi se ha convertido en una fórmula ritual. Esta necesidad de señalar las despedidas claramente, y, en espacial el uso de emoticonos para despedirse, puede ser motivada por las características técnicas de la comunicación por WhatsApp. Debido a la ausencia física del interlocutor, se quiere marcar claramente el cierre del encuentro conversacional para evitar que la falta de respuestas posteriores se considere una muestra de descortesía, es decir, como si en un encuentro en persona el hablante se fuese sin saludar.

Actividad 2: En (a) encontramos un emoji sonriente que acompaña a un agradecimiento ('gràcies', que es *gracias* en valenciano). (b) y (c) son variantes ficticias de este breve intercambio y los hemos añadido para que reflexiones sobre el valor de los emojis.

a. A (adulta) es la hija de B (padre, mayor).

1. A: Hola! mira a ver si puedes lo de la crema de nuria que no para de repetirme que se la compre
2. B: Vale
3. A: Gracies 😊

b. 1. A: Hola! mira a ver si puedes lo de la crema de nuria que no para de repetirme que se la compre
   2. B: Vale
   3. A: Gracies
c. 1. A: Hola! mira a ver si puedes lo de la crema de nuria que no para de repetirme que se la compre
   2. B: Vale
   3. A: Gracies.

En (b), hemos modificado el breve intercambio quitando el emoji; y, en (c), lo hemos sustituido por un punto y final. ¿Cuál era la función del emoji del original (a)? ¿Se aprecia algún matiz diferente entre el original y los ejemplos ficticios? ¿Cuál de los tres fragmentos parece más cortés? ¿Cuál de los tres parece más auténtico?

13.4.4 Emoticonos y cortesía de grupo

Bernal (2007: 130) considera la cortesía grupal como una manera de fomentar la solidaridad y los vínculos entre los miembros de un grupo, reforzando la identidad colectiva. Una de las actividades verbales que la autora relaciona con este tipo de cortesía es proponer la realización de actividades conjuntas (otras son, por ejemplo, el recuerdo de vivencias compartidas pasadas, defender al propio grupo o hablar mal de otros). En nuestro corpus, aunque se trate de chats entre dos personas, abundan los intercambios de WhatsApp, especialmente entre amigos, con esta finalidad (invitaciones, planificación de encuentros, etc.), que pueden ir acompañados de emoticonos, como vemos en el ejemplo (5).

(5) A y B son amigos.
   1. A: Buenas, aclaremos las cosas. Te vienes para acá y nos cocemos un poco esta noche rodeados de beldades de mediana juventud?
   2. B: Estoy en ab aun, no se lo q tardaré pero sí, tonight estoy
   3. A: 👍🍺🍻💃🏻💃🏻🕺

En este ejemplo, el usuario A invita a tomar a una cerveza a su amigo B, que acepta. En el tercer turno, A añade una ristra de emojis sin ningún acompañamiento verbal, que incluyen el aplauso o la bailarina (conocido en España como *la sevillana*). Estos emojis suelen utilizarse, en este tipo de intercambios, para mostrar alegría con respecto a la perspectiva de realizar actividades conjuntas. En definitiva, los emojis señalan informalidad, cercanía, alegría e impaciencia ante un posible encuentro; todo ello contribuye a reforzar la afiliación entre los participantes.

Actividad 3: En el siguiente fragmento, las usuarias se alegran porque se verán el sábado siguiente. Encontramos emojis en tres de los cinco turnos que aparecen en el fragmento.

Contexto: A y B son compañeras de universidad.
1. A: Al final vienes el sábado?
2. B: Yeeeeeees
3. B:
4. A: Fiestaaaaa
5. A:

¿Qué aportan los emojis al intercambio? ¿Cómo se puede interpretar el aplauso del turno 1? ¿Se corresponde el emoji con el uso que le damos al mismo gesto en la vida real? Obsérvese ahora el turno 5, ¿de qué manera los emojis elegidos completan el mensaje verbal del turno 4, con el que se asocian? ¿De qué manera los mensajes propuestos y los emojis elegidos contribuyen a fomentar la afiliación entre los usuarios?

13.4.5 Emoticonos y cortesía discursiva

Se consideran ejemplos de *cortesía discursiva* las muestras de participación en el discurso del interlocutor, señalando, por ejemplo, interés, empatía, animando a ofrecer más información, etc. (Bernal, 2007: 158–159). En nuestro corpus también hemos encontrado ejemplos de estos tipos de formulaciones acompañadas por emoticonos, como vemos en el fragmento (6), extraído de un intercambio entre dos amigos (A es una chica y B un chico) que llevan tiempo sin verse.

(6) 1. A: Que tal la noche vieja?
2. B: Aburrida como siempre jajaja
3. A: Jooo y eso?

En (6), la usuaria A muestra empatía con el aburrimiento de su interlocutor por medio de una interjección (*jooo*) y de una carita apesadumbrada. Con el emoticono y la interjección A señala cierta conexión emocional con B, mientras que la pregunta (*y eso?*) es una manera de animar el interlocutor a ampliar la narración, lo que también se considera como una muestra de interés y, por tanto, de cortesía. La carita, junto con la interjección se utiliza, por tanto, por A para mostrar cierta sintonía emocional con B; esta muestra de interés y empatía favorece la relación de afiliación entre los interlocutores.

13.5 Conclusión

Como hemos ido viendo, los emoticonos se utilizan en WhatsApp muy frecuentemente para apoyar las actividades de cortesía que realizan los usuarios en forma verbal. En este capítulo, basándonos en el trabajo de Bernal (2007) para el español coloquial, hemos analizado ejemplos de usos de los emojis relacionados con diferentes actividades de cortesía, como, por ejemplo, atenuar pedidos, reforzar cumplidos, enfatizar agradecimientos o saludos, usos jocosos junto con invitaciones y planes conjuntos y muestras de empatía. Pensamos, pues, que los emoticonos en general, lejos de constituir una involución de nuestra capacidad de expresar emociones, contribuyen a hacer la comunicación cotidiana mediada por herramientas digitales más cercana, más emocional y, especialmente, más colorida.

13.6 Preguntas para la reflexión

- ¿Qué ventajas ofrece el esquema de análisis propuesto? ¿Podría extrapolarse a otros tipos de comunicación digital, como por ejemplo los intercambios en otras redes sociales?
- Considerando que en España se utiliza preferentemente WhatsApp para intercambios de carácter informal con personas cercanas, ¿qué tipos de actividades de cortesía entre las propuestas serán más frecuentes? ¿Qué usos de los emoticonos relacionados con la cortesía piensas que pueden ser prevalentes?
- Hemos observado que un mismo emoji, por ejemplo, la carita sonriente, puede utilizarse con diferentes actividades de cortesía, atenuadoras y reparadoras. ¿Supone esto un problema en su análisis? ¿de qué tipo?

POSIBLES TEMAS PARA UN ENSAYO O PROYECTO DEL CURSO

Antes de plantear los temas de posibles proyectos, debes tener en cuenta que para estudiar un chat de WhatsApp o cualquier otro tipo de conversación privada extraída de Internet o de las redes sociales, es necesario pedir el consentimiento de los participantes para que se utilicen sus mensajes; no hacerlo sería un uso no ético de sus comunicaciones personales (v. Cap. 22). Para nuestro corpus, no solo hemos contado con el consentimiento de los informantes, sino que también hemos anonimizado los ejemplos presentados para proteger su privacidad.

- Analiza un chat de WhatsApp y observa el uso de los emojis. ¿Qué emojis se utilizan con más frecuencia? ¿Hay algunos usos recurrentes? ¿En qué situaciones se añaden más emojis? ¿Con qué actos de hablan ocurren más frecuentemente? ¿Se encuentran algunos de los usos que hemos descrito en relación con la cortesía?
- Observa el uso de los emoticonos en general en otras plataformas, como por ejemplo Twitter o Facebook (atención: también se tiene que pedir el consentimiento si los intercambios no son de acceso público). ¿Qué funciones cumplen? ¿Puede haber usos relacionados con la cortesía? ¿En qué contextos?

- Otros: añade uno o dos posibles temas relacionados con el empleo de emoticonos que te parezcan interesantes:

  ....
  ....

  En el capítulo de metodología (Cap. 22) encontrarás herramientas que facilitarán la formulación de tu estudio.

Lecturas recomendadas

Bernal, M. (2007). *Categorización sociopragmática de la cortesía y de la descortesía: un estudio de la conversación coloquial española.* Estocolmo: Universidad de Estocolmo. Disponible en: www.diva-portal.org/smash/get/diva2:196989/FULLTEXT01.pdf.

Dresner, E., y Herring, S. C. (2010). Functions of the nonverbal in CMC: Emoticons and illocutionary Force, *Communication Theory,* 20(3), 249–268. Disponible en: https://doi.org/10.1111/j.1468-2885.2010.01362.x.

Sampietro, A. (2017). Emoticonos y cortesía en los mensajes de WhatsApp en España. En: M. Giammatteo, P. Gubitosi, y A. Parini, eds., *Español en la red. Usos y géneros de la comunicación mediada por computadora.* Madrid/Frankfurt: Iberoamericana/Vervuert Verlagsgesellschaft, 279–302.

Yus, F. (2014). Not all emoticons are created equal, *Linguagem em (Dis)curso,* 14(3), 511–529. Disponible en: http://dx.doi.org/10.1590/1982-4017-140304-0414.

Lecturas complementarias

Bravo, D. (2008). The implications of studying politeness in Spanish-speaking contexts: A discussion, *Pragmatics,* 18(4), 577–603. Disponible en: https://journals.linguisticsociety.org/elanguage/pragmatics/article/download/582/582-925-1-PB.pdf.

Brown, P., y Levinson, S. C. (1987). *Politeness: Some universals in language usage.* Cambridge: Cambridge University Press. [Cap. 2]

Goffman, E. (1967). *Interaction ritual. Essays on face-to-face behavior.* Londres: Penguin Books. [Cap. 1]

Sampietro, A. (2016). *Emoticonos y emojis. Análisis de su historia, difusión y uso en la comunicación digital actual.* Tesis doctoral no publicada. Universidad de Valencia. Disponible en: http://roderic.uv.es/bitstream/handle/10550/53873/SAMPIETRO_TESIS%20OK_2016.pdf?sequence=1&isAllowed=y. [Cap. 6]

Watts, R. J. (2003). *Politeness.* Cambridge: Cambridge University Press. [Cap. 4]

Nota

1 En todos los fragmentos de WhatsApp que incluimos en este trabajo hemos mantenido la grafía original, aunque se contravengan las normas ortográficas y gramaticales. Hemos anonimizado, además, los intercambios modificando o quitando los nombres o apodos de los participantes y poniendo en su lugar A y B.

SECCIÓN IV
Comunicación y persuasión

SECTION IV

Communication & Persuasion

14

HUMOR Y COMUNICACIÓN MULTIMODAL

Las viñetas cómicas

Xose A. Padilla

(1)

FIGURA 14.1 Componentes de la viñeta cómica
Autor: El Roto[1]

14.1 Introducción[2]

Las viñetas cómicas surgen en la prensa americana a finales del s. XIX y se extienden muy rápidamente por los periódicos de todo el mundo. Hoy en día, los lectores pueden encontrar viñetas cómicas en toda la prensa hispánica, tanto tradicional como digital, de ahí que sea importante tener buenas herramientas para interpretarlas.

La *viñeta cómica* es un género periodístico multimodal, que aparece en una publicación diaria o semanal, y que tiene como propósito comentar o poner de relieve un tema o suceso (actual) con humor. Las viñetas cómicas son de muchos tipos, y reflejan el estilo, los temas y la personalidad del autor, no obstante, podemos encontrar en todas ellas algunos elementos en común. En la viñeta (1) (encabezamiento, Figura 14.1) aparecen varios de sus componentes más habituales: 1) el texto (o 'caption'), 2) el dibujo (la Gran esfinge de Guiza y la línea oblicua), 3) la firma del autor y 4) el marco. Con estos pocos ingredientes, y contando con nuestra complicidad, El Roto (Andrés Rábago) construye magistralmente una *sátira gráfica* que nos hace pensar hacia dónde va la sociedad; y que conecta este pensamiento con la sabiduría de la esfinge que contempla el mundo imperturbable desde hace más de 4500 años.

14.2 Enfoque y objetivos

El objetivo de este capítulo es examinar las viñetas cómicas como un ejemplo de comunicación humorística multimodal (Forceville, 1994; Bateman, 2014). Queremos que te familiarices tanto con su morfología (Barthes, 1977; Salway y Martinec, 2002) como con los procesos comunicativos (Grice, 1975) y cognitivos (Rumelhart, 1980; Carrel, 1983) que el viñetista y el lector ponen en marcha. Las actividades que te proponemos te ayudarán, por una parte, a conocer los recursos que utiliza el viñetista para asegurar el éxito de la comunicación (*índices de contextualización*) (Gumperz, 1992); y, por otra, te servirán para reconocer las diferentes fases por las que pasa el lector hasta alcanzar el efecto humorístico deseado (*niveles de lectura*).

Te proporcionamos, además, fuentes bibliográficas al final del capítulo que te permitirán analizar otros aspectos relacionados con este género humorístico y su interpretación pragmática.

14.3 Morfología de las viñetas cómicas y análisis multimodal

Desde el punto de vista de su temática, las viñetas cómicas (término que utilizamos como hiperónimo) se dividen en dos grupos: las *viñetas-broma* ('gag cartoons') y las *viñetas políticas* ('political cartoons'). Veámoslas con un poco más de detenimiento.

14.3.1 Las viñetas-broma

Las viñetas-broma se utilizan para comentar, de forma amable y divertida, los hábitos y las costumbres de una sociedad; por esta razón, sus protagonistas son habitualmente personajes arquetípicos (una niña, una mascota, un hombre corriente, etc.) que se repiten a lo largo del tiempo y que sirven al autor para establecer con los lectores una forma de complicidad.

En (2), por ejemplo, aparece una representación habitual de Dios (un anciano con barba), uno de sus ángeles y un reconocido humorista español recién fallecido que simula cabalgar (*Chiquito de la Calzada*, Gregorio Sánchez). El ángel reproduce una frase típica del humorista: *Sieteee caballo que vienennn de Bonanzaaarrlll* (sintonía de una célebre serie de televisión). Los personajes y la manera de representarlos son propios del estilo de los dibujantes Iñaki y Frenchy (Iñaki Tovar y José Miguel Moreno), y el receptor de la viñeta, al leerla, retoma de alguna forma el diálogo con los autores, con sus personajes, con sus temas, etc. (Figura 14.2).

(2)

FIGURA 14.2 Viñeta-broma
Autores: Iñaki y Frenchy (www.facebook.com/Iñaki-y-Frenchy-432317136918792)

14.3.2 Las viñetas políticas

Las viñetas políticas (o sátiras gráficas), por el contrario, no suelen utilizar arquetipos, sino personas conocidas o acontecimientos de actualidad. El objetivo, como en las viñetas-broma, es también divertir al lector —al menos despertar en él una sonrisa—, pero, a diferencia de las anteriores, en su mensaje hay siempre una *crítica* ('target') que suele ser mordaz o sarcástica (Padilla, 2013).

En (3), por ejemplo, se representa a Pedro Sánchez (presidente del gobierno español en 2018) y a Carles Puigdemont (expresidente del gobierno catalán) estrechándose la mano efusivamente mientras mantienen una conversación absurda (Figura 14.3).

(3)

Viñeta: Napi

FIGURA 14.3 Viñeta política
Autor: Napi (www.eleconomista.es/blogs/vineta-del-dia)

El lector medio español reconocerá fácilmente[3] que la crítica del viñetista (Napi, José Manuel Álvarez Crespo) se dirige, en esta ocasión, a la falta de entendimiento entre los representantes políticos del gobierno central y el gobierno autonómico sobre el problema de Cataluña. La dicotomía que se presenta en la viñeta es *sí* o *no* a los términos *referéndum* e *investidura* exigidos desde la Generalitat de Catalunya al gobierno central. Puigdemont, lógicamente, está a favor del sí; Pedro Sánchez, del no.

14.3.3 Las tiras cómicas

Muchas viñetas cómicas presentan toda la información en un solo cuadro ('single-panel cartoons'), como se observa en los ejemplos (1) a (3), pero también es posible alargar un poco más la historia y utilizar dos o tres viñetas seguidas. Cuando esto sucede, se denominan *tiras cómicas* ('comic strips').

En (4), por ejemplo, observamos tres viñetas correlativas que cuentan una historia divertida (Figura 14.4.):

(4)

FIGURA 14.4 Tira cómica
Autor: El Xoco/Xose A. Padilla (www.facebook.com/xoco.xocafamily)

La primera viñeta representa un castillo de arena en la playa; la segunda muestra a un guardia civil recriminando a un niño; la tercera y última describe la consecuencia que tiene para el niño haber construido el castillo (la multa). Para articular su relato, el autor (El Xoco) juega con la sucesión temporal de los tres paneles y logra producir en el lector, además de humor, una sensación de progresión visual e informativa.

Independientemente del tema que traten, o de su formato, las viñetas cómicas tienen en común su capacidad para condensar sintéticamente un tema o un suceso. Los artistas gráficos, como veremos a continuación, narran una historia usando pocos elementos, pero altamente informativos.

14.3.4 Comunicación multimodal

Las viñetas cómicas trasmiten el mensaje a través de dos códigos distintos: el texto y la imagen (Salway y Martinec, 2002; Bateman, 2014). Estos dos componentes pueden mantener diversas relaciones entre sí. De acuerdo con la definición clásica de Barthes (1977), existen tres posibilidades: 1) relación desigual 1 (el texto es más importante que la imagen), 2) relación desigual 2 (la imagen es más importante que el texto), y 3) relación igualitaria (el texto y la imagen están a un mismo nivel).

En las viñetas (1) a (4), por ejemplo, el texto y la imagen mantienen una relación igualitaria, pues ambos ofrecen información relevante más o menos equilibrada. En (1), por ejemplo, se encuentra la frase: *Cuando los números derroten a las letras, el universo enmudecerá*; y, en el dibujo, aparecen la Gran esfinge de Guiza y una línea oblicua que señala al cielo. Los dos componentes, imagen y texto, contribuyen de forma similar a la trasmisión del mensaje (el desconcierto ante la sociedad actual, la defensa de las humanidades, etc.).

En los ejemplos (5) y (6), la relación entre los dos componentes es desigual. En (5), el peso de la comunicación recae sobre el texto escrito, ya que es imposible entender los juegos fonéticos[4] de la viñetista argentina Maitena (Maitena Burundarena) si el lector no lee con atención cada uno de los bocadillos de los dos personajes (Figura 14.5):

(5)

FIGURA 14.5 Relación desigual 1
Autora: Maitena (http://www.maitena.com.ar)

En (6), sucede lo contrario, la información más importante está en el dibujo (Figura 14.6):

(6)

FIGURA 14.6 Relación desigual 2
Autor: Napi (www.eleconomista.es/blogs/vineta-del-dia)

El texto escrito, dentro de un bocadillo blanco, es una onomatopeya (*aat... chús!*); pero su mensaje solo puede interpretarse correctamente, si el lector lo conecta con la imagen, el mapa de Europa, atribuyendo el estornudo a Grecia y el temblor general posterior al conjunto de la Unión Europea (la crisis de la deuda).

Actividad 1: Muchos diarios tienen una sección titulada la *viñeta del día*. Como ejercicio te proponemos que extraigas algunas viñetas (https://elpais.com/tag/c/ec7a643a2efd84d02c5948f7a9c86aa7) y que apliques los conceptos que te hemos explicado hasta el momento sobre su morfología. ¿A qué grupo pertenece cada viñeta? ¿Es la relación entre el texto y la imagen igual o desigual?

14.4 Esquemas cognitivos e índices de interpretación lectora

Los lectores de cualquier tipo de texto llevan a cabo dos procesos cognitivos fundamentales: a) el 'top-down', es decir, hacen predicciones globales sobre el mismo, basadas en los conocimientos, o *esquemas* (estructuras de conocimiento recogidas en la memoria), que ya poseen; y b) el 'bottom-up', integran los nuevos datos que proporciona el texto en el sistema de esquemas preexistente (Rumelhart, 1980; Carrel, 1983). Estos procesos permiten relacionar la información textual nueva (rema) con nuestros conocimientos previos (tema), y viceversa. Los lectores, por otra parte, ponen en funcionamiento dos tipos de esquemas: a) los *esquemas formales*, o conocimientos que tienen acerca de la estructura de los textos (de un poema, de una novela, de un artículo de periódico, etc.); y b) los *esquemas de contenido*, o conocimientos que poseen acerca de un determinado campo (arte, deportes, economía, política, etc.) (Gironzetti, 2013; Padilla, 2013).

Cuando el lector de viñetas tiene algún problema de comprensión, debe entenderse que no ha sido activado el esquema pertinente. El fallo de comprensión suele explicarse por dos razones: 1) o bien el autor del texto no ha proporcionado al lector un número de indicios suficientes y/o adecuados; o 2) bien el lector no posee el esquema apropiado para interpretarla.

14.4.1 Índices de contextualización lectora

Aunque el viñetista se comunique de una *manera* particular, el propósito de sus viñetas es transmitir un mensaje de forma eficaz, esto es, ser *humorísticamente cooperativo*[5] (Grice, 1975). Por esta razón, las viñetas cómicas están salpicadas de marcas o pistas que reflejan el esfuerzo del humorista por conseguir que se activen los esquemas correspondientes y que la interpretación del lector sea la correcta.

A estos indicios se les denomina *índices de contextualización lectora* (Gumperz, 1992) y es posible dividirlos en dos grupos: a) los *índices externos*, es decir, los que se sitúan fuera de la viñeta: el periódico en el que se publica, el recuadro que la enmarca, la firma del autor, el hecho de que pertenezca a una sección específica, la viñeta como conjunto, etc.); y b) los *índices internos*, los que están dentro de la viñeta: la caricatura, el bocadillo, los colores, los gestos; el uso de las comillas, las mayúsculas, la negrita, el texto en sí, etc. En general, los índices externos activan los esquemas formales (los que permiten reconocer el género); y los índices internos, los esquemas de contenido (los que permiten acceder al mensaje).

Desde un punto de vista perceptivo–informativo, los índices sirven, además, para estimular visualmente la mente del lector. El dibujante, por ejemplo, utiliza los colores, la tipografía, la situación en el cuadro, etc. para convertir los diferentes elementos que componen la viñeta en *fondo* ('background') o *figura* perceptiva ('foreground'), atribuyendo, además, a cada uno de ellos mayor o menor importancia comunicativa en la trasmisión del mensaje.

En (7), por ejemplo, los humoristas Iñaki y Frenchy utilizan un fondo blanco para remitir a una ubicación espacial indeterminada y colocan la luz fuera de plano para producir las sombras de los personajes hacia delante. Todo ello en conjunto provoca en el lector una sensación de secretismo y opacidad y sirve de contexto ('background') al resto de los componentes de la viñeta (Figura 14.7).

(7)

FIGURA 14.7 Percepción: fondo y figura
Autores: Iñaki y Frenchy (www.facebook.com/Iñaki-y-Frenchy-432317136918792)

Sobre ese marco inicial se sitúan, en primer plano ('foreground'), las figuras del rey emérito de España (Juan Carlos I), un jeque árabe, un maletín con dinero y un carrito con bombas, que sirven para retratar a los personajes y para narrar la historia. El texto, por último, que contiene el refrán *quien tiene conciencia ni come ni almuerza* (= a la hora de asegurarse el sustento, la moral no es tan importante), aparece en un bocadillo indicando al lector que constituye el *foco* de atención informativa más importante ('salience') (Prince, 1981). El lector debe conectar todo el conjunto con el componente crítico de la viñeta (véase más abajo). En este caso, con la reprobación del comportamiento del gobierno español que, supuestamente, forzado por la economía, aparca su conciencia y vende armas a Arabia Saudí.

Es interesante señalar, para finalizar, que la firma de los humoristas aparece en el extremo derecho de la viñeta y en vertical, casi ausente, con ello los autores parecen dejar a los lectores la responsabilidad última de interpretar la historia (véase nota 5).

Actividad 2: Partiendo de las viñetas 4, 5 y 6 analiza y compara los índices de contextualización que se utilizan y la activación de los esquemas correspondientes. Presta especial atención a lo que sucede en el interior de la viñeta. ¿Hay en la imagen algún elemento significativo (gestos, color, tamaño, etc.)? ¿Se usa la imagen como fondo o como figura perceptiva? ¿Puedes identificar algún foco informativo visual? Con respecto al texto, ¿de qué informa?, ¿de qué manera contribuye a activar los esquemas de contenido?

14.5 Los niveles de interpretación o lectura

Las viñetas cómicas, como cualquier tipo de texto, tienen distintos niveles de interpretación o lectura (Smith, 1982). Alcanzar cada uno de ellos depende de las características individuales del lector (aficiones, cultura, edad, ideología, etc.) y de su familiaridad con el género textual. Los índices que aparecen en el texto son siempre los mismos ('bottom-up'), pero cada lector añade información diferente a la lectura de la viñeta ('top-down') (Carrel, 1983).

En las viñetas cómicas se encuentran tres posibles niveles de lectura:

a. Nivel 1: lectura superficial,
b. Nivel 2: lectura interpretativa, y
c. Nivel 3: lectura de transferencia.

En los tres niveles señalados se produce humor, ahora bien, solo los lectores que alcanzan el último nivel disfrutan del efecto humorístico–comunicativo completo.

14.5.1 Nivel 1: lectura superficial

Cuando un lector abre la sección de humor de un diario, la primera toma de contacto con la viñeta será a través de la imagen. El lector actuará así de forma automática e inconsciente, porque, desde un punto de vista perceptivo, se procesa antes la información visual que la escrita (Bateman, 2014). Los dibujos y las caricaturas que aparecen en una viñeta, como hemos indicado, remiten a una persona conocida, a un suceso de actualidad (viñetas políticas) o a un prototipo cultural (viñetas-broma).

En (8), por ejemplo, encontramos cuatro figuras colocadas en una papelera; en esta primera fase, reconocerlas exactamente no es lo más importante —aunque puede hacerse—, sino identificar una situación anómala que resulta divertida (Figura 14.8).

(8)

FIGURA 14.8 Niveles de lectura
Autor: Napi (www.eleconomista.es/blogs/vineta-del-dia)

Dependiendo de las características de la viñeta, de la complejidad del texto, de la sofisticación del dibujo, etc., será posible que el lector de viñetas detenga su lectura aquí. Es decir, que se enfrente a la lectura de forma superficial, sin entrar en los detalles, y que disfrute únicamente de los aspectos cómicos que le ofrece la imagen.

Cuando el lector de viñetas hace este tipo de lectura, activa los esquemas formales a través de los índices externos, pero hace un uso limitado de los índices internos (los que activan los esquemas de contenido y la información implícita), bien porque no le interesa el tema, bien porque no tiene información suficiente para avanzar en la interpretación (ej. un lector extranjero con escaso conocimiento de la situación política).

14.5.2 Nivel 2: lectura interpretativa

Lo más habitual, sin embargo, es que el lector de viñetas quiera ir un poco más allá y obtenga mayores beneficios humorísticos en su lectura. La lectura interpretativa requiere obligatoriamente un uso más profundo de los índices que proporciona la viñeta.

Volviendo a nuestro ejemplo, el lector de (8) debe reconocer, en este caso, a los cuatro personajes (políticos) que se incluyen en la viñeta (caricaturas = personas reales, etc.). De izquierda a derecha, y de arriba abajo en (9), aparecen los cuatro líderes de los partidos políticos españoles más importantes, en el momento de la publicación de la viñeta: Pablo Iglesias (Podemos), Pedro Sánchez (PSOE), Albert Rivera (Ciudadanos) y Mariano Rajoy (PP) (Figura 14.9):

(9)

FIGURA 14.9 Personaje real y caricatura

Completado el reconocimiento, el siguiente paso es activar los esquemas de contenido. Partiendo de los índices internos (el texto, las caricaturas, los colores, etc.), el lector tiene que vincular los personajes de la viñeta con contenidos específicos. En nuestro caso, las caricaturas de los políticos deben relacionarse con una ideología concreta, con su comportamiento (honradez, corrupción, etc.), con un mayor o menor grado de popularidad, etc. La activación de los esquemas de contenido, por otra parte, permitirá acceder a los lectores a los contenidos implícitos, o *implicatura* (Grice, 1975).

En (8), por ejemplo, el lector necesita, en primer lugar, identificar a los *políticos* con *papeles*; y, en segundo lugar, concluir (o inferir) que el "lugar más adecuado para ambos" es la papelera. El humorista no hace estas afirmaciones de forma explícita, sino que, como ya comentamos, deja al lector la responsabilidad de deducirlas. Para extraer la implicatura, los lectores deben reconstruir mentalmente las conexiones que el artista grafico estableció entre los diferentes esquemas de contenido (qué es una papelera, cuál es el comportamiento de los políticos, etc.), e inferir de ello el efecto humorístico de dicha conexión (la broma).

La lectura interpretativa permitirá, como es lógico, que el lector dé un salto cualitativo en el goce del efecto humorístico, escalando peldaños en el diálogo cooperativo que se establece con el viñetista (v. nota 5).

14.5.3 Nivel 3: lectura de transferencia

Para alcanzar el tercer nivel, el lector de (8) debe poner en marcha supuestos culturales más concretos (en este caso, sobre la realidad política española), e identificar, además, las *presuposiciones* del viñetista, es decir, los supuestos ideológicos que el humorista tiene sobre el mundo, la vida, etc. y que pone de manifiesto en el contexto concreto de esta viñeta. Si en el nivel anterior, el lector había realizado las inferencias correspondientes (políticos = papeles> papelera; humor), accediendo a la broma, en el tercer nivel, en el caso de las viñetas políticas, ha de identificar el objetivo concreto de la crítica (el 'target').

Retomando el ejemplo (8), el objetivo de la crítica en esta viñeta es el hartazgo que en ese momento causaba en los votantes españoles el bloqueo de los mencionados políticos a la formación de gobierno. El lector, lógicamente, podría ir más allá y pensar que esta crítica es extrapolable a la clase política en general, a la sociedad española, al sistema de valores, etc.

El humorista, por su parte, ha presupuesto cuáles iban a ser los supuestos previos del lector proponiéndose usar los suyos para reforzarlos o modificarlos. Por esta razón, en esta tercera fase, la aceptación —al menos en parte— de las presuposiciones del autor es el precio que el lector paga para disfrutar completamente de la viñeta (Gironzetti, 2013). El lector, sin embargo, no está completamente indefenso ante los intentos de *manipulación* ideológica del humorista. Como es lógico, puede rechazar el mensaje de la viñeta, si no comparte las presuposiciones que el humorista quería transferir. En estos casos, la viñeta se convierte en un ejemplo de lo que Bell y Attardo (2010) denominan humor fallido.

Como hemos señalado, el humor se produce en todos los niveles de lectura, pero va aumentando según se va subiendo de nivel. Los tres tipos de lectura indicados pueden darse de forma independiente, pero también pueden entenderse como distintas etapas de un proceso lector general. Todos estos procesos en conjunto pueden contemplarse como parte del diálogo cooperativo que cada día establecen los artistas gráficos y los lectores de viñetas. Su correcta interpretación ayudará al lector a comprender y disfrutar mejor este tipo de comunicación humorística y multimodal.

Actividad 4: Extrae cuatro viñetas políticas del diario *Información* (www.diarioinformacion.com/humor) y, siguiendo los pasos que hemos descrito sobre los niveles de interpretación, intenta explicarlas. Si no has llegado hasta el último nivel, es, probablemente, porque no compartes con el humorista los mismos esquemas de contenido. Para resolverlo, navega por el resto del diario y analiza las noticias de la primera página y de las secciones de política nacional e internacional (páginas centrales). Una vez hayas alcanzado el último nivel, reflexiona sobre los pasos que has seguido. ¿Compartes o no la misma concepción del mundo (ideología, saberes, etc.) que el humorista? ¿Te ha seducido el autor? ¿Te ha irritado?

14.6 Preguntas para la reflexión

- ¿Qué problemas presenta el análisis de textos multimodales? ¿Qué semejanzas y diferencias observas entre las viñetas cómicas y los anuncios publicitarios?
- ¿Qué mecanismos seguimos para hacer inferencias a través de las imágenes? ¿Crees que las imágenes son menos eficaces que las palabras a la hora de provocar implicaturas?
- ¿Te ha resultado útil la oposición entre viñetas-broma y viñetas políticas? ¿Es fácil alcanzar el tercer nivel de lectura (transferencia) en las viñetas-broma? Reflexiona sobre ello usando el refrán español *no hay broma leve que aguijón no lleve.*

POSIBLES TEMAS PARA UN ENSAYO O PROYECTO DEL CURSO

- Las viñetas cómicas suelen tener un marcado carácter idiosincrásico. Para analizarlo, elige dos periódicos digitales de la prensa hispánica y elabora dos corpus con las viñetas publicadas en el transcurso de tres semanas. Examina a continuación los temas que se tratan. ¿Son similares? ¿Qué peso tiene en cada corpus lo particular y lo universal?
- Las viñetas políticas, como las noticias en general, tienen fecha de caducidad. Crea un pequeño corpus de viñetas antiguas y examina, a través de entrevistas a informantes de distintas edades, qué niveles de interpretación son capaces de alcanzar los lectores actuales.

- Las viñetas con temática religiosa suelen suponer un riesgo para el humorista y para el periódico que las publica. En tu opinión ¿deben ponerse límites al humor? Haz una pequeña encuesta entre tus amigos y familiares para recabar más información y obtener datos generales.
- Otros: añade uno o dos posibles temas relacionados con el humor gráfico que te parezcan interesantes:

....

....

En el capítulo de metodología (Cap. 22) encontrarás herramientas que facilitarán la formulación de tu estudio.

Lecturas recomendadas

Barthes, R. (1977). Rhetoric of the image. En: S. Heath, ed., *Image, music, text*. New York: Hill and Wang, 32–51.

Carrel, P. L. (1983). Three components of background knowledge in reading comprehension. *Language Learning*, 33, 183–207.

Gumperz, J. J. (1992). Contextualization and understanding. En: A. Duranti y C. Goodwin, eds., *Rethinking context: Language as an interactive phenomenon*. Cambridge: Cambridge University Press, 229–252.

Grice, H. P. (1975). Logic and Conversation. En: P. Cole y J. L Morgan, eds., *Syntax and Semantics: Speech Acts (III)*. New York: Academic Press, 41–58.

Padilla, X. A. (2013). Cartoons in Spanish press: A pragmatic approach. En: L. Ruiz y B. Alvarado, eds., *Irony and humor: From pragmatics to discourse*. Amsterdam: John Benjamins, 141–159.

Salway, A. y Martinec, R. (2002). Some ideas for modeling image-text combinations. [pdf] London: University of Surrey. Disponible en: http://epubs.surrey.ac.uk/508/1/fulltext.pdf.

Lecturas complementarias

Bateman, J. A. (2014). *Text and image: A critical introduction to the visual/verbal divide*. Routledge: London. [Cap. 5]

Bell, N. D. y Attardo, S. (2010). Failed humor: Issues in non-native speakers' appreciation and understanding of humor. *Intercultural Pragmatics*, 7(3), 423–447.

El Refaie, E. (2009). Metaphor in political cartoons: Exploring audience responses. En: C. J. Forceville y E. Urios-Aparisi, eds., *Multimodal metaphor*. Berlin: Mouton de Gruyter, 173–196.

Forceville, C. (1994). Pictorial metaphor in advertisements. *Metaphor and symbolic activity*, 9(I), 1–29.

Gironzetti, E. (2013). *Un análisis pragmático-experimental del humor gráfico: sus aplicaciones al aula de ELE*. Alicante: Universidad de Alicante. [Cap. 7]

Prince, E. F. (1981). Towards a taxonomy of given-new information. En: P. Cole: *Radical Pragmatics*. New York: Academic, 223–255.

Rumelhart, D. E. (1980). Schemata: The building blocks of cognition. En: R.J. Spiro, B. C. Bruce y W.F. Brewer, eds., *Theoretical issues in reading comprehension*. Hillsdale: Lawrence Erlbaum, 33–58.

Smith, F. (1982). *Understanding reading*. New York: Holt, Rinehart y Winston. [Caps. 10 y 11]

Notas

1 Este trabajo se ha llevado a cabo gracias al proyecto del Ministerio de Economía, Industria y Competitividad (MINECO) El habla con significado emocional y expresivo: análisis fono-pragmático y aplicaciones (FFI2017-88310-P/MINECO).
2 https://elpais.com/elpais/2018/07/13/opinion/1531477086_430676.html.
3 Lógicamente, el acceso a este conocimiento se ve afectado por el paso del tiempo.
4 En la viñeta 5, *fayon* es la recreación escrita de la pronunciación argentina de la palabra inglesa 'fashion'. La autora juega con el yeísmo rehilante característico del español porteño (viñeta de la derecha) para crear humor, y las dos viñetas de la tira cómica le sirven para el contraste.
5 Para Grice (1975), la comunicación eficaz ('successful communication') está adherida al cumplimiento del *principio de cooperación*, y sus *máximas* (calidad, cantidad, manera y relación). El viñetista incumple deliberadamente ('flouts') la máxima de manera, es decir, está utilizando una forma *marcada* de comunicación; pero es cooperativo, como muestran los índices de contextualización, porque desea ser comprendido por el lector y porque espera que de su manera especial de comunicación (la viñeta cómica) el lector extraiga inferencias (la implicatura).

15
ARGUMENTACIÓN Y DISCURSO POLÍTICO

Catalina Fuentes Rodríguez y Ester Brenes Peña

> La gente que tiene el poder, desde el presidente, el primer ministro, hasta el profesor, el médico, son personas que hablan, que escriben, que controlan el discurso público. El discurso y la comunicación se convierten entonces en los recursos principales de los grupos dominantes.
>
> *Van Dijk, 1994: 9*

15.1 Introducción[1]

La argumentación, entendida como instrumento dirigido a conseguir que el receptor llegue a las conclusiones que desea el hablante (Anscombre y Ducrot, 1994), es una constante en nuestros discursos. En nuestro día a día, argumentamos para conseguir determinados beneficios, como que se realice una petición, que se compartan nuestras opiniones e incluso que se adquiera el producto que estamos ofertando. Pero quizás el aspecto más interesante en el uso de la argumentación es que esta puede convertirse en un modo de dominación.

En el discurso político, la argumentación es un medio fundamental para la transmisión de la ideología. La finalidad principal, de los representantes del partido en el gobierno, y de los miembros de la oposición, es convencer a los ciudadanos; se trata, en suma, de conseguir votos para mantener o acceder al poder, derrotando a su rival dialéctico. Con este propósito se utilizan diferentes mecanismos: debates electorales, intervenciones en el parlamento, eslóganes, declaraciones a los medios de comunicación e incluso intervenciones en los nuevos discursos digitales como Twitter. Pero, como explica Van Dijk (1994) en la cita introductoria, el arma siempre es la misma: la palabra. Quien domina el discurso obtiene el poder. En este capítulo te explicaremos cómo.

15.2 Enfoque, análisis y objetivo

En este capítulo se exponen las estrategias y recursos argumentativos frecuentemente empleados en el discurso político para obtener el voto de los ciudadanos. Analizaremos, pues, distintos tipos de discursos políticos desde una perspectiva pragmalingüística (Fuentes Rodríguez, 2016 y 2017 [2000]) y centrándonos especialmente en el contexto político español. Se encuentran entre ellos: los debates electorales, el discurso parlamentario, los eslóganes, los tuits, etc.

En la secciónn 15.3 nos detendremos en la definición de la argumentación. Las secciones 15.4 y 15.5 abordan, a partir del análisis de fragmentos concretos, la exposición de las estrategias y mecanismos lingüísticos más usuales en el ámbito político. Las actividades que hemos diseñado te ayudarán a afianzar los conceptos expuestos. Además, las lecturas recomendadas te permitirán adentrarte en este ámbito de estudio. Si quieres profundizar en algún aspecto concreto, dispones, además, de una serie de fuentes bibliográficas complementarias al final del capítulo.

15.3 Argumentación: definición

Argumentar es convencer al rival dialéctico, llevarle a admitir ciertas conclusiones que consideramos válidas. Usamos argumentos para llegar a una conclusión (C), basándonos en una serie de conocimientos consabidos (topos), que la comunidad acepta. Para ello es necesario compartir la situación de comunicación y la cultura de los hablantes. Estos presupuestos previos son fundamentales. Por ejemplo, en eslóganes como: *Por el cambio* de la campaña a las Elecciones Generales de 1982, *España o Partido: Partido Socialista Obrero Español*, o uno más actual de Rajoy: *Súmate al cambio*, se utiliza un concepto básico: la *necesidad de cambio* entendida siempre como una posibilidad de mejorar. Este es el *topos* o conocimiento compartido que se convoca. Los políticos quieren convencer a los votantes para que les permitan realizar acciones de mejora que *cambien* el país. En el mismo sentido, 'Yes, we can', de Barack Obama, o *Sonreíd, que sí se puede* (Podemos) utilizan como argumento la fuerza y la energía que cada voto tiene y la confianza en el poder del pueblo.

Entre los elementos de una argumentación, aparte de los tres básicos, argumento, conclusión y topos, pueden aparecer también el marco argumentativo (contexto de la argumentación) o la fuente del argumento. Estos matizan y dan fuerza y potencian la persuasión. Por ejemplo, el origen del argumento (fuente) es importante, porque el político puede recurrir a una *autoridad* que le dé fuerza a su mensaje. En el fragmento siguiente la información es avalada por el conjunto de los españoles; por tanto, no hay lugar a la réplica:

(1) Y más cosas hubieran dicho si su jefa, la señora Forcadell [presidenta del Parlamento de Cataluña] les hubiera dejado hablar, porque en ese Parlamento solo hablaron los que ponían por delante la independencia a la democracia, la independencia a la libertad. Y si quiere saber por qué lo dije, pero no es que yo lo diga, es que *lo vieron todos los españoles* y *el mundo*

entero por televisión en directo durante diez horas seguidas. Y si no tuvieron bastante, al día siguiente tuvieron la secuela.

Sra. Sáenz de Santamaría. DSCD²73, 2017: 11

En otras ocasiones, podemos tomar lo dicho por el otro para invertir su argumentación, refutarla o acudir a *argumentos de autoridad*. En el siguiente tuit, Puigdemont [presidente de la Generalitat de Cataluña] reproduce otro de Pedro Sánchez [secretario general del PSOE] para rechazarlo:

(2)

Carles Puigdemont @KRLS 22h. Retwitteó Pedro Sánchez
Querido Pedro, si quieres hablar de prófugo como mínimo habla con tu señor ((@marianorajoy) y tened el valor de reactivar la euroorden. Pero dudo que tomes iniciativa alguna dado que eres el primer político de *izquierdas* que, sumando, renuncia a gobernar. Política de papel maché
Carles Puigdemont
Pedro Sánchez Cuenta verificada @sanchezcastejon
Estamos viendo al independentismo renunciar a gobernar Catalunya. Anteponen los intereses personales de un catalán prófugo a los del conjunto de catalanes y catalanas, que necesitan un gobierno volcado en resolver los problemas de la ciudadanía.

La argumentación es una práctica discursiva basada en convenciones sociales. El locutor busca imponer su posición al otro, o, al menos, llegar a una discusión con el receptor sobre determinados conocimientos/hechos/informaciones que pueden exigirle tomar decisiones o realizar ciertos actos. En el caso del discurso político, el locutor tiene una posición de poder y se dirige a un receptor colectivo para conseguir de él, primero, su adhesión a las ideas del partido, y, segundo, su apoyo, que se manifiesta en el acto de votarlo en las elecciones. Esto es más claro en mítines, programas televisivos o las diferentes intervenciones en los medios. Sin embargo, en el discurso parlamentario, tendremos básicamente enfrentamiento entre dos grupos: el gobierno y la oposición, generalmente con posiciones inamovibles. En este caso, la finalidad que alegan Van Eemeren y Grootendorst (2004) para la argumentación —resolver una diferencia de opinión—, parece difícil de cumplir.

Por otra parte, los políticos tienen muchas veces que pactar para tomar decisiones conjuntas. Además, las conclusiones e ideas que quieren imponer al otro son siempre colectivas. Se basan en un ideario o argumentario (ideología) decidido por un grupo, el Partido, no por un ente individual. No es el candidato el que dice *Súmate al cambio* (PP), *España en serio* (PSOE), *Sonríe, que sí se puede* (Podemos), *Tiempo de acuerdo* (Ciudadanos) ni Pablo Iglesias el que decide hablar de una *nueva transición*, o de las *mareas*. Todo está perfectamente decidido para conseguir el mayor eco. Igual con el *váyase, señor González*, de Aznar, o el 'Make America great again' de Donald Trump. Son estrategias para conseguir votos.

Argumentación y discurso político **167**

FIGURA 15.1 Eslóganes PP

Actividad 1: Compara estos dos eslóganes, señala los argumentos empleados y relaciona estos con la posición del grupo que los emite, según se encuentre este en el gobierno o en la oposición.

| Eslogan para elecciones de 20/11/2011. | Eslogan para elecciones de 10/12/2017. |
| El PP se encontraba en la oposición. | El PP gobierna España |

Actividad 2: ¿Crees que los tuits de los políticos consiguen persuadir a todos los hipotéticos votantes o solo son consultados por sus *seguidores*? Véanse, por ejemplo, los de Mariano Rajoy, Pablo Iglesias, Albert Rivera (https://twitter.com/albert_rivera?lang=es) o Nicolás Maduro (https://twitter.com/nicolasmaduro?lang=es).

15.4 Estrategias argumentativas del discurso político

En el terreno político, los interlocutores emplean, básicamente, dos estrategias argumentativas: la auto-presentación positiva del grupo propio (nosotros) y la presentación negativa de los contrarios (Van Dijk, 2003). Se trata, en definitiva, de crear y legitimar una autoimagen social positiva al mismo tiempo que se descalifica la imagen social del adversario (Gallardo Paúls, 2014).

Una ilustración de la primera opción es el fragmento siguiente. En él, Íñigo Errejón (dirigente de Podemos), tras los resultados obtenidos por su partido en las elecciones de diciembre de 2015, proclama y ensalza los logros y éxitos de su formación, presentándose, así, como la mejor opción para gobernar el país. Es una estrategia clara de autopromoción o autoalabanza.

(3) Y hemos hecho una campaña electoral que se va a estudiar en las clases de los institutos y de las facultades. Hemos hecho una remontada que se va a estudiar. Y hoy podemos decir: primera fuerza en Cataluña, primera fuerza en el País Vasco, segunda fuerza aquí en Madrid, en Galicia, en Canarias, en Baleares... Hemos conseguido mover ya el entusmismo, hemos conseguido abrir un tiempo político nuevo; y lo hemos abierto con la fuerza de tanta gente que está harta de estar harta. Para nosotros la campaña no termina aquí. Lo dijimos: —No estamos haciendo campaña electoral, estamos haciendo patria para ganar la próxima década—. Y con esa fuerza seguimos. Estamos fundando un pueblo, y ese pueblo va conquistando el poder político. Cada vez que se abren las urnas, adelante, que vamos a poder; adelante, que vamos pudiendo. Cada vez que nos vemos en el Reina Sofía somos más. Estamos más cerca de devolver las instituciones para nuestra gente. España esta noche y ya mañana amanece otra. Y eso es lo que nos hemos labrado a pulso. Nosotros y nosotras. Hay un futuro para nuestra patria, plurinacional, popular, democrática y con nuestra gente. ¡Adelante, que se puede! ¡Victoria para la gente! ¡Victoria para nuestro pueblo! Con vosotros, nuestro presidente del gobierno de la gente Pablo Iglesias.

La estrategia complementaria, desacreditar la opción política contraria, está presente en la siguiente intervención parlamentaria:

(4) La verdad, le soy sincero, es que yo tenía una intervención irónica preparada. Le quería hablar de su miserable intervención en cuanto a los alcaldes, a los vecinos que eligen al alcalde y los alcaldes quieren que el vecino, quieren que el alcalde... Le quería preguntar sobre la persecución a más de 700 alcaldes independentistas. Además le quería preguntar por su ministro del Interior —no lo calificaré— que se vanagloria de incautar peligrosos carteles independentistas cuando se olvida de los 40 000 millones de euros robados en el rescate bancario. Pero es que hoy todo ha cambiado, esta mañana todo ha cambiado. Hemos amanecido con la Guardia Civil frente a casas de nuestros amigos. (Rumores). Usted, usted y sus lacayos en este mismo momento están deteniendo a cargos electos catalanes simplemente por sus ideas. (Rumores. —Aplausos). Le pido y le exijo que saque sus sucias manos de las instituciones catalanas. (Continúan los rumores. — Protestas. —Un señor diputado: ¡Sinvergüenza!).

Sr. Rufián. DSCD 75. 2017: 7

La deslegitimación del contrario se sirve de diferentes subestrategias: desautorizar los logros, gestiones o actos llevados a cabo por la opción política contraria, poner de relieve la incompetencia de la oposición y el carácter absurdo de sus propuestas, asociar al interlocutor con hechos, intenciones o valores perniciosos, calificar las intervenciones del rival como no verdaderas o contradictorias, etc. Son todas estrategias claramente descorteses que, de forma indirecta, proyectan una imagen social positiva del emisor. De ahí que la descortesía verbal se haya calificado como consustancial a este tipo de discursos e incluso como un rasgo constitutivo de la imagen social del buen orador político (Blas Arroyo, 2011).

En principio, la verbalización de estas subestrategias no debe ser explícita ni descarnada. De hecho, el artículo 103 de la sección segunda del Reglamento del Congreso de los Diputados español advierte de que los oradores serán llamados al orden "cuando profirieren palabras o vertieren conceptos ofensivos al decoro de la Cámara o a sus miembros, de las Instituciones del Estado o de cualquiera otra persona o entidad". No obstante, esta recomendación parece no ser tenida en cuenta casi nunca, ya que se observa una tendencia a la intensificación del descrédito del rival. Lo vemos en el punto siguiente. El objetivo es conseguir un golpe de efecto que atraiga la atención de los ciudadanos por violar, precisamente, lo esperado en este tipo de intervenciones.

15.5 Mecanismos argumentativos más frecuentes en el discurso político

En los textos anteriores podemos identificar los medios de los que se sirve el político para llevar sus ideas de manera persuasiva al receptor. El discurso político se parece mucho al publicitario (v. Cap. 18). De hecho, los políticos usan la publicidad en las campañas electorales. En el discurso parlamentario esto es menos visible, pero vuelve a surgir en el discurso mediático (entrevistas, tertulias, ruedas de prensa…). La búsqueda del titular es fundamental, porque así se consigue mayor presencia en la opinión pública, o en las redes, último campo de batalla de los partidos políticos, explotado con gran éxito por los llamados *nuevos partidos*.

Para ello recurren fundamentalmente a la emoción, que puede ocultar una falacia[3]; la intensificación, para presentar los éxitos propios y los fracasos del otro siempre sobrevalorados; y la cercanía al votante y la (des)cortesía. ¿Cómo se concreta eso? Veámoslo paso a paso.

15.5.1 La intensificación

Con ella se intenta dar más fuerza a lo dicho. Para ello el político puede recurrir a:

A   repeticiones. En (3) Errejón usa *y hemos hecho… hemos hecho…* Es el efecto de la *acumulación*,
B.   enumeraciones (v. Cap. 16),
C.   refuerzo mediante citas de otro. Como en (1) *no es que yo lo diga, es que lo vieron todos los españoles y el mundo entero por televisión en directo durante diez horas seguidas,*
D.   interrogaciones retóricas o exclamaciones: "De la Patria de Bolívar y de Chávez traigo una voz, Comandante, una voz que lleva en sí millones de voces para decirle con la mayor admiración y la mayor gratitud: ¡Comandante, misión cumplida, misión cumplida, sí, plena y espléndidamente cumplida! (Aplausos.)" (Nicolás Maduro, Discurso 30/11/2016),

E. léxico claramente intensificado: *liquidar* las instituciones es más fuerte que *hacer daño* a las instituciones. O en (4) dice Rufián: "le pido y le exijo que saque sus *sucias manos* de las instituciones catalanas".

La metáfora o metonimia sirven para potenciar el significado de lo dicho ya que exige una descodificación más compleja: el oyente debe descubrir las conexiones entre los dos campos semánticos y cognitivos puestos en relación y de ahí deducir la intención comunicativa del político:

(5) Pero vamos a por ellos, en el buen sentido de la palabra. No nos pongamos techo, no nos pongamos límites, no hay nada imposible, quedan cinco días de campaña. Juan, aprieta los dientes, ya te irás a tomar u un, un finito al ((bajo)) de aquí aaa, tss, en Sanlúcar cuando acabe la campaña, pero ¡aguanta cinco días! *[Agita el brazo.] [Risas.]* Ehh, que queda todavía a muchos muchos kilómetros por recorrer, que pareces una banda de rock pero, pero sin pero sin caravana, como tú dices. *[Abre los brazos y se ríe.] [Risas.]*

Rivera, cierre campaña autonómicas andaluzas

En este pequeño fragmento encontramos una metáfora espacial: *ponerse techo*, o *límites*, como verbaliza a continuación, y otra, que podría interpretarse como una metonimia (causa por efecto): *apretar los dientes*, que implica hacer un esfuerzo, el último esfuerzo.

La comparación explícita está en *pareces una banda de rock*. Todo ello evoca una serie de asociaciones mentales que acercan el candidato al pueblo y llevan a la conclusión pretendida: se han esforzado mucho y van a seguir hasta el final. Provocan sensaciones de dinamismo también.

Incluso se hace eco de un discurso repetido, en este caso advirtiendo de que hace un uso positivo y no negativo: *a por ellos en el buen sentido de la palabra*. Es un eco de una expresión claramente de arenga, que invita a la lucha, a la polémica, a la confrontación, al combate cuerpo a cuerpo.

Otros refranes exponen el conocimiento que comparte la comunidad y acercan más claramente las propuestas del político al auditorio:

(6) Señorías, estos son ustedes. Son los de *la paja en el ojo ajeno y la viga en el propio*. Son ustedes los que nos obligan desde Madrid, de manera arbitraria, a recortar y los que nos piden aquí explicaciones de por qué recortamos.

Sra. Bustinduy. DSPA[4] 9:13

Se recurre a un registro coloquial como forma estratégica de compartir el *escenario* del votante, su realidad. El político se muestra *humano*.

F. marcadores discursivos, que intensifican porque añaden un argumento superior, incluso excesivo (*encima*) o lo destacan (*es que, sumamente, enormemente…*). Pueden recurrir a expresiones cuantificadoras. Por ejemplo, en la campaña de

20D, el PP decía: *Un millón de empleos creados en 2 años. 2 millones de empleos más antes de 2020. Un millón* o *dos millones* intensifican el argumento.

El procedimiento inverso, la atenuación, también es empleada, aunque generalmente para deslegitimar al otro (*un poquito* de vergüenza política).

15.5.2 La emoción

Recurrir al *pathos* es un procedimiento muy rentable en el discurso político. De hecho, se podría considerar que se hace un uso excesivo de ello. Por ejemplo, la campaña de Podemos de diciembre de 2015 se basa en la sonrisa: *sonrían, sonrían, que sí se puede*. Y en (3), como hemos visto, Errejón llama a la movilización, arenga a sus seguidores: *¡Adelante, que se puede! ¡Victoria para la gente! ¡Victoria para nuestro pueblo!* Todo ello genera una sensación de éxito, de victoria, que es fundamental para movilizar el voto del ciudadano.

Lo vemos en este tuit del 1 de febrero de Susana Díaz, presidenta de la Junta de Andalucía, de gran contenido social:

> (7) Tenemos que romper las barreras del miedo, la vergüenza y la falta de libertad, como escribe @AngelaCanal. Contra el acoso a la mujer, ni un paso atrás: No debemos dejar pasar ni una. La denuncia no solo puede salvarte a ti, sino a muchas más.

Usa la emoción también de manera estratégica, aludiendo a los débiles para conseguir la empatía del votante. Es una forma encubierta de manipulación o falacia.

15.5.3 La (des)cortesía

En otras ocasiones el aspecto relativo a las emociones se utiliza para atacar al contrario cayendo en estrategias descorteses y llegando a la descalificación y al insulto (Fernández García, 2017). En (4) el diputado Rufián (portavoz de Esquerra Republicana de Catalunya) empieza con la ironía: "incautar *peligrosos* carteles independentistas" para luego llegar al ataque frontal: "su *miserable* intervención", "usted y sus *lacayos*", "saquen sus *sucias* manos". Estas expresiones son claras muestras de rechazo que se usan estratégicamente: se intenta instalar en la mente de los receptores esta valoración negativa, que se impone como *estado de cosas legitimado, demostrado*, cuando no es más que una valoración individual. Es una estrategia falaz a la que juegan todos. Charaudeau (2009) habla de las emociones como *representaciones sociales*, surgidas de la intencionalidad del hablante pero expuestas como creencias compartidas por un grupo social y, por tanto, objetivables. Así se las presenta como *veraces* y se fundamenta la falacia, la manipulación de la opinión del otro. La valoración particular se expone como general. Así presenta el político su intención particular como planteamiento de alcance social y la legitima.

Actividad 3: Primero identifica las estrategias argumentativas empleadas en el siguiente fragmento. Luego identifica y explica los mecanismos argumentativos utilizados en el mismo fragmento.

> Señor ministro, sabemos que no es fácil realizar una gestión eficaz y adecuada de esta crisis, una crisis complicada, pero estamos seguros y convencidos de que es posible extraer enseñanzas de ella, señor Zoido, hacer autocrítica. Hacer autocrítica siempre es bueno, porque además nos ayuda a crecer, nos ayuda a mejorar como país. Señor Zoido, hace tiempo que le pedimos un informe sobre lo que sucedió durante todos estos atentados; le pedimos un informe sobre qué es lo que pasó, cuál es esa autocrítica que se puede hacer, cuáles son esas enseñanzas, y seguimos esperando ese informe, señor Zoido, y los españoles queremos saber. Los españoles quieren saber si es verdad que hubo una alerta o una alarma de un servicio de inteligencia extranjero, los españoles quieren saber cómo puede ser que un exconvicto español acusado por tráfico de drogas y con una orden de expulsión pueda viajar por Europa, quieren saber por qué además puede convertirse en imán en un municipio español. Los españoles quieren saber qué es lo que pasó en Alcanar, por qué no acudieron los Tedax, qué investigación se hizo allí, que pasó con el herido. Por tanto, señor ministro, yo le pregunto: ¿No cree el Gobierno, no cree el señor ministro, que con todos estos interrogantes debería haber comparecido ya de forma voluntaria y urgente ante esta Cámara y dar las explicaciones oportunas?
>
> Sr. Gutiérrez Vivas. DSCD 73. 2017: 16

15.6 Preguntas para la reflexión

- ¿Cómo valoras el discurso de los políticos actuales? ¿Quién crees que domina más las técnicas argumentativas?
- ¿Nuestros representantes políticos tienen como objetivo convencer o imponer su opinión?
- ¿Qué estrategia y mecanismo argumentativo consideras más efectivo?
- ¿Crees que el nivel de agresividad y descortesía verbal empleado por los políticos ha ido en aumento en los últimos años?

POSIBLES TEMAS PARA UN ENSAYO O PROYECTO DEL CURSO

- ¿Influye la variable género en el uso de las estrategias usadas por los políticos? Elige dos candidatos, hombre y mujer, y compara.
- ¿Varía el uso de las estrategias en España y en otros países hispanohablantes? Elige un candidato de dos países distintos de habla hispana y compara.

Argumentación y discurso político **173**

- ¿Los medios de comunicación actúan solo como canal o utilizan ideológicamente la información para conseguir audiencia?
- En el discurso mediático, ¿hay conciencia del uso falaz del discurso? ¿o sale gratis la manipulación?
- Otros: añade uno o dos posibles temas que te parezcan interesantes:
....
....

En el capítulo de metodología (Cap. 22) encontrarás herramientas que facilitarán la formulación de tu estudio.

Lecturas recomendadas

Anscombre, J. C. y Ducrot, O. (1994). *La argumentación en la lengua*. Madrid: Gredos. [Cap. 3]
Blas Arroyo, J. L. (2011). *Políticos en conflicto. Una aproximación pragmáticodiscursiva al debate electoral cara a cara*. Bern: Peter Lang. [Cap. 1]
Fernández García, F. (2017). *La descortesía en el debate electoral cara a cara*. Sevilla: Universidad de Sevilla. [Cap. 1]
Fuentes Rodríguez, C., ed., (2016). *Estrategias argumentativas y discurso político*. Madrid: Arco/Libros. [Cap. 3]
Gallardo Paúls, B. (2014). *Usos políticos del lenguaje: un discurso paradójico*. Barcelona: Antrophos. [Cap. 2]
Van Eemeren, F. y Grootendorst, R. (2004). *A systematic theory of argumentation*. Cambridge: Cambridge University Press. [Cap. 2]

Lecturas complementarias

Charaudeau, P. (2009). Reflexiones para el análisis del discurso populista. Discurso y Sociedad 3(2), 253–279. Disponible en: www.dissoc.org/ediciones/v03n02/DS3(2)Charaudeau.html
Fuentes Rodríguez, C. (2017 [2000]). *Lingüística pragmática y análisis del discurso*. Madrid: Arco Libros.
Fuentes Rodríguez, C. y Alcaide Lara, E. (2002). *Mecanismos lingüísticos de la persuasión. Cómo convencer con palabras*. Madrid: Arco/Libros.
Fuentes Rodríguez, C. y Álvarez Benito, G., coords., (2016). *A Gender-based Approach to Parliamentary Discourse*. Amsterdam/Philadelphia: John Benjamins.
Van Dijk, T. (1994). Discurso, poder y cognición social, *Cuadernos*, 2. Disponible en: www.discursos.org/oldarticles/Discurso,%20poder%20y%20cognici%F3n%20social.pdf.
Van Dijk, T. (2003). *Ideología y discurso*. Barcelona: Ariel.

Notas

1 Este capítulo es fruto de la investigación realizada en sucesivos proyectos subvencionados: dos financiados por el Ministerio de Economía y Competitividad (FFI 2013-43205P, "Macrosintaxis del Español Actual" y FFI 2017-82898P) y otro por la Junta de Andalucía

(P10-HUM 5872, "La perspectiva de género en el lenguaje parlamentario andaluz") y de los trabajos del grupo APL (http://grupo.us.es/grupoapl) sobre discurso mediático y discurso político. Véanse otras publicaciones del grupo.

2 Diario de Sesiones del Congreso de los Diputados.
3 Argumentos engañosos o insinceros que convierten la argumentación en manipulación. La manipulación, a diferencia de la argumentación, se basa en la transgresión de uno de los principios básicos de la comunicación: la sinceridad del emisor.
4 Diario de Sesiones del Parlamento de Andalucía.

16

LA SERIE ENUMERATIVA COMO ELEMENTO INTENSIFICADOR EN EL DISCURSO POLÍTICO

Luis Cortés Rodríguez

(1) Contexto: En octubre de 2017, la situación en España era muy delicada por el enfrentamiento entre el Gobierno español y la Generalitat de Cataluña; el día cuatro de ese mes, la vicepresidenta española, Sáenz de Santamaría, contestó al entonces presidente catalán, Carles Puigdemont, culpándolo, entre otros asuntos, de actuar *fuera de la ley*. El mensaje, que duró dos minutos, finalizó de esta manera:

> Cada mensaje del Sr. Puigdemont es un nuevo desasosiego, una nueva intranquilidad, un viaje a ninguna parte, porque fuera de la ley no hay democracia, fuera de la ley no hay convivencia, fuera de la ley no hay derechos. Y el Sr. Puigdemont hace mucho tiempo que vive fuera de la ley, fuera de la realidad y fuera de la constitución.
>
> *Soraya Sáenz de Santamaría, 04/10/2017*

16.1 Introducción

Un cierre como el que encontramos en el ejemplo (1), con tan abundante empleo de series enumerativas, no es casual, sino causal. La serie enumerativa es una estructura esencial en el discurso político, especialmente en aquellos momentos en los que se quiere reforzar cualquier idea, cualquier argumento. Pero ¿qué son las series enumerativas?, ¿cuáles son sus funciones?, ¿y su tipología? De ello pretendemos hablar en este capítulo.

Si afirmamos que la *serie enumerativa* es una estructura repetitiva en la que determinados elementos, dos, tres, cuatro o más, mantienen una relación textual, simétrica y equifuncional con la que se pretende incidir enfáticamente en una idea, posiblemente quienes lo lean no puedan tener una idea, ni mucho menos, clara de qué es exactamente. Para hacer más accesible su conocimiento, así como su importante función discursiva, comenzaremos con la aportación de varios ejemplos de los dos tipos de series principales: *lineal* y *paralelística*. Volvamos al fragmento de Sáenz de Santamaría (2), concretamente a su acto inicial:

(2) Cada mensaje del Sr. Puigdemont es *un nuevo desasosiego, una nueva intranquilidad, un viaje a ninguna parte.*

Observaremos que a partir de un componente común, *Cada mensaje del Sr. Puigdemont es*, componente que vamos a denominar *matriz*, se desarrollan tres elementos: *un nuevo desasosiego/una nueva intranquilidad/un viaje a ninguna parte*; entre ellos, la relación es de yuxtaposición, aunque también lo podría haber sido de adición o de disyunción; son los *elementos* de la serie enumerativa; con ellos, se pretende tanto la progresión temática del discurso como el refuerzo del tema inicial (representado por la matriz); cada uno es una especie de "golpazo" con el que se persigue enfatizar la negatividad que se expresa en los mensajes de Puigdemont (3):

(3) Cada mensaje del Sr. Puigdemont es
un nuevo desasosiego
una nueva intranquilidad
un viaje a ninguna parte.

Todo el acto discursivo forma una serie de las que denominamos lineal. Igualmente sucede, y seguimos con el discurso de Sáenz de Santamaría, en este otro fragmento (4):

(4) Y el Sr. Puigdemont hace mucho tiempo que vive
fuera de la ley,
fuera de la realidad y
fuera de la constitución.

Junto a este tipo de serie, denominada lineal, está la serie paralelística. Regresemos a lo dicho por la vicepresidenta española (5):

(5) porque
fuera de la ley no hay democracia,
fuera de la ley no hay convivencia,
fuera de la ley no hay derechos.

La serie paralelística, que puede o no depender de una matriz, está formada por fragmentos; cada uno de ellos es un acto discursivo con contenido propio. El refuerzo enfático que se expresa en tales series procede de la repetición de los mismos términos (uno o más) en todos los componentes que la forman; estos, actos ahora distintos, tienen una parte común (*fuera de la ley no hay* en (3)), que es la que propicia el énfasis. En apartados posteriores completaremos la idea de serie enumerativa, su tipología y funciones en el discurso político.

16.2 Enfoque y objetivos

Partimos de la idea, por tanto, de que determinadas series, exceptuadas, por ejemplo, algunas listas de objetos, suelen cumplir la función interactiva de influir en la audiencia. Sirven, por su estructura, para abarcar, de manera inmediata, varias razones (argumentos) en favor de una determinada idea; esta, obviamente, sale reforzada con tal estructura; así, tanto la serie lineal como la paralelística encuentran en el discurso político —cuando se quiere, por ejemplo, reforzar una argumentación— un campo especial para su empleo.

Aunque es cierto que las series enumerativas se pueden entender de distintas maneras, nosotros seguimos el concepto y tipología que defendimos en Cortés (2008), concepto y tipología que son los que hemos aplicado al discurso político (Cortés, 2007, 2012). Con objeto de que el lector conozca otras propuestas, sugerimos la lectura de uno de los trabajos más completos que conocemos: Dubois (1997). La autora, siguiendo los principios de la sociolingüística variacionista, afrontó por primera vez sus variantes, variables y polivalencias. Por otro lado, desde el Análisis de la Conversación, autores como Jefferson (1990) y Lerner (1994), partiendo del *paralelismo* y la *repetición* en tanto estrategias, ya se habían ocupado de la función interactiva de lo que ambos denominaron 'list construction'; este patrón se aplicó, mayoritariamente, a la 'three part list', secuencia que contribuye a dar sentido de unidad y coherencia a ciertos elementos que hablantes y oyentes quieren realizar durante una conversación.

16.3 La serie enumerativa como mecanismo de refuerzo

16.3.1 Ideas generales

El político, como sucede, por ejemplo, con el publicitario, ha de buscar generalmente aumentar el impacto de lo dicho a sus interlocutores mediante lo verbal, lo paraverbal y lo kinésico (v. Cap. 19). Las estrategias verbales son muchas: de las prosódicas a determinadas estructuras; tales estructuras van de la repetición de términos en lugares concretos del discurso a preguntas retóricas con que resaltar la propia respuesta, pasando por buscados contrastes de palabras o de ideas, etc.; la serie enumerativa es un mecanismo intensificador más de este tipo. Por esto, su aparición será mayor en aquellos momentos claves de los discursos, especialmente en el cierre, donde más se suele perseguir no solo la solemnidad y el ornato, sino también la intención de ser más persuasivo. Podríamos decir que la serie enumerativa es como un marcador de énfasis que sirve para indicar el alto grado de convicción con que el hablante quiere defender su punto de vista a la par que aportar, por sus repeticiones y estructuras, una mayor formalidad y ornato al texto. Volvamos a los dos tipos de series, lineal y paralelística.

16.3.2 La serie enumerativa lineal

En 2009, el presidente español Rodríguez Zapatero, en un momento de su discurso en el debate del estado de la nación, quiso manifestar con vigor su compromiso con el país. Es, como dijo, un *compromiso firme* y un *compromiso esencial* que quiere defender con *toda contundencia*. No considerando suficiente la consistencia de tales sintagmas en su compromiso patrio —y en su estrategia reforzadora—, finaliza el enunciado acrecentando su obligación con esa sociedad; lo hace con una nueva serie enumerativa (6), emitida, como ocurre en la mayoría de casos, de forma pausada y remarcando prosódicamente sus cuatro elementos: *más fuerte, más estable, más capaz y más justa*:

>   (6)   [...] son las políticas sociales, [...] las políticas que garantizan la cohesión de nuestra sociedad y la hacen así *más fuerte, más estable, más capaz y más justa*.
>
>   Zapatero, 2009

Recordemos algo de lo ya dicho y aplicable a la serie lineal: su formación por un conjunto de elementos con los que se pretende a través de la reformulación parafrástica de un fragmento discursivo anterior, elemento común al que ya denominamos matriz, la progresión temática del discurso materializada en distintos sintagmas o palabras que se van asignando a un mismo tema provisional. Así, en el enunciado siguiente (7), la intensidad se proyecta sobre la importancia que tiene el hecho de que el Gobierno haya duplicado la ayuda al desarrollo para luchar contra lo que cualquier español, al que va dirigido el discurso, aborrece:

>   (7)   En ese mismo compromiso destinamos recursos económicos crecientes a la cooperación, a la ayuda al desarrollo, porque hemos duplicado la ayuda al desarrollo desde que llegamos al Gobierno para luchar contra *la pobreza, la miseria y la falta de expectativas de millones de seres humanos*. (Aplausos.)
>
>   Zapatero, 2007

Las series vistas hasta ahora, tanto lineales como paralelísticas, son series sencillas formadas por tres o cuatro elementos en el primer nivel de dependencia con respecto a la matriz. Junto a estas, es frecuente que, a su vez, alguno o algunos de estos elementos sirvan de matriz de otros elementos derivados de ellos: elementos secundarios, terciarios (subsegmentos), en segundo, tercer nivel, etc. Son *series complejas*, que pueden aparecer tanto en las lineales como en las paralelísticas (8):

>   (8)   Me propongo pues dedicar toda la capacidad del Gobierno y todas las fuerzas de la nación a detener la sangría del paro, estimular el crecimiento, y acelerar el regreso a la creación de empleo.
>
>   Rajoy, 2015

Si descomponemos en sus elementos el fragmento anterior, percibimos que hay un primer nivel formado por dos elementos, del segundo de los cuales surge un segundo nivel de tres elementos; en este caso, podemos decir que estamos ante una *serie lineal compleja 1, 2 (sub 3´)*:

MATRIZ: Me propongo pues dedicar
ELEMENTOS DE LA SERIE:
  (nivel 1) toda la capacidad del Gobierno y
       todas las fuerzas de la nación a
  (nivel 2)   detener la sangría del paro,
         estimular el crecimiento, y
         acelerar el regreso a la creación de empleo.

Reparemos en este otro ejemplo (9):

(9) Por eso, nunca entenderé que se proclame el amor como fundamento de la vida y se niegue tan radicalmente el amparo, la comprensión y el afecto a nuestros vecinos, a nuestros amigos, a nuestros familiares, a nuestros compañeros.
Zapatero, 2005

cuya constitución nos muestra que estamos ante una serie con un nivel más, tres niveles:

MATRIZ: Por eso, nunca entenderé que
ELEMENTOS DE LA SERIE:
  (nivel 1) se proclame el amor como fundamento de la vida y
       se niegue tan radicalmente
  (nivel 2)   el amparo,
        la comprensión y
        el afecto
  (nivel 3)   a nuestros vecinos,
          a nuestros amigos,
          a nuestros familiares,
          a nuestros compañeros.

Podemos decir que es una *serie lineal compleja 1, 2 (sub 1',2', 3' (sub' 4''))*:

Actividad 1: Partiendo de lo visto hasta el momento, ¿podrías explicar la constitución del siguiente fragmento y clasificar el tipo de serie enumerativa según los niveles señalados?

> España es un país con voz propia en el mundo, valedor de la paz y de la legalidad internacional, solidario con la lucha contra el hambre y la pobreza, impulsor del diálogo entre pueblos, religiones y civilizaciones. (Aplausos.) [Zapatero, 2007]

16.3.3 La serie enumerativa paralelística

Se dijo que uno de los atractivos de Barack Obama para llegar a la presidencia de los Estados Unidos fue su capacidad oratoria; esta, obviamente, se veía potenciada por los mecanismos empleados en sus discursos. Uno de ellos, posiblemente el que más potenciaba su prosodia, era la serie enumerativa; sus discursos están llenos de ellas, tanto lineales como paralelísticas. Para introducirnos en este último tipo de series, vamos a recordar un ejemplo; fue con motivo del primer cara a cara con el republicano McCain. La prensa, en general, subrayó que ninguno de los dos candidatos a la presidencia de Estados Unidos consiguió salir victorioso en ese primer debate; curiosamente, esas mismas fuentes destacaron, como la mejor frase de Obama en dicho debate, la siguiente serie paralelística, aunque nadie la denominara así (10):

(10) Hablas siempre como si la guerra hubiera empezado en 2007, pero la guerra empezó en 2003, y en ese momento, cuando la guerra empezó tú *dijiste que* iba a ser rápida y fácil, *y estabas equivocado*.
dijiste que sabíamos dónde estaban las armas de destrucción masiva, *y estabas equivocado*.
dijiste que íbamos a ser recibidos como libertadores / *y estabas equivocado* ///.

Obama, 2007

Estas construcciones, tal y como adelantamos, repiten una parte del contenido, lo que facilita en gran manera su adquisición por los interlocutores, y dejan en determinada posición el hueco en el que introducir la información nueva; es ahí donde más se va a fijar la atención del oyente. En este fragmento, el hueco está ubicado en posición intermedia, aunque lo más frecuente es que lo esté al final. Constatamos que la insistencia y el énfasis se ponen en los errores cometidos (*que la guerra iba a ser rápida y fácil*; *que sabíamos dónde estaban las armas*… etc.). La construcción añade a la convicción el ornamento, lo que la convierte en muchas ocasiones en frase destacada por la prensa y, por tanto, recordada durante tiempo. Todavía se menciona la serie paralelística de Nixon, en 1952 (11):

(11) *Yo digo que sería moralmente incorrecto si* alguno de esos 18.000 dólares fueran para el senador Nixon.
Yo digo que sería moralmente incorrecto si su entrega y su uso se realizaran en secreto.
Y *digo que sería moralmente incorrecto si* alguno de los donantes recibiera a cambio favores especiales.

Nixon, 1952

Tales series forman parte de la tradición discursivo-política, sin que en nuestros días hayan perdido un ápice de su vigencia y eficacia. Veamos algún otro ejemplo (12). El 14 de mayo de 2016, el líder socialista Pedro Sánchez ofreció un mitin a sus partidarios; la prensa nacional se hizo eco del acontecimiento, si bien centró la información en una frase empleada por Sánchez:

(12) ¡*Puedo prometer y prometo* decencia,
puedo prometer y prometo diálogo y
puedo prometer y prometo dedicación!

La insistencia en su reconocimiento por parte de la prensa se debía a su similitud con otra, tan conocida: la emitida, en 1977, por el entonces presidente Adolfo Suárez (13):

(13) [...] Pero si ustedes nos dan su voto:
Puedo prometer y prometo que nuestros actos de gobierno constituirán un conjunto escalonado de medidas racionales y objetivas para la progresiva solución de nuestros problemas.
Puedo prometer y prometo intentar elaborar una Constitución en colaboración con todos los grupos representados en las Cortes, cualquiera que sea su número de escaños.
Puedo prometer y prometo, porque después de las elecciones ya existirán los instrumentos necesarios, dedicar todos los esfuerzos a lograr un entendimiento social que permita fijar las nuevas líneas básicas que ha de seguir la economía española en los próximos años.
Puedo prometer y prometo que los hombres de Unión de Centro Democrático promoverán una reforma fiscal que garantice, de una vez para todos, que pague más quien más tiene.
Puedo prometer y prometo un marco legal para institucionalizar cada región según sus propias características.
Puedo prometer y prometo que trabajaremos con honestidad, con limpieza y de tal forma que todos ustedes puedan controlar las acciones de gobierno.
Puedo, en fin, *prometer y prometo* que el logro de una España para todos no se pondrá en peligro por las ambiciones de algunos y los privilegios de unos cuantos.

Suárez, 1977

En unos casos, en Sánchez, puede ser una palabra: decencia, diálogo y dedicación; en otros, en Suárez, una idea: el comportamiento del futuro gobierno, su deseo de elaboración de una constitución, nuevas líneas para la economía española, etc.

Actividad 2: Al igual que hiciste en la Actividad 1, ¿podrías analizar estas dos series, una de Rajoy y otra de Zapatero, y clasificarlas según su condición de lineal o paralelística y sus niveles?

a. Un gobernante puede perder la confianza de los ciudadanos si comete un error grave, puede perderla igualmente si retuerce la ley, puede perderla, en fin, por mentir. Usted ha hecho las tres cosas: ha cometido un error gravísimo, ha jugado con la ley y es notorio que está mintiendo a los españoles desde mucho antes de ocupar ese escaño. [Rajoy, 2007]

b. Hoy somos un país a imitar en la creación de empleo, somos un país a considerar en la dimensión de las políticas sociales y en la extensión de derechos, somos un país a seguir en la puesta en marcha de un nuevo escalón del Estado del bienestar, como es la Ley de la dependencia y de la autonomía personal. (Aplausos.) [Zapatero, 2007]

Actividad 3: ¿Podrías repetir la misma actividad con estos dos fragmentos de Alfredo Pérez Rubalcaba, secretario general del partido socialista, en 2014?

a. Usted ha acabado con el carácter universal de la sanidad pública en España; usted ha recortado las becas y ha recortado las ayudas al desempleo; usted ha recortado las ayudas a la dependencia; usted ha recortado los gastos sociales, los gastos educativos, los gastos sanitarios; usted ha subido casi cincuenta impuestos, todos los impuestos, tasas y precios públicos que ha podido; usted ha hecho que los pensionistas paguen por sus medicamentos y usted ha acabado con la justicia gratuita. [Rubalcaba, 2014]
b. Como le decía, usted siempre tuvo opciones, pudo elegir, y siempre eligió ir contra los más débiles. Entre los empresarios o los trabajadores, usted eligió ir contra los trabajadores; entre la escuela pública y la escuela privada, usted optó por ir a favor de la escuela privada; entre pedir un esfuerzo a los pensionistas o pedírselo a la industria farmacéutica, usted se lo pidió a los pensionistas (Rumores.); y entre subir los impuestos de las clases medias o subir los impuestos de las grandes fortunas, usted optó a favor de las grandes fortunas. [Rubalcaba, 2014]

Actividad 4: Finalmente, ¿podrías establecer una clasificación de las series enumerativas a partir de este fragmento del discurso de Obama, en su primera toma de posesión como presidente de Estados Unidos?

Hoy nos reunimos porque hemos elegido la esperanza sobre el temor, la unidad de propósitos sobre el conflicto y la discordia. Hoy hemos venido a proclamar el fin de las quejas mezquinas y las falsas promesas, de las recriminaciones y los dogmas caducos que durante demasiado tiempo han estrangulado a nuestra política. Seguimos siendo una nación joven, pero, según las palabras de las Escrituras, ha llegado el momento de dejar de lado los infantilismos. Ha llegado el momento de reafirmar nuestro espíritu de firmeza: de elegir nuestra mejor historia; de llevar hacia adelante ese valioso don, esa noble idea que ha pasado de generación en generación: la promesa divina de que todos son iguales, todos son libres y todos merecen la oportunidad de alcanzar la felicidad plena.

16.4 Preguntas para la reflexión

El día uno de marzo de 2016 se celebró la primera sesión de investidura del candidato a la presidencia del Gobierno español Pedro Sánchez. Su discurso se encuentra en esta dirección: www.congreso.es/public_oficiales/L11/CONG/DS/PL/DSCD-11-PL-2.PDF. Conviene que lo tengas delante para afrontar estas reflexiones:

- ¿Has pensado alguna vez en la importancia de las series en el discurso político? ¿Tienes problemas para reconocer tales series en el discurso citado de Pedro Sánchez? ¿Cuál es el tipo predominante?
- ¿En qué partes del discurso se emplean con más frecuencia y con qué objetivos? Lo normal es que sea en el cierre del discurso; ¿sucede así en Sánchez?
- La serie enumerativa es uno de los mecanismos empleados para la propiciación del aplauso. ¿Podrías señalar los casos en que esos aplausos van precedidos de estructuras con series?

POSIBLES TEMAS PARA UN ENSAYO O PROYECTO DEL CURSO

- Ya has observado el fenómeno de la serie enumerativa en el discurso de los políticos españoles. ¿Son estas mismas series y en parecida cantidad las que usan los políticos de otros países en discursos parlamentarios parecidos?
- Como hemos indicado, las series enumerativas propician el aplauso en los discursos españoles. ¿Ocurre igual en políticos de otros países? Precediendo a tales aplausos, ¿percibes otros mecanismos además de las series?
- Hemos partido de una clasificación determinada a la hora de identificar las series enumerativas. ¿Considera, tras la lectura de los trabajos básicos vistos al inicio, la posibilidad de establecer una tipología distinta?
- Sería interesante ver el papel de las series en campos de acción como el publicitario o el jurídico. ¿Cumplirán las mismas funciones? ¿Serán más o menos usadas? ¿Y en la conversación?
- Otros: añade uno o dos posibles temas relacionados con la serie enumerativa que te parezcan interesantes:

    ....
    ....

En el capítulo de metodología (Cap. 22) encontrarás herramientas que facilitarán la formulación de tu estudio.

Lecturas recomendadas

Cortés, L. (2007). Las series enumerativas en el debate político tras el atentado de Barajas: Rodríguez Zapatero y Rajoy frente a frente. *Oralia*, 10, 47–102.

Cortés, L. (2012). La serie enumerativa en el cierre de los discursos. *Estudios Filológicos*, 49, 39–57.
Cortés, L., ed., (2008). *Las series enumerativas en el discurso oral en español*. Madrid: Arco/Libros. [Caps. 1 y 3]
Dubois, S. (1997). *Vers une approche variationiste du discours. Une perspective modulaire pour décrire l'usage et la formation des procédés discursifs*. Berna: Peter Lang.
Jefferson, G. (1990). List construction *as a task* and interactional resource. En: G. Psathas, ed., *Interaction competence*. Washington, D.C.: University Press of America, 63–92.
Lerner, G.H. (1994). Responsive list construction. A conversational resource for accomplishing multifaceted social action. *Journal of Language and Social Psychology*, 13, 20–33.

Lecturas complementarias

Damamme-Gilbert, B. (1989). *La série énumérative. Étude linguistique et stylistique s'appuyant sur dix romans français publiés entre 1945 et 1975*. Ginebra: Librairie Droz.
Dubois, S. y Sankoff, D. (1997). Discourse enumerators and Schegloff's denominator. En: G. Guy y C. Feagin, eds., *Towards a social science of language: Papers in honor of William Labov*. Amsterdam: Benjamins, 153–182.
Fréderic, M. (1986). Énumération, énumération homologique, énumération chaotique, essai de caracterisation. *Stylistique, Rhétorique et Poétique dans les Langues Romanes*, 8, 105–117.
Koza, W. (2017). La estructura de la enumeración. Análisis, descripción y propuesta de detección automática. *Onomázein*, 35(2), 173–194.
Maurel, F., Luc, C., Vigouroux, N., Mojahid, M., Virbel, J. y Nespoulous, J. L. (2002). Transposition à l'oral des structures énumératives à partir de leurs paramètres formels. En: J. Virbel, coord., *L'inscription spatiale du langage: structures et processus*. Toulouse: Prescot, 179–189.
Pérez, M. J. (1994). Estructuras paralelísticas en el lenguaje infantil. *Lenguaje y Textos*, 4, 21–53.
Porhiel, S. (2007). Les structures énumératives à deux temps. *Revue Romane*, 42, 103–135.

17

MARCADORES DEL DISCURSO Y ARGUMENTACIÓN

M. Noemí Domínguez-García

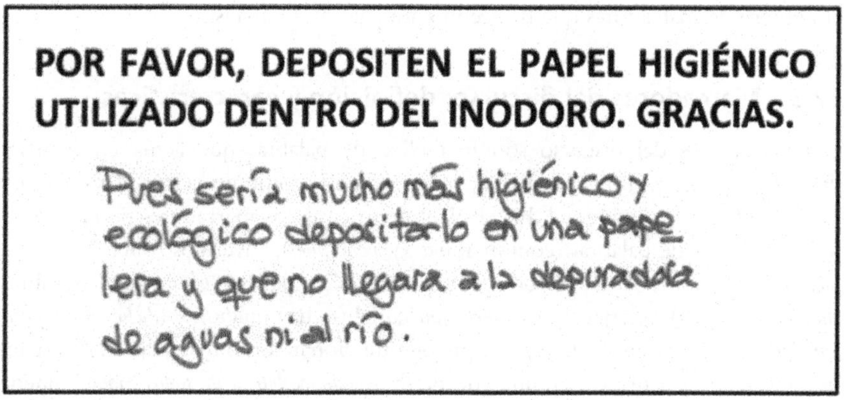

> POR FAVOR, DEPOSITEN EL PAPEL HIGIÉNICO UTILIZADO DENTRO DEL INODORO. GRACIAS.
>
> Pues sería mucho más higiénico y ecológico depositarlo en una papelera y que no llegara a la depuradora de aguas ni al río.

FIGURA 17.1 Graffiti en aseo público

17.1 Introducción

En un aseo de mujeres público en una universidad española, un cartel institucional pedía a los usuarios (Figura 17.1).

Y alguien había escrito a mano, debajo, un enunciado iniciado con un *pues*. Con él la autora —presumimos el sexo de la escriba, dado que el aseo era para mujeres— expresaba una clara oposición a la petición del cartel y reprochaba el hecho de tirar el papel al inodoro por atentar contra el medioambiente de la ciudad. Solo una palabra de cuatro letras dice tanto en tan poco espacio. Se podía haber iniciado la intervención sin esa pequeña palabra y el sentido de oposición se habría mantenido; pero introducir *pues* facilita y acelera la correcta interpretación del mensaje que su autora quiso dar a quien lo leyese. Esa es la función de los marcadores del discurso: "hacer explícitas las relaciones lógicas que establecen entre sí las diferentes partes del discurso, funcionando como guías que ayudan al lector a interpretar la información en el sentido previsto por el escritor" (Montolío, 2014).

17.2 Enfoque, análisis y objetivos

El objetivo de este capítulo es el estudio y clasificación de los marcadores del discurso más habituales en los textos argumentativos cortos. Y lo haremos desde un enfoque que aúna los presupuestos de la *Teoría de la argumentación en la lengua* (Anscombre y Ducrot, 1994) y de la *Teoría de la relevancia* (Sperber y Wilson, 1986). Dichos enfoques están representados en la Lingüística española por autores como Estrella Montolío (1998), Salvador Pons (2004) o José Portolés (1998), entre otros.

Además, te proporcionaremos herramientas de análisis para que puedas distinguir las funciones de los marcadores y las diferencias entre marcadores con significados próximos.

Para profundizar en el conocimiento de los marcadores del discurso, más allá de estas páginas, te recomendamos al final del capítulo unas lecturas que amplían tanto el número de marcadores que trataremos aquí, como su análisis.

17.3 Marcadores del discurso: definición y características

Los marcadores del discurso son una clase de palabras que actúa en el nivel discursivo, es decir, el nivel de uso de la lengua en la comunicación real, ya sea oral o escrita, formal o coloquial. En el nivel gramatical, los marcadores pertenecen a todas las clases de palabras: conjunciones (*y, pero, pues*), adverbios (*entonces, además, bien*), preposiciones (*hasta*), verbos (*mira, ¿entiendes?*), adjetivos (*bueno, claro*), nombres (*hombre, ¿verdad?*), interjecciones (*¿eh?, ¡ah!*); incluso hay oraciones (*dicho sea de paso, ¿me entiendes lo que quiero decir?*) que pueden funcionar como marcadores. Pero para que cualquier palabra o conjunto de palabras (*sin embargo, de todos modos*) pueda considerarse marcador del discurso, debe cumplir dos requisitos:

a. ser invariable o estar en proceso de fijación léxica y gramatical (Martín Zorraquino, 2010): *sin embargo* no puede variar en *sin obstáculo, o en *sin embargos; *por eso* no puede variar en *por esa o *por esos, aunque puede variar en *por eso/esto/aquello* e, incluso, ampliarse: *por todo eso, por eso mismo*. Ahí se frena su capacidad de variación,
b. funcionar como guía de interpretación para el destinatario del mensaje. Es el caso, por ejemplo, de los marcadores *en primer lugar, sino, y luego, o* y *sobre todo* en (1):

(1) Mi llegada a las Naciones Unidas tuvo para mí dos efectos importantes: *en primer lugar*, comprendí, no teórica sino prácticamente, que el español no era la lengua de España y los españoles, *sino* la de 22 países y cientos de millones de personas. *Y luego* aprendí rigor (...), respeto a los precedentes

(…) y responsabilidad (las consecuencias de las resoluciones de la Asamblea General *o, sobre todo,* del Consejo de Seguridad podían ser muy graves en todos los órdenes).

M. Sáenz, CORPES XXI http://www.rae.es

- *en primer lugar* introduce el primero de los dos efectos importantes que menciona en el enunciado anterior,
- *sino* introduce el enunciado que rectifica la idea anterior, *el español no era la lengua de España y los españoles,*
- *Y luego* suma el segundo de los dos efectos importantes mencionados al principio,
- *o* añade otro ejemplo de institución que emite resoluciones: a *la Asamblea General* añade *el Consejo de Seguridad,*
- *sobre todo* añade que *el Consejo de Seguridad* tiene más peso que *la Asamblea General.*

Actividad 1: En los ejemplos siguientes (extraídos de CORPES XXI http://www.rae.es), las palabras en cursiva funcionan, en unos casos, como marcadores del discurso; y, en otros, mantienen su significado léxico. ¿Puedes distinguirlos y explicar las razones que te llevan a tu elección?

a. El artista ha descartado que la decisión del Ejecutivo de Mariano Rajoy tenga que ver con el dinero. De verdad, no creo que sea *por eso.*
b. R. Sí. El sur produce una novela policial específica. *Para empezar*, tiene un alto contenido social y político.
c. *Por supuesto*, estas buenas intenciones no garantizan que el genoma vaya a acabar con el racismo ni con la discriminación. *Al contrario*, científicos y expertos en bioética ya han advertido que el genoma se puede usar con fines discriminatorios.
d. Esas primeras millas hasta Cabo Finisterre son determinantes *para empezar* a cabalgar hacia los mares del sur.
e. La muerte de la industria ya se ha declarado cientos de veces, *pero* los Fitipaldis son perros viejos y dejaron de creer en los agoreros cuando empezaron a repetirse demasiado. *Por eso* no les queda otra que seguir dedicándose a lo que saben hacer y de la manera que lo saben hacer.
f. Cuando un equipo parte como favorito, *aunque* no debe perder de vista *al contrario*, tiene que preocuparse *sobre todo* de hacer bien su juego, apostilla con flema Morón.

17.4 Marcadores del discurso: clases

Hemos visto en los ejemplos de la Actividad 1 que hay marcadores que se especializan en ordenar la información (*para empezar*); otros, en cambio, inician operaciones argumentativas, como la adición (*y, sobre todo*), la oposición (*al contrario, pero, aunque*), o la consecuencia (*por eso*). Además, en el ejemplo (c), aparece un marcador que refuerza la opinión del hablante: *por supuesto*. La función principal que desempeñen los marcadores en el discurso en el que se insertan nos permitirá distinguir diferentes clases de marcadores:

a. los *organizadores* ordenan la información que aparece en el texto: lo que se dice *para empezar* o *en primer lugar*, lo que viene *a continuación* o *en segundo lugar*, lo que se dice *para terminar, finalmente* o *por último*; son también organizadores los que introducen una digresión, un paréntesis en nuestro discurso para introducir una información que nos vino a la mente (*por cierto, a propósito*); y, por último, marcadores como *hasta aquí* o *dicho esto* introducen comentarios evaluativos de lo que se ha comunicado hasta ese momento,
b. los *reformuladores* re-formulan, *es decir, o sea*, explican la información *con otras palabras*, o rectifican la información con algo *mejor dicho*,
c. los *conversacionales* se especializan en la interacción comunicativa: abren una intervención (*oye, mire...*), la controlan (*mm, bien, ajá...*), expresan acuerdo con el interlocutor o con su propia información (*bueno, vale, por supuesto*), piden confirmación de la información que proporcionan (*¿entiendes?, ¿no?...*) y tantas otras operaciones típicas de la conversación (*¡hombre!, ¡venga ya!...*),
d. los *conectores* y los *operadores* se especializan en la opinión, aportan argumentos, explicaciones, pruebas o ejemplos que apoyen el punto de vista que quiere defender el autor del discurso. Podrán añadir argumentos a favor (*y, además, incluso...*), en contra (*pero, sin embargo, ahora bien...*), causas, consecuencias o hipótesis (*porque, así que, en caso contrario...*), pruebas (*a saber, por ejemplo, de hecho...*). Los conectores actúan sobre enunciados y los operadores actúan sobre elementos, como en (2):

    (2) *Ya* sé que es tarde, *pero* espérame, *que casi* termino.

Los operadores *ya* y *casi* actúan solo sobre los verbos *sé* y *termino*, mientras que los conectores *pero* (oposición) y *que* (causa) actúan sobre el enunciado completo para oponerse a la conclusión que puede deducirse del primer argumento (no me vas a esperar) y para aportar la causa de que el hablante pida a su interlocutor que lo espere (porque estoy a punto de terminar).

Precisamente porque conectores y operadores se especializan en la argumentación, a ellos dedicaremos los próximos apartados de este capítulo.

Actividad 2: Señala los marcadores del discurso que aparecen en el texto siguiente y clasifícalos, según su función, en alguno de los tipos que acabamos de explicar:

> El océano Antártico es el hogar de criaturas asombrosas como pingüinos, ballenas, orcas, focas y muchas otras especies. Y, como ya sabrán, como consecuencia del calentamiento global se está derritiendo el Polo Sur, su hogar. No obstante, no es el cambio climático el único enemigo al que se enfrentan: las

industrias pesqueras van ahora a la caza del krill, lo que causa un gran daño a los pingüinos, porque ese krill es su alimento, y por culpa de las industrias pesqueras es cada vez más escaso. Es decir, además de destruir su hogar, estamos acabando con su sustento. ¿Cuál es la solución a este problema? Fácil, crear un santuario antártico. ¿Cómo? Por ejemplo, Greenpeace está recogiendo firmas para proteger el océano Antártico, ¿y si les ayudamos a conseguirlo?

Sandra Piqueras Mateos, elpais.com, 06/02/2018

17.5 Conectores y operadores argumentativos

El texto argumentativo es un tipo textual en el que se aportan razones y argumentos que defienden la opinión del hablante, o autor, con el objeto de convencer al oyente, o lector, sobre el acierto de esa opinión (v. Cap. 15). Para facilitar la argumentación, la lengua cuenta, entre otros procedimientos, con los conectores y los operadores argumentativos. Distinguiremos tres tipos de relaciones argumentativas:

a. la *adición*, que consiste en añadir argumentos *coorientados*, es decir, que llevan a la misma conclusión. El conector aditivo prototípico es *y*, y su negativo *ni*, que siempre van integrados en su enunciado, sin signos de puntuación que los aíslen; son también aditivos *asimismo, igualmente, además, encima, sobre todo, es más*, todos independientes y, por tanto, entre signos de puntuación; y operadores como *también, tampoco, incluso* (y *hasta* cuando funciona como sinónimo de este), *ni siquiera, y/ni mucho menos,*
b. la *oposición*, que consiste en añadir argumentos *antiorientados*, o sea, que llevan a conclusiones opuestas. El conector de oposición prototípico es *pero*, y su negativo *sino*, que siempre van integrados en su enunciado; son también opositivos *aunque* (también integrado en su enunciado), *aun así, sin embargo, no obstante, ahora bien, al contrario*, y los operadores *al menos, por lo menos* y *en todo caso*, todos independientes y, por tanto, entre signos de puntuación,
c. y la *causalidad*, que consiste en aportar razones, consecuencias, hipótesis que apoyan la opinión que se está argumentando. Así, el conector prototípico de la causa es *porque*, el de la consecuencia es *así que*, ambos integrados en su enunciado; el de la hipótesis es *de lo contrario*, entre pausas; aunque hay muchos más: *puesto que, ya que, pues* (como conectores causales, siempre precedidos de signo de puntuación), *de modo que, por (lo) tanto, por consiguiente, en consecuencia, pues, así pues, entonces, por eso* (como conectores consecutivos, siempre entre signos de puntuación, excepto *de modo que*), *a no ser que, en caso contrario* (como conectores hipotéticos, integrado el primero y entre signos de puntuación el segundo).

17.6 Herramientas para distinguir marcadores (I): el concepto de fuerza argumentativa

Cuando introducimos argumentos *coorientados* que llevan a la misma conclusión, usaremos los conectores *asimismo, igualmente, de igual modo* y los operadores *también* y *tampoco* cuando tienen igual o la misma fuerza. Así, en el ejemplo (3) vemos que todos los conectores y operadores en cursiva introducen argumentos igualmente importantes para la conclusión sobre el efecto de las lluvias en la ciudad:

(3) La lluvia ha provocado que los efectivos del Parque Municipal de Bomberos de Motril hayan tenido que estar muy alerta durante toda la noche para acudir a diferentes puntos de la ciudad. (...) *De igual modo*, los efectivos han sido llamados para sanear varios balcones por desprendimiento. (...) Las abundantes precipitaciones *también* han provocado que los bomberos hayan tenido que retirar agua embalsada en un solar ubicado en la barriada de El Varadero. (...) *Asimismo*, según informa la Policía Local, se ha cortado por desprendimientos el vial de acceso a la urbanización Cotobro, desde la playa del mismo nombre.

Encarni Pérez, cadenaser.com, 02/03/2018

Con los conectores *además* y *encima* introduciremos un argumento que refuerza al argumento anterior. Entre ellos, preferiremos *encima* cuando a ese refuerzo le añadimos énfasis emotivo, ya sea negativo o positivo.

En el ejemplo siguiente (4) tenemos tres argumentos que llevan a inferir que hablamos de *un buen trabajo*, por lo que la conclusión, explícitamente introducida por *así que*, es que no hay motivos para ninguna queja. Los dos primeros argumentos (horario y cercanía del domicilio) ya eran suficientes para inferir que se trataba de un buen trabajo, por lo que el argumento introducido por *además* es un remate: aporta la misma idea que la expresión *y por si fuera poco*:

(4) Los horarios son flexibles y la oficina está cerca de su casa. *Además,* cobra bien, así que no puede quejarse.

Borrego et al., Gramática de referencia para la enseñanza de español, 2013

Veamos ahora el ejemplo siguiente (5), cuyos argumentos vienen introducidos por *encima*: además de rematar la idea de *una mala relación de pareja*, expresan malestar, indignación de la hablante; al significado *y por si fuera poco* que veíamos en el caso de *además* añadimos ahora un énfasis emotivo, algo similar al modismo coloquial *para colmo*:

(5) Yo estoy trabajando 8 horas diarias y llego muy muy cansada, y apenas mantenemos relaciones por eso, porque *encima* yo limpio, hago la comida, me encargo yo de comprar la comida. ¿Qué hace él? Jugar a la consola.

Autor no registrado, foroamor.com, 09/01/2017

Finalmente, cuando queremos introducir un argumento más fuerte para la conclusión final, vamos a elegir el conector *sobre todo* (ejemplo (5)). Ya el propio significante *sobre* nos ayuda a pensar en un mayor peso argumentativo de su enunciado:

(6) La obesidad infantil aumenta en EEUU, *sobre todo* entre los niños hispanos y afroamericanos.

huffingtonpost.es, 26/02/2018

Cuando introducimos argumentos *antiorientados* que llevan a conclusiones opuestas, hay conectores contraargumentativos que introducen una oposición de poca fuerza argumentativa, como *aunque*: su enunciado no cancela la conclusión y vence el otro argumento (7):

(7) Cómo usar Messenger, *aunque* no tengas cuenta de Facebook.

fayerwayer.com, 03/03/2018

La conclusión *si no tengo cuenta de Facebook no puedo usar Messenger* que podemos inferir del enunciado introducido por *aunque* no logra triunfar en la oposición: "vence" la posibilidad de usar Messenger[1].

Actividad 3: Los conectores *pero* y *aunque* introducen contraargumentos que pueden tener más o menos peso en la conclusión final. En los casos siguientes, ¿qué argumento vence la oposición? O, dicho de otro modo, ¿en qué casos finalmente sales? Para ayudarte, prueba con la continuación *En fin, me quedo en casa*: ¿en qué casos puedes continuar con ese enunciado?

a. Aunque llueve, tengo que salir.
b. Tengo que salir, pero llueve.
c. Tengo que salir, aunque llueve.
d. Aunque llueva, tengo que salir.

El resto de conectores contraargumentativos introducen el argumento de mayor fuerza argumentativa, el que pesa en la conclusión final. De ellos, usaremos *ahora bien* cuando, además de mayor fuerza argumentativa, aportamos un matiz expresivo de llamada de atención (8):

(8) No debía de quererte y, *sin embargo*, te quiero
(Autor: Quintero, León y Quiroga, copla popular)
Conclusión: te quiero

(9) Operaron exitosamente a Neymar *pero* estalló una guerra entre sus médicos
(Autor: Infobae, 03/03/2018)
Conclusión: el éxito no fue total

(10) Entra en el running sin complejo alguno, ponte como objetivo la maratón y, verás lo que eres capaz de hacer. *Ahora bien*, hazlo con cabeza
(Autor: Monght, Foro Men's Health, 19/12/2012)
Conclusión: ¡ojo!, sé prudente

Actividad 4: El comienzo de la canción *Y sin embargo*, del español Joaquín Sabina, es este:

> De sobra sabes que eres la primera
> que no miento si juro que daría
> por ti la vida entera.
> Y sin embargo un rato cada día,
> ya ves,
> te engañaría con cualquiera
> te cambiaría por cualquiera.

¿Cuál es la conclusión sobre la persona que habla en la canción y la relación con su interlocutor? ¿Qué peso desempeña el conector *sin embargo* en esta conclusión final?

17.7 Herramientas para distinguir marcadores (II): el concepto de escala argumentativa

Los conectores *es más, más aún* y los operadores *incluso, hasta, ni siquiera, y/ni mucho menos* aportan una argumentación más fuerte pero, además, la colocan en una escala argumentativa, es decir, el elemento en el que inciden se sitúa en un punto más alto respecto de otros elementos. Así, en el ejemplo siguiente, *y mucho menos* y *ni siquiera* introducen argumentos fuertes y los sitúan en la posición más alta de una lista de *acciones que no quiere hacer el cantante*[2] (11):

> (11) No quiero ser río ni tampoco ser un barco.
> No quiero remar, *y mucho menos* naufragar
> No quiero hablar más alto
> y es que *ni siquiera* quiero hablar
>
> MClan, Quédate a dormir, canción

Para entender el siguiente ejemplo (12) debemos imaginar una lista de situaciones en las que debe prohibirse fumar en el coche: *con niños* ocuparía un puesto en esa lista, pero *sin niños* ocupa el lugar máximo gracias al operador *incluso*:

> (12) Por qué debería prohibirse fumar en el coche *incluso* sin niños dentro
>
> Beatriz Portinari, elpais.com, 23/02/2018

Y en el ejemplo siguiente (13) la escala es *sujetos de peligro*: *mujer* estaría por encima de, por ejemplo, *hombre*, gracias al conector *más aún*, que introduce el argumento de mayor peso:

> (13) ¿Tienes grasa en el vientre? Es peligroso, pero *más aún* si eres mujer.
>
> noticias ya.com, 28/02/2018

Con los operadores *al menos, por lo menos* y *en todo caso*, la posición en la escala se invierte: ahora el elemento al que marcan se encuentra en la posición mínima, Así, en el ejemplo siguiente (14), en el punto más alto de la escala de *corrección del mercado* podría figurar *una vez al mes*; en el medio *cada seis meses*; pero *como mínimo* debería corregirse cada doce meses:

(14)   Lo sano es que el mercado "se corrija" *al menos* una vez cada doce meses
cnnespanol.cnn.com, 03/03/2018

Por último, veamos el ejemplo siguiente (15): *cercanos a Trump* ocuparía la posición más alta y *cercanos a sus aliados* ocuparía la posición mínima para que este político muestre interés por los países:

(15)   Trump, por el contrario, solo ha mostrado interés por aquellos regímenes más cercanos a él, o *en todo caso*, cercanos a sus aliados, como sucede con Venezuela
José Ignacio Hernández G., confidencial.com.ni, 04/04/2018

Actividad 5: Teniendo en cuenta los conceptos de fuerza argumentativa y de escala, completa las noticias siguientes con el conector u operador aditivo que consideres más apropiado según el contexto y explica las razones de tu elección (puede haber más de una solución, pero la original la puedes encontrar en las *webs* entre paréntesis):

a.   No lo he pensado. _____ se me ha pasado por la cabeza, respondió el director de la Policía Nacional Civil (PNC), Howard Cotto. [cronio.sv, 01/01/2018]
b.   El tabloide amarillista por excelencia, The Daily Mail, recogía y ampliaba la noticia. _____, The Times, supuestamente el diario "serio" de centro-derecha, y The Guardian, equivalente para el centro-izquierda, publicaban columnas que ni afirmaban ni negaban la evidencia. [elsaltodiario.com, 03/03/2018]
c.   Ada Colau: "Las pensiones son miserables y _____ las mujeres reciben mucho menos". [lasexta.com, Al rojo vivo]
d.   Viral: Si no ves este GIF, _____ 100 veces, no lo ves ninguna. [tribunasalamanca.com, 03/03/2018]
e.   Jorge Wagensberg, un científico que, _____, era buen orador. [eldiario.es, 03/03/2018]
f.   Hernández: "El acoso al profesorado se da _____ de madrugada". [cadenaser.com, 03/03/2018]
g.   Lisonja _____, nunca adulación. [juventudrebelde.cu, 07/02/2018]

17.8   Preguntas para la reflexión

- ¿Te han resultado útiles las herramientas de fuerza argumentativa y de escala para distinguir marcadores aparentemente sinónimos?

- ¿Qué actividad te ha resultado más difícil de resolver y por qué?
- ¿Qué importancia tiene el contexto de aparición del marcador para su análisis?

POSIBLES TEMAS PARA UN ENSAYO O PROYECTO DEL CURSO

- ¿Qué marcadores del discurso conoces en otras lenguas? Intenta clasificar los que conozcas en los grupos de la sección 17.4 de este capítulo.
- Facebook se ha convertido en un lugar que puede ser manipulado eficientemente y estimular lo detestable del género humano (marcvidal. net): ¿Estás de acuerdo con esta afirmación? Ofrece argumentos.
- Elige un tema que se esté debatiendo en tu entorno (social, político, educativo, etc.) e intenta crear una escala con los argumentos de más y menos peso para la conclusión final.
- Otros: añade uno o dos posibles temas que te parezcan interesantes:
  ....
  ....

En el capítulo de metodología (Cap. 22) encontrarás herramientas que facilitarán la formulación de tu estudio.

Lecturas recomendadas

Borrego, J., dir. et al., (2013). *Gramática de referencia para la enseñanza de español. La combinación de oraciones.* Salamanca: Ediciones Universidad de Salamanca. [Caps. 15 y 16]

Domínguez, M. N. (2016). *Organizadores del discurso.* Madrid: Arco/Libros. [Cap. 2.2.]

Martín Zorraquino, M. A. y Portolés, J. (1999). Los marcadores del discurso. En: Bosque, I. y Demonte, V., dirs., *Gramática descriptiva de la lengua española (Vol. 3).* Madrid: Espasa, 4051–4213.

Montolío, E. (2014). Mecanismos de cohesión (II). Los conectores. En: Montolío, E., dir., *Manual de escritura académica y profesional (Vol. II). Estrategias discursivas.* Barcelona: Ariel, 9–92. [Cap. 4].

Portolés, J. (1998). *Marcadores del discurso.* Barcelona: Ariel. [Caps. 1 y 5].

Lecturas complementarias

Anscombre, J. C. y Ducrot, O. (1994). *La argumentación en la lengua.* Madrid: Gredos. [Cap. 3]

Briz, A., Pons, S. y Portolés, J., coords., (2008). *Diccionario de partículas discursivas* [en línea]. Disponible en: www.dpde.es.

Fuentes Rodríguez, C. (2009). *Diccionario de conectores y operadores del español.* Madrid: Arco/Libros. [Cap. 2]

Martín Zorraquino, M.A. (2010). Los marcadores del discurso y su morfología. En: Ó. Loureda y E. Acín, coords., *Los estudios sobre marcadores del discurso en español, hoy.* Madrid: Arco/Libros, 93–181.

Montolío, E. (1998). La teoría de la relevancia y el estudio de los marcadores discursivos. En: M. A. Martín Zorraquino y E. Montolío, coords., *Los marcadores del discurso. Teoría y análisis*. Madrid: Arco/Libros, 93–120.

Pons, S. (2004). *Conceptos y aplicaciones de la teoría de la relevancia*. Madrid: Arco/Libros. [Cap. 3]

Sperber, D. y Wilson D. (1986). *Relevance: Communication and Cognition*. Cambridge: Harvard University Press. [Cap. 2]

Notas

1 El modo subjuntivo del verbo introducido por *aunque* es siempre una prueba de la debilidad de su argumento (*Aunque* la mona *se vista* de seda, mona se queda). El modo indicativo con *aunque* también puede introducir argumentos débiles, sobre todo cuando el enunciado de *aunque* inicia la relación:

    Adán: *Aunque* el punto quizás sabe a poco, lo importante es sumar.
    (Autor: Miguel A. Morán, marca.com, 01/03/2018).

2 Los operadores *ni siquiera, y/no mucho menos, al menos, por lo menos, en todo caso* necesitan un contexto negativo, explícito mediante la negación (*no, ni*), o sobreentendido.

18

PERSUASIÓN EMOCIONAL, ARGUMENTACIÓN Y PUBLICIDAD

María Isabel Hernández Toribio y Laura Mariottini

> ¿Cómo hay que fabricar un mensaje que haga eficaz la comunicación por lo impecable de su argumentación, por sus estructuras claras y fáciles de seguir y retener, por sus ideas morales, socialmente admitidas e importantes, que generen confianza en el emisor y remuevan las pasiones del más frío receptor, y por su brillante estilo que deslumbre y hechice a todo el que lo perciba?
>
> López Eire, 1998: 11

18.1 Introducción

La publicidad es un tipo de discurso con una finalidad clara e inequívoca: persuadir al destinatario para que adquiera un producto, servicio o —en un plano más ideológico que comercial— sea fiel a una marca, se adhiera a una idea o la asuma, como en la publicidad institucional.

La publicidad intenta suscitar una reacción en el receptor, que puede ser tanto el posterior acto perlocutivo extradiscursivo de compra como la transformación de valores sociales y de pautas de comportamiento vigentes.

Todo texto publicitario intenta seducir las voluntades generando confianza y removiendo "las pasiones del más frío receptor", como afirma López Eire (1998:11) en la cita inicial del capítulo, y lo hace por medio de la argumentación, es decir, mediante "un proceso discursivo por el cual el hablante ofrece una serie de enunciados como buenas razones para que su interlocutor cree u opine de una manera y no de otra, u obre en una dirección concreta" (Fuentes Rodríguez y Alcaide Lara, 2002: 9–10) (v. también Cap. 15). Por consiguiente, si su objetivo es guiar al receptor hacia una conclusión determinada, que viene avalada por argumentos, la finalidad perlocutiva persuasiva se halla intrínseca en la argumentación. Precisamente, muchos autores han relacionado el acto argumentativo con el deseo de convencer, persuadir o manipular. De este modo, *argumentación, persuasión* y *manipulación* son conceptos que aparecen a menudo íntimamente ligados.

Por otra parte, los argumentos empleados —lógicos, emocionales o éticos— no se construyen exclusivamente mediante el empleo del código verbal, sino a través de las posibilidades multimodales e interactivas que ofrece este discurso, en el que se establece una compleja red de relaciones entre todos los códigos para producir la implicación del interlocutor. El discurso publicitario es semiológicamente mixto, un género aglutinador de distintos lenguajes (Gutiérrez Ordóñez, 2000), que se sirve tanto de diferentes recursos —verbales, icónicos, musicales, etc.— como de muy diversos soportes de comunicación —televisivos, gráficos, radiofónicos, multimedia— para perseguir su finalidad perlocutiva.

18.2 Enfoque y objetivos

Argumentación, persuasión y publicidad se pueden analizar desde distintos enfoques y perspectivas (entre otros muchos, la retórica o la nueva retórica, la semiótica o los más recientes análisis multimodales, la lingüística cognitiva o la psicolingüística). El objetivo de este capítulo es presentar el estudio del discurso publicitario desde una perspectiva pragmática, que aborda la manera en la que los discursos son producidos e interpretados en una determinada situación comunicativa. Para ello, te proponemos una reflexión sobre los factores o componentes de la situación comunicativa a partir del modelo SPEAKING propuesto por Hymes (1974: 53–62):

- Situación: coordenadas espacio-temporales e interpretación subjetiva de la escena.
- Participantes: emisores y receptores. ¿Quién/es habla/n? y ¿a quién/es se dirige/n?
- Propósitos: informar, convencer, manipular, describir, etc.
- Actos de habla: ¿asertivos, expresivos, exhortativos?, ¿declarativos o compromisorios? ¿actos directos/explícitos o indirectos/implícitos?
- Claves para codificar y descodificar el mensaje: el tono (solemne, formal, informal) y las claves de lectura: literal, irónica, metafórica.
- Canales, códigos verbales y registros de la comunicación: escrito, oral, digital, icónico, multimedia, etc.; lenguas y variedades lingüísticas.
- Normas: fórmulas y estrategias; cortesía y descortesía, etc.
- Géneros textuales o discursivos: publicidad impresa o anuncios de radio y televisión, etc.

Queremos que te familiarices con los componentes pragmáticos de la situación comunicativa en la que una publicidad se emite, descodifica e interpreta. A continuación, te vamos a proponer el análisis de este discurso a partir de algunas de las aportaciones más relevantes realizadas desde una perspectiva pragmática, centrándonos, de forma particular, en la revisión de los actos de habla, y la (des) cortesía.

Las actividades de análisis que te ofrecemos te servirán tanto para identificar y describir esos componentes lingüístico-pragmáticos de los mensajes publicitarios como para distinguir los factores sociales y contextuales que intervienen y que nos permiten analizar diversas estrategias empleadas por la publicidad al servicio de la persuasión.

Teniendo en cuenta la complejidad del proceso argumentativo para perseguir el fin perlocutivo de la persuasión, te mostraremos cómo la publicidad no solo utiliza formas racionales (argumentos lógicos), sino que las combina con otras que actúan en las esferas emocional (argumentos llamativos) y ética (argumentos de autoridad).

Actividad 1: Como ejercicio te proponemos que identifiques y describas los componentes de la situación comunicativa de Hymes (1974) en cinco anuncios que utilicen diferentes soportes (televisión, radio, publicidad gráfica, marketing directo, eventos o redes sociales).

18.3 Publicidad y actos de habla como estrategias de persuasión emocional

El discurso publicitario ofrece *argumentos racionales* de compra, pero, sobre todo, *emocionales*, puesto que las marcas intentan, cada vez más, crear vínculos con los consumidores. Se pretende que el destinatario no solo perciba información útil sobre un producto o servicio (cualidad superior, economía, valor, confianza...), sino que experimente emociones y sentimientos, fundamentalmente positivos (amor, orgullo, alegría, superación), pero también negativos (miedo, envidia, insatisfacción). Los anuncios pretenden proporcionar beneficios emocionales (estéticos, hedonísticos), que se relacionan con las necesidades del consumidor: expresión personal, aprobación social o autoestima.

En este sentido, algunos actos expresivos como los cumplidos o los agradecimientos pueden convertirse, por sus características semánticas y pragmáticas, en potenciales estrategias al servicio de la persuasión emocional.

18.3.1 Actos expresivos valorativos: cumplidos

Los cumplidos son actos de habla valorativos cuya función primaria es más afectiva y social que referencial. Esto es así porque mediante ellos se valora positivamente, de forma explícita o implícita, al interlocutor (su apariencia física, cualidades, habilidades, personalidad, posesiones...) (v. también Cap. 3). De este modo, se convierten en argumentos de persuasión que permiten suscitar un clima emocional, un "ambiente de afiliación" (Zappavigna, 2012: 83) con el que propiciar el acercamiento psicológico al consumidor.

Por una parte, se realizan cumplidos *directos* que hacen referencia explícitamente a las cualidades objeto de valoración: fundamentalmente mediante adjetivos valorativos, que, dado el carácter intensificador de este discurso, suelen aparecer intensificados en enumeraciones (*real y maravillosa*), mediante adverbios (*increíblemente* radiante) o en construcciones de superlativo relativo (*tú eres lo más importante*); también se recurre a verbos como *valer* o *merecer* (Hernández Toribio, 2016).

Por otra parte, son numerosos los cumplidos *indirectos*, es decir, aquellos que necesitan de un proceso inferencial para su interpretación. A pesar de que este tipo de cumplidos indirectos se presentan bajo fórmulas más heterogéneas que los directos, en el discurso publicitario se pueden constatar algunas recurrencias:

a. Cada vez son más frecuentes los denominados *cumplidos encubiertos* (Hernández Toribio, 2016), es decir, aquellos en los que, como en los ejemplos (1), (2) y (3), además de hacer explícita una valoración, se presupone que la destinataria poseía ya cualidades positivas previas. De ahí que se recurra a lexemas verbales (*potenciar, prolongar*...) o a los adverbios (*más y todavía*) que permiten activar dicha *implicatura convencional* (Portolés, 2004: 129):

(1) *Potencia* ahora la naturalidad que hay en ti. #DoubleWear (Estée Lauder).
(2) *Prolonga* tu belleza original. Nuevo Origin-Pro EGF-5 (Sensilis).
(3) A lo largo del día, hay un momento en el que deseas llegar a casa, ponerte cómoda y sentirte *más guapa todavía*. La marca ÉNFASIS te propone este otoño una línea de prendas... (El Corte Inglés).

b. El discurso publicitario ha encontrado en el *elogio* y el *autohalago* fórmulas adecuadas para reivindicar, más allá de la valoración del aspecto físico, determinados comportamientos. Se elogian, en mayor medida, las actitudes y valores (autoestima, determinación, personalidad, compromiso social...) de personajes tanto anónimos como conocidos. Es notoria la recurrencia al personaje anónimo, cuya eficacia se basa en la previsibilidad: "lo previsible es familiar y a lo familiar se le otorga confianza, por tanto, vende" (De Santiago Guervós, 2005: 38).

En el ejemplo (4) se valora la capacidad de adaptación a todo tipo de situaciones (inesperadas e incluso aparentemente contradictorias) que tienen personajes anónimos. Se exponen argumentos que, a través de un *proceso inferencial*, permiten obtener algunas *implicaturas* (Portolés, 2004): *es cosmopolita, pero apegado a sus raíces, es moderno, pero tradicional, es un gran profesional, pero con vida propia y aficiones*. Estas son implicaturas para cuya interpretación es necesario activar una serie de *premisas* (conocimientos comunes):

(4) Everyone has a different story and everyone wears Emporio Armani.
Adora Nueva York. Echa de menos su casa.
Trabaja en edición digital. Sigue leyendo libros.
Perito mercantil de día. Bailarín de tango de noche.

Es más, en ocasiones se cede la palabra a esos personajes, quienes, mediante *autohalagos* (formulados en primera persona mediante el pronombre personal tónico —*yo*, para *mí*— o la forma verbal), reivindican no solo su imagen (actividad de *autoimagen* como personas comprometidas con causas sociales), sino también la del colectivo al que representan. El testimonio del personaje conocido se convierte en un valioso "argumento de autoridad" como en (5). Y, por ejemplo, en la publicidad de las redes sociales (Facebook, Twitter, Instagram…), la figura del *influencer*, *youtuber* (6) cobra extraordinaria importancia.

(5) No soy perfecta. Soy única. La nueva fragancia de Adolfo Domínguez. www.youtube.com/watch?v=OOoMeogCVGQ.

(6) Soy Esbatt. Soy youtuber a tiempo completo. […] Soy una persona 100% transparente. Soy muy natural. Estoy orgullosa de ser quien soy. […] Creo que todo te hace más fuerte y a día de hoy soy una persona muy segura de mí misma y puedo decir que soy feliz. […] Accord Perfect me unifica el tono de una manera espectacular. [.... Me encanta sentirme yo misma sin filtros. www.youtube.com/watch?v=9UFdoXS-GXA.

Tanto los elogios como los autohalagos se convierten también en una especie de cumplidos hacia el destinatario del anuncio, razón por la que los que hemos denominado *cumplidos a través de terceros* (Hernández Toribio, 2016: 166–168). En ejemplos como los referidos —(5) y (6)—, el personaje anónimo, conocido (deportista, actriz, etc.) o el *influencer* se convierten en el estereotipo que se espera que represente a los consumidores del producto. En última instancia, también se está valorando positivamente a estos de forma indirecta mediante un proceso de transferencia e identificación con la actitud reivindicada por aquellos y que es objeto de valoración. Por ejemplo, en (5) y (6), los autohalagos (*soy única, soy 100% transparente*, etc.) determinan unos rasgos de personalidad con los que la consumidora puede sentirse identificada mediante un proceso de transferencia: *si tú te sientes identificada conmigo, tú también eres transparente, natural, etc.*

Actividad 2: Identifica los cumplidos que aparecen en los anuncios del corpus del Anexo y examina su tipología y las fórmulas lingüísticas empleadas. Explica cómo y por qué dichos enunciados se pueden entender o interpretar como cumplidos.

18.3.2 *Actos expresivos: agradecimientos*

Los agradecimientos son también actos de habla expresivos, pero que normalmente el hablante lleva a cabo como reacción a una acción previa realizada por el destinatario que le ha resultado beneficiosa (Haverkate, 1994: 93).

En las interacciones cotidianas, este acto de habla permite establecer cordialidad, y, por tanto, el desarrollo armonioso de las relaciones entre los interlocutores. El hablante siente algo positivo hacia el destinatario del agradecimiento y quiere que este lo sepa. Los agradecimientos pueden expresar emociones y se convierten en uno de los mecanismos al servicio de la persuasión para que el destinatario del anuncio experimente determinados sentimientos positivos, para que se genere empatía hacia la marca del producto o servicio anunciados.

El agradecimiento, que es uno de los actos expresivos más formulaicos, no viene exigido en el discurso publicitario como norma de buena conducta, a diferencia de lo que sucede en determinadas interacciones comunicativas. Por ello, no resulta tan necesario; de ahí que sean mucho menos frecuentes frente a otros actos de habla expresivos como los cumplidos.

Lo habitual es que, como en el ejemplo (7), la empresa anunciante agradezca —*a posteriori* (por adelantado sería contraproducente)— a los consumidores la buena acogida que ha tenido su producto, especialmente tras una larga trayectoria. Mediante el agradecimiento se pretende "compensar simbólicamente el coste invertido por el oyente en beneficio del hablante" (Haverkate, 1994: 150). En la publicidad, el coste material que supone la adquisición del producto se suele enmascarar como el coste de algo inmaterial (la confianza).

(7) P&G 50 años España cerca de ti mejorando tu vida. ¡Gracias por 50 años de confianza!

Por otra parte, el agradecimiento del anunciante hacia los consumidores no solo se realiza de forma directa —como en (7)—, sino también indirecta a través de personajes conocidos o anónimos, e incluso colectivos, que se convierten en estereotipos con los que los consumidores pueden sentirse identificados. La empresa les da las gracias no por haber realizado acciones de consumo, como en el ejemplo anterior, sino por haber tenido actitudes y comportamientos sociales ejemplares dignos de ser emulados (8), lo que lleva implícita una valoración. Estas son acciones que, sin embargo, suele haber incentivado la marca del producto anunciado.

(8) Gracias Javier* por ayudarnos a "plantar" más de 470.000 litros de agua.
Manuel Javier Navarro: Guarda forestal involucrado en el proyecto "Plantando Agua" promovido por Coca-Cola y que ayudó a reforestar 66.374 árboles.
Coca-Cola 65 años en España. #SOMOS PARTE DE TI. Descubre más historias en www.cocacolaespana.es.

No solo la empresa anunciante da las gracias al destinatario o a un personaje, sino que también se simulan situaciones cotidianas en las que, como en (9), es el personaje anónimo el que da las gracias a un ser querido. Algo que sucede especialmente en las campañas conmemorativas de días especiales como el Día de la Madre.

(9) ¡Gracias mamá! De todo corazón
Hijo: Gracias, mamá, por las recetas que me enseñaste. Funcionaron.
Hijo: Y gracias por enseñarme a comer bien y cuidarme con Carbonell.

En este ejemplo, el objeto de la gratitud se formula como un argumento emocional, puesto que permite hacer referencia a aspectos que evocan no solo situaciones personales placenteras para los protagonistas del anuncio, sino para cualquier destinatario del anuncio en la cultura española.

Por último, sería interesante destacar que el carácter sintético del discurso publicitario favorece la mayor frecuencia de aparición de la expresión *gracias* sobre otras fórmulas como *te agradecemos* con verbo performativo. *Gracias*, por otra parte, suele aparecer destacada ortotipográficamente.

Actividad 3: Actos de habla. Como ejercicio te proponemos que identifiques los actos de agradecimiento, los argumentos que se ofrecen al hacer explícito el objeto del agradecimiento y las fórmulas lingüísticas empleadas para su realización en los anuncios del corpus del anexo.

18.3.3 Actos descalificativos, (des)cortesía y atenuación

Si el acto de habla tiene un valor opuesto al del cumplido, se pueden llegar a producir actos descalificativos de la imagen del destinatario (Mariottini, 2017), como en los ejemplos siguientes (10–12):

(10) *Vuelve* a lucir una piel *joven* (Mary Kay).
(11) Estás a *esto* de verte deslumbrante (indicando con los dedos la medida de una ampolla) (Germinal).
(12) ¿*Primeros signos de la edad*? No renuncies a una piel perfecta (Elizabeth Arden).

La estrategia no consiste en realzar los aspectos positivos de su imagen, sino más bien en hacerse eco de sus posibles imperfecciones. A pesar de que, cada vez más, se reivindica la aceptación personal, la esencia de la publicidad de determinados sectores sigue residiendo en la mejora de la apariencia física. Por ello, también se construye, en ocasiones, una imagen negativa (o no tan positiva) del estereotipo con el que se espera que se sienta identificado el destinatario del anuncio, lo cual permite generar en este determinadas emociones y sentimientos. Esto es algo que se logra tanto a través del lenguaje verbal como no verbal (v. Cap. 19).

En un discurso multimodal como el publicitario, la imagen visual adquiere en estos casos un papel relevante al representar cuerpos o rostros en su estado natural —de imperfección y/o carencia— para generar en el destinatario sentimientos negativos de insatisfacción e incluso quizá de rechazo, fracaso o infelicidad. Ante esta imagen negativa, el destinatario debe reaccionar llevando a cabo acciones que conducen a un cambio, es decir, buscando la transformación artificial de un estado natural a través de la compra del producto. Y lo hace, además, guiado por la argumentación que le ofrece el anunciante, basada tanto en argumentos racionales, pero, sobre todo, emocionales.

Los actos de habla, junto con los recursos no verbales descalificativos, son empleados por el hablante en la comunicación para lograr sus propósitos perlocutivos persuasivos. De ahí el uso que puede hacerse de la descortesía —entendida como una amenaza a la imagen del destinatario— con una finalidad estratégica, para *provocarle* que actúe según la orientación deseada.

No obstante, para evitar la posible descortesía que este tipo de actos de habla puede suponer en la publicidad, no sorprende que se seleccionen determinadas fórmulas que permiten atenuarla. Por ejemplo, en (10) se recurre a la perífrasis verbal reiterativa volver + infinitivo, que induce a presuponer la existencia de un estado positivo previo que el producto va a contribuir a recuperar, y en (11) se hace referencia a lo poquito que le falta al destinatario para cumplir con el propósito de verse deslumbrante.

Por su parte, en el ejemplo (12), el aspecto negativo se formula mediante una oración interrogativa (y no como una manifestación de certeza absoluta, una afirmación categórica), que constituye una hipótesis en la que tan solo se aventura el potencial problema que puede tener el destinatario. Además, la interrogativa en la publicidad se convierte en el mecanismo idóneo que permite no solo tener en cuenta al destinatario al someter una propuesta a su consideración —actúa de *gancho* (Prestigiacomo, 2012: 801)—, sino que también sirve para dar paso a la información fundamental del texto, es decir, aquella relacionada con el producto —una información que atenúa la posible amenaza a su imagen que pueden haber causado tanto los recursos visuales como el acto de habla.

Actividad 4: Recopila algunos anuncios en los que se intente generar determinados sentimientos negativos en el destinatario del anuncio. Analiza los recursos multimodales (lingüísticos y no lingüísticos) empleados para conseguir este propósito.

18.4 Preguntas para la reflexión

- ¿Hay actos de habla más frecuentes en publicidad? ¿Por qué?
- ¿Qué actos de habla se emplean en el discurso publicitario al servicio de la persuasión emocional?
- ¿Cuáles son las funciones que desempeñan los actos de habla expresivos en el discurso publicitario?
- ¿Cuáles son los recursos lingüísticos más destacados para formular los tipos de actos expresivos empleados en la publicidad?

POSIBLES TEMAS PARA UN ENSAYO O PROYECTO DEL CURSO

- Sugerencia: examina la publicidad en dos revistas; una orientada a mujeres y otra a hombres. Identifica los actos de habla en cada una de ellas y haz un análisis contrastivo de similitudes y diferencias en el tipo de actos que se emplean.
- ¿Son los actos valorativos (positivos y negativos) habituales en la publicidad de otras lenguas? Puedes realizar un estudio contrastivo para comprobarlo.

- ¿Qué estrategias pragmalingüísticas se emplean al servicio de la persuasión emocional? Examina, por ejemplo, los anuncios humorísticos o aquellos en los que se recurre al *storytelling*.
- Analiza implicaturas que se activan en publicidad seleccionando diez anuncios.
- Otros: añade uno o dos posibles temas sobre la argumentación y las estrategias de persuasión (emocional) que te parezcan interesantes:

....
....

En el capítulo de metodología (Cap. 22) encontrarás herramientas que facilitarán la formulación de tu estudio.

Lecturas recomendadas

Adam, J. M. y Bonhomme, M. (2000). *La argumentación publicitaria: retórica del elogio y de la persuasión*. Madrid: Cátedra. [Caps. 4 y 5]
Fuentes Rodríguez, C. y Alcaide Lara, E. (2002). *Mecanismos lingüísticos de la persuasión*. Madrid: Arco/Libros. [Cap. 1]
Gutiérrez Ordóñez, S. (2000). *Comentario pragmático de textos de deshecho*. Madrid: Arco/Libros.
Hymes, D. (1974). *Foundations of sociolinguistics: An ethnographic approach*. Philadelphia, PA: University of Pennsylvania Press. [Cap. 3]
López Eire, A. (1998). *La retórica en la publicidad*. Madrid: Arco/Libros. [Cap. 3]
Poch, D. y Alcoba, S., eds. (2011). *Cortesía y publicidad*. Barcelona: Ariel Letras.

Lecturas complementarias

Haverkate, H. (1994). La cortesía verbal. Madrid: Gredos. [Caps. 7 y 8]
Portolés, J. (2004): *Pragmática para hispanistas*. Madrid: Síntesis. [Caps. 7 y 9]
Zappavigna, M. (2012). *Discourse of Twitter and social media. How we use language to create affiliation on the web*. London/New York: Continuum. [Caps. 4 y 5]

Sobre el discurso publicitario especificamente

De Santiago Guervós, J. (2005). *Principios de comunicación persuasiva*. Madrid: Arco/Libros. [Cap. 2]
Hernández Toribio, M.ª I. (2016). Hacia una tipología del uso del acto valorativo cumplido como estrategia publicitaria. *Révue Roumaine de Linguistique*, 2, 157–175.
Mariottini, L. (2017). Politeness and impoliteness in fashion advertisements in Spanish Language. En: G. Motta y A. Biagini, eds., *Fashion through history: Costumes, symbols, communication*. Newcastle: Cambridge Scholars Publishing, 531–547.
Prestigiacomo, C. (2012). Persuasión, manipulación y (des)cortesía en los anuncios de televenta. *Discurso & Sociedad*, 6(4), 782–814.

Robles Ávila, S. (2017). *Niños y niñas en la publicidad infantil: estudio lingüístico diferenciado.* Madrid: Arco/Libros. [Cap. 4]

Anexo: Corpus de anuncios

1. "Para mí la elegancia tiene más fuerza que la belleza". Laura Morante. Actriz y directora.
   Apodérate de tu belleza. #mipoderLierac
2. "Hay que ser tenaz y perseguir sin descanso lo que se desea. Al final, todo ese esfuerzo dará fruto". Garbiñe Muguruza. Poseedora de dos títulos Gran Slam de tenis.
   Fuente de Inspiración. [...] Motivada por su gran pasión por el tenis, da lo mejor de sí cada vez que sale a jugar. Su estilo de juego, potente y apasionado, le ha valido dos títulos de Grand Slam: el primero en Roland Garros 2016 y, recientemente, en Wimbledon 2017. Rolex está orgulloso de colaborar con Garbiñe Muguruza, cuyo ascenso a la cumbre del tenis mundial solo acaba de empezar. No solo marca el tiempo. Marca su época.
3. "Me. Unlimited". Modas sin límites. Como tú. Descubre más de 1900 marcas en zalando.es.
4. Potencia tu belleza natural. Pestañas infinitas. Cejas perfectas. En cualquier momento, a cualquier edad. M2 Beauté.
5. Los demás dicen que pienses en ti. Nosotros que pienses. Piensa, luego Yoigo.
6. Moleskine. Cultura, imaginación, viaje e identidad personal. Moleskine es una marca que identifica una familia de objetos nómadas: cuadernos, libretas, agendas, bolsas, útiles de escritura y accesorios de lectura, todo ellos diseñados para la persona moderna en marcha. Herramientas flexibles y brillantemente sencillas tanto de uso cotidiano como extraordinario, que a la larga se convierten en parte integrante de nuestra personalidad. Descubre las colecciones Moleskine y entra a formar parte de su historia en moleskine.com
7. [...] 1: Tú no eres yo. Yo soy yo. 2: No voy a ser definida por las expectativas de nadie. 3: No me visto según mi edad. Me visto a mí misma tal y como soy. 2: Porque mi cara no tiene nada que ver con mi boxeo. Soy la número 1 de mi país y número 2 en el mundo. 4: Como fashion blogger mi estilo es 100% descarado. [...] 7: Esta soy yo. Este es mi pelo. Mi belleza. Mi decisión Disponible en: www.dove.com/es/stories/campaigns/choose-beautiful1.html.

19

COMUNICACIÓN NO VERBAL

Ana M. Cestero Mancera

> Lo que llamamos 'hablar' consiste en utilizar tres canales:
> lo que decimos, cómo lo decimos y cómo lo movemos.
>
> Fernando Poyatos
>
> Lo más importante en la comunicación es escuchar lo que no se dice.
>
> Peter Drucker
>
> Un gesto vale más que mil palabras.

19.1 Introducción

¿Nos comunicamos a través de las palabras?

Sin ninguna duda, la mayor parte de las personas respondería que *sí* sin detenerse un instante a pensar en ello. Diríamos esto porque damos por sentado que la comunicación se produce mediante el empleo del lenguaje verbal, sin embargo, no es del todo cierto. La comunicación humana es una actividad de gran complejidad y, para hacerla posible, usamos signos de varios sistemas, lingüísticos y no lingüísticos, entre los que existe una estrecha relación de dependencia. Es imposible comunicar algo verbalmente sin emitir, a la vez, o en sucesión, signos no verbales que comportan un significado de base semántica o que matizan o añaden información al contenido o sentido de un enunciado verbal. Como suele decirse *un gesto vale más que mil palabras*.

En este capítulo, atendemos a la comunicación no verbal, esto es, a los signos y sistemas de comunicación no lingüísticos que comunican o se emplean para comunicar, desde la consideración de que son parte sustancial de cualquier proceso comunicativo.

19.2 Enfoque y objetivos

Cualquier acto comunicativo se realiza poniendo en funcionamiento signos de tres sistemas distintos: lingüístico, paralingüístico y quinésico. Es lo que Poyatos (1994: 129–147) denomina *la triple estructura básica de la comunicación*, en la que pueden intervenir, además, signos proxémicos y cronémicos.

A pesar de la importancia reconocida a la comunicación no verbal, su estudio se encuentra aún en la fase de identificación, descripción y clasificación de signos y sistemas. No obstante, los conocimientos que sobre ella tenemos en la actualidad revelan la necesidad de tenerla en cuenta en toda investigación sobre comunicación humana, especialmente en la que se centre en el discurso oral (Poyatos, 1994, 2013; Cestero Mancera, 2014, 2016; Burgoon, Guerrero y Floyd, 2016; Matsumoto, Hwang y Frank, 2016). Dada su configuración interdisciplinaria, se distinguen dos vías diferentes de atención a la comunicación no verbal:

a. La que se centra en los signos no verbales que informan sobre el carácter, la personalidad o las emociones del ser humano y las acciones producto de ello. Esto es, el estudio de la comunicación no verbal desde la psicología.
b. La que se interesa por los signos no verbales como unidades que intervienen en cualquier acto de comunicación humana y que conllevan una porción variable del aporte comunicativo. Esto es, el estudio de la comunicación no verbal desde la semiótica y la lingüística.

Nuestra perspectiva de análisis, como lingüistas, es la segunda y, por tanto, trataremos aquí los signos no verbales como unidades funcionales que intervienen, junto con los signos verbales, o independientemente de ellos, en cualquier acción comunicativa.

19.3 La comunicación no verbal

Se consideran comunicación no verbal los signos y sistemas de signos no lingüísticos que comunican o se utilizan para comunicar de manera natural y cotidiana. Veamos cuáles son los sistemas y sus categorías.

19.3.1 Los sistemas de comunicación no verbal

Los cuatro sistemas de comunicación no verbal reconocidos hasta el momento son: *paralenguaje, quinésica, proxémica* y *cronémica*. De ellos, los dos primeros, paralenguaje y quinésica, se consideran sistemas básicos o primarios por su implicación directa en cualquier acto de comunicación, ya que se ponen en funcionamiento a la vez que el sistema verbal para producir un acto comunicativo, conformando la triple estructura básica. Los sistemas proxémico y cronémico, por su parte, se consideran sistemas secundarios o culturales, pues suelen actuar modificando o reforzando el significado de los elementos de los sistemas básicos o independientemente, dando información social o cultural. Pasemos a tratar con algo más de detalle cada uno de ellos.

1. Los signos no verbales que conforman el sistema *paralingüístico* pertenecen a cuatro categorías diferentes:

    a. cualidades de la voz y modificadores fónicos: variación tonal o de volumen, velocidad de emisión, tipos de voz;
    b. indicadores sonoros de reacciones fisiológicas y emocionales: risa, llanto, suspiro, carraspeo, etc.;
    c. elementos cuasi-léxicos: interjecciones no léxicas (¡ah! ¡uy! ¡oh!), onomatopeyas (*glu-glu, mua-mua*) y emisiones sonoras de distinto tipo (chisteos, ronquidos, *uff, hm, puaf, etc.*), y
    d. pausas y silencios.

Todos ellos comunican o especifican o matizan el sentido de los signos de otros sistemas en actos comunicativos, a partir de su propio significado o de las inferencias que producen (Poyatos, 1994).

Actividad 1a: (en parejas)

    Estudiante A: Emite el saludo *Buenos días* de diferentes maneras: intenta comunicar *alegría* y *desprecio* mediante signos paralingüísticos como el volumen, un tipo de voz determinado, risa, etc.
    Estudiante B: Considera los elementos no verbales en los que se apoyó tu compañero para comunicar esas emociones.

En un segundo momento, se cambian los papeles y, ahora, el estudiante B emite el saludo intentado mostrar *enfado* y *cansancio*. El estudiante A reflexiona sobre los signos no verbales que permiten conocer tales emociones o estados.

Actividad 1b: Considera qué pueden expresar los siguientes elementos cuasi-léxicos en la conversación: *hm, aha*. ¿El aporte comunicativo que has indicado puede producirse a través de otros signos verbales o no verbales?

2. Forman parte del sistema *quinésico* los movimientos y las posturas corporales que comunican o que especifican o matizan el significado de los signos comunicativos o el sentido de los actos de comunicación (Poyatos, 1994, caps. 4 y 5). La propia definición lleva a distinguir tres categorías:

    a. gestos: faciales (realizados, fundamentalmente, con los ojos, las cejas, el entrecejo y el ceño, la frente, los pómulos, la nariz, los labios, la boca y la barbilla), como la mirada y la sonrisa, por ejemplo, y corporales (realizados, fundamentalmente, con la cabeza, los hombros, los brazos, las manos, los dedos, las caderas, las piernas y los pies), como una cabezada de asentimiento y acuerdo, o una manotada con giro hacia delante que conlleva el aporte conceptual de avance y progreso;

b. maneras o formas de hacer movimientos, tomar posturas y, en general, realizar actos no verbales comunicativos, como andar erguidos y con fuerte talonación, que muestra seguridad y decisión;
c. posturas, como estar sentado con las piernas y los brazos cruzados, que indica incomodidad, cierre, inseguridad, tensión, nerviosismo…, o de pie con piernas abiertas y adelantamiento de uno de los pies, que muestra apertura, seguridad, etc.

3. El sistema *proxémico*, secundario o cultural, está conformado por los hábitos de comportamiento y ambientales y las creencias de una comunidad relacionados con la concepción que tiene el ser humano del espacio y con el uso y la distribución que hace de él (Poyatos, 2017: 17–18). Tal definición nos permite distinguir tres categorías:

   a. proxémica conceptual: hábitos de comportamiento y ambientales y creencias relacionados con el concepto que tiene del espacio una comunidad o cultura, con la distribución que hace del espacio —configuración de ciudades, pueblos, calles, casas, etc.—, y con la incidencia de todo ello en la acción humana —mantenimiento de filas, respeto de espacios prohibidos o privados, etc.,— así como el valor de conceptos como cerca/lejos, acercarse/alejarse, llegar/marcharse, aquí/ahí/allí o ir/venir, que tienen que ver con la concepción proxémica y que ofrecen una gran variación cultural;
   b. proxémica social: signos culturales que muestran el uso del espacio en las relaciones sociales —utilización de los espacios exteriores e interiores, públicos o privados, para la interacción social—, así como el comportamiento de las personas ante la violación de la territorialidad;
   c. proxémica interaccional: establecimiento cultural de las distancias a las que las personas realizan las distintas actividades comunicativas interactivas —consolar, aconsejar, reprender, conversar, etc.—, que varían transculturalmente, siendo mucho menores en las culturas mediterráneas y africanas, conocidas como de contacto. Se incluyen en este grupo una serie de signos no verbales en coestructuración con signos de otros sistemas o en alternancia con ellos —aproximarse a una persona para indicar que se pretende ir con ella a algún lado o que se está de acuerdo con lo que dice.

4. Por último, no se puede olvidar que el tiempo comunica, bien pasivamente, ofreciendo información cultural, bien activamente, modificando o reforzando el significado de los elementos del resto de sistemas de comunicación humana. Es lo que se conoce como *cronémica*, definida como la concepción que tiene del tiempo el ser humano, y cómo lo estructura y lo usa (Poyatos, 2017: 17–18). También en este caso puede hablarse de tres categorías cronémicas:

   a. tiempo conceptual: hábitos de comportamiento y creencias relacionados con el concepto que tienen del tiempo las distintas culturas —si lo valoran o no, y por qué—, con la distribución del tiempo que hacen las distintas comunidades y con la incidencia del tiempo en la acción humana —tales

como la planificación del tiempo o la realización usual de una o varias actividades a la vez—; así como el valor cultural que poseen distintos conceptos cronémicos que varía de cultura a cultura: puntualidad e impuntualidad, prontitud y tardanza, etc.;
b. tiempo social: signos culturales que muestran el manejo del tiempo en las relaciones sociales, por ejemplo, la duración de determinados encuentros sociales como reuniones, entrevistas de trabajo o visitas, la estructuración de las actividades diarias tales como desayunar, comer, merendar y cenar o los momentos del día apropiados para determinadas actividades sociales;
c. tiempo interactivo: duración mayor o menor de signos de otros sistemas de comunicación que tiene valor informativo (un abrazo largo o breve), bien porque refuerza el significado de sus elementos o bien porque especifica o cambia su sentido.

Actividad 2: Emite, en voz alta, el enunciado *Vete ya*. Observa cómo cambia su sentido si:

a. subes o bajas la intensidad de *ya*,
b. lo produces con voz chillona, con voz susurrada, con voz temblorosa o con labios redondeados,
c. lo realizas con una /amplia sonrisa + ojos muy abiertos/ o con /boca estirada en horizontal con comisuras hacia abajo + ceño fruncido/,
d. haces gesticulación manual previa, marcando palabras o posterior,
e. efectúas un gesto manual para finalizar el acto comunicativo: *Vete ya* /uno o más golpecitos con el dedo índice en la muñeca de la otra mano o en la esfera del reloj/,
f. te acercas mucho a tu interlocutor o te separas bruscamente de él.

19.3.2 Características de los signos no verbales

Los signos no verbales pueden comunicar activa o pasivamente, es decir, podemos utilizarlos para comunicar, pero también pueden comunicar sin que lo pretendamos. Por otro lado, y en relación con esta característica básica, es posible y frecuente que utilicemos de forma inconsciente signos no verbales que realicen actos de comunicación imperceptibles para el emisor, pero no para el receptor, que los percibirá e interpretará inmediatamente.

(1) Una /cabezada vertical/ comunica activa y conscientemente acuerdo, de la misma manera que /llevarnos los dedos apiñados a la boca/ comunica *comer* y (*ufff*) significa *lejos, calor*... Continuamente efectuamos /manotadas verticales/ que llaman la atención y resaltan palabras o información relevante, sin apenas ser conscientes de ello, e igual efecto tiene una subida destacada de volumen. Y, también, casi inconscientemente, reorganizamos nuestra postura, emitimos aspiraciones (*hh*) o clics linguales (*ts*) para tomar o intentar tomar

la palabra o, más conscientemente, realizamos tal acción estructural mediante un gesto de /levantamiento de mano, con o sin dedo índice extendido/.

Como hemos mencionado previamente, resulta imposible comunicar verbalmente sin emitir o producir, a la vez o en sucesión, signos no verbales, ahora bien, debemos tener en cuenta que la comunicación que se produce a través de los signos no verbales es básicamente funcional. Los utilizamos para realizar actos de comunicación relacionados con la interacción social (saludar, presentar, felicitar, etc.), con la estructuración y el control de la comunicación misma (pedir la palabra, comenzar un turno de habla, terminarlo, relacionar partes y elementos del discurso, etc.) o con prácticas habituales en la comunicación interactiva humana como identificar, describir y exteriorizar (vivencias, sensaciones, sentimientos, etc.).

Los signos no verbales, igual que los verbales, pueden variar, dependiendo de la caracterización social de las personas y de las situaciones en que se usen. Así, aunque muchos elementos paralingüísticos, quinésicos, proxémicos y cronémicos son utilizados en cualquier contexto, y por todos los miembros de una comunidad, otros muchos son específicos de las mujeres o de los hombres, de los jóvenes o de los mayores, etc., o se usan en unas situaciones determinadas (en casa, en un bar, etc.), pero no en otras (en una clase, en una entrevista de trabajo). Y no se debe olvidar que estamos ante signos culturales, no universales, aunque algunos se empleen en distintos bloques culturales o países.

Por último, los signos de los sistemas de comunicación no verbal son plurifuncionales y pueden usarse, en cualquier momento de la interacción, con uno de estos dos propósitos fundamentales: comunicar y regular la interacción o el discurso.

Comunicar

Los signos no verbales pueden emplearse con un aporte comunicativo específico o determinante, en combinación con signos de otros sistemas (lingüístico y no verbales), es decir, como unidades que no se pueden separar unas de otras por estar coestructuradas, o pueden utilizarse, como unidades separables, en lugar de signos de otros sistemas o alternando con ellos para producir actos completos de comunicación. En el primero de los casos, los signos no verbales *añaden* información al contenido o sentido de signos de otros sistemas o lo *matizan*, de manera que pueden especificar, confirmar, reforzar, debilitar, camuflar o contradecir el contenido o sentido de signos, enunciados o actos comunicativos. Lo has podido comprobar en las actividades 1 y 2, y te damos a continuación más datos a modo de ejemplo (2).

(2) El volumen o el alargamiento de sonidos con que se emita un *Ya* le dará el sentido de entendimiento, conformidad, desconformidad o reticencia. Y ese mismo *Ya*, emitido a la vez que se produce /abertura de ojos + estiramiento de las comisuras de la boca hacia abajo/ puede comunicar temor o preocupación.

Por otro lado, los signos no verbales pueden comunicar por sí solos, de manera similar a como lo hacen el lenguaje verbal u otros signos no verbales (3).

(3) El llanto muestra tristeza y la risa alegría; ¡*ajj!* comunica repulsa, mal olor, mal sabor... y ¡*HmMm!* agrado, buen olor o buen sabor; tenemos muchos gestos manuales y corporales con los mismos significados que palabras, expresiones y enunciados, como llevar /dedos apiñados a la boca y movimiento hacia adelante y hacia atrás/ para *comer* y /estiramiento tras besar las yemas de los dedos/ para *¡qué rico!*, /llevar el índice a la sien derecha y girarlo hacia adelante y hacia atrás/ para *loco*, /estirar el dedo índice y dirigirlo/ hacia un lugar, objeto, etc., para ubicar o identificar con el aporte de *ahí* o *aquel*, /cabezada horizontal/ para *no* y /cabezada lateral/ para *quizás*...

Regular la interacción o el discurso

Son muchos los elementos de los sistemas no verbales que sirven para regular la interacción, organizar el discurso o dirigir la atención hacia alguna de sus partes o contenidos principales; es más, generalmente, la interacción comunicativa y los discursos se regulan y estructuran haciendo uso de ellos.

En este caso, también podemos establecer la distinción entre signos no verbales reguladores que no se pueden producir de manera separada de signos de otros sistemas, como los marcadiscursos —subidas de volumen, elevación de ceja, manotadas o cabezadas verticales— que atraen la atención y así resaltan palabras, información o momentos importantes del discurso o muestran la actitud que se tiene hacia lo que se comunica, y como la bajada tonal o el alargamiento de sonidos que permiten predecir el final de turno; y signos no verbales reguladores que se realizan de manera independiente de signos de otros sistemas, aunque en coestructuración con ellos habitualmente, como una pausa resaltadora de información o finalizadora de secuencia o turno, un elemento cuasi-léxico como (*eeee*) o (*mmmm*) que indica toma de palabra o continuación con muestra de estado, un /levantamiento de dedo índice o de mano con palma al frente/ para pedir la palabra o indicar que la mantendrá un poco más, etc.

No podemos olvidar, finalmente, que la utilización de signos no verbales favorece la economía lingüística y las interacciones simultáneas, lo que redunda en su eficacia comunicativa. Así, mediante el uso de signos no verbales, podemos realizar dos —o más— actos comunicativos a la vez, con los aportes comunicativos e inferenciales, y mantener más de una conversación de forma simultánea.

(4) Un enunciado como *Ayer estuve de tiendas* puede ser meramente informativo, pero si lo emitimos con una /amplia sonrisa/ y /ojos muy abiertos/ se realiza un acto asertivo y otro expresivo al mismo tiempo, y si, a la vez que emitimos *tiendas* o justo después, producimos un gesto de /levantamiento de mano con los dedos apiñados y abertura y cierre repetidos/, comunicamos que *había muchísima gente* o *que se ha comprado muchas cosas*.

19.4 A modo de conclusión

En este capítulo, se ha puesto de manifiesto que, para comunicarnos, utilizamos habitualmente el lenguaje verbal, pero nunca como único instrumento, pues emitimos continuamente signos no verbales que, en muchas ocasiones, son los que confieren el sentido pretendido al enunciado o acto comunicativo y, en no menos casos, son característicos de fenómenos pragmáticos, como la ironía o la atenuación (v. Cap. 12). Te proponemos, para terminar, dos actividades que te permitirán comprobar la estructuración tripartita de la comunicación humana y la incidencia que tienen los signos no verbales en cualquier actividad comunicativa. Para este último cometido, hemos elegido trabajar con la *presentación académica oral*, por ser una actividad que se lleva a cabo frecuentemente en clase y porque, a su vez, se relaciona con un fenómeno pragmático presente continuamente en nuestras interacciones sociales, y que has estudiado en este volumen (Cap. 18), como es la persuasión.

Actividad 3: Comprueba tú mismo cómo, en cualquier comunicación humana, se ponen en funcionamiento signos de los sistemas lingüístico, paralingüístico y quinésico. Organizad grupos de tres personas; una producirá un acto de habla sencillo y las otras dos lo grabarán en soporte audiovisual. Utilizando la ficha que se ofrece a continuación, descomponed el acto comunicativo en los signos de los diferentes sistemas empleados y analizadlo en sus componentes verbal y no verbales.

ENUNCIADO*
SENTIDO**
ESTRUCTURA DE LA COMUNICACIÓN***
Quinésica
Paralenguaje
Lenguaje

FIGURA 19.1 La estructura triple básica de la comunicación humana. Ficha adaptada de Poyatos (1994: 131)

*Escribe el enunciado verbal emitido por el hablante.
**Escribe el sentido, es decir, qué ha comunicado el hablante con la producción realizada.
***Triple estructuración. Descompón el acto de comunicación. Transcribe los signos de los tres sistemas básicos empleados: lingüísticos, paralingüísticos y quinésicos, en tres niveles, uno por encima de otro, de manera que se pueda comprobar cómo se combinan los signos y cómo se estructura la comunicación.

Actividad 4: Con dos compañeros más, forma grupos y graba cinco minutos de una presentación académica, preferiblemente de un compañero. Analizad, después, cuáles son los signos no verbales paralingüísticos y quinésicos que destacan en la regulación de la comunicación (llamar y mantener la atención; organizar el discurso), en la percepción del hablante (muestras de estado de ánimo, actitudes, emociones, etc.) y en aporte de contenido (signos que clarifican o aportan contenidos).

19.5 Preguntas para la reflexión

- ¿Qué problemas has encontrado al transcribir y analizar un acto comunicativo completo en sus tres niveles: lenguaje, paralenguaje y quinésica? ¿Te habías fijado en la complejidad de la comunicación humana y en su carácter multimodal?
- Tras analizar la presentación oral de un compañero, reflexiona sobre el empleo de los signos no verbales en la comunicación académica. ¿Son importantes los signos no verbales en estos casos? ¿Cuáles crees que son las funciones más destacadas que cumplen y qué puede ocurrir si no se emplean bien? ¿Has entendido completamente la presentación? ¿cómo han incidido los signos no verbales en ello? ¿Crees en la veracidad y el interés de la información presentada? ¿cómo han incidido los signos no verbales en ello?

POSIBLES TEMAS PARA UN ENSAYO O PROYECTO DEL CURSO

- Los signos no verbales tienen una incidencia importante en fenómenos pragmáticos y en diversas actividades comunicativas, como has podido comprobar al realizar la Actividad 4. Uno de los ámbitos en los que resulta más evidente es el político. Analiza la comunicación no verbal del discurso de políticos españoles de distintos partidos o ideologías e identifica y reflexiona sobre diferencias y similitudes halladas.
- Los signos no verbales son, en su mayoría, culturales y, por tanto, varían de cultura a cultura. Analiza la comunicación no verbal de presentaciones académicas orales de estudiantes o profesores hispanohablantes y de otras culturas e identifica y reflexiona sobre diferencias y similitudes.
- Otros: añade uno o dos posibles temas relacionados con la importancia de los signos no verbales en la comunicación humana y su variación cultural que te parezcan interesantes:

  ....
  ....

En el capítulo de metodología (Cap. 22) encontrarás herramientas que facilitarán la formulación de tu estudio.

Lecturas recomendadas

Burgoon, J. K., Guerrero, L. K. y Floyd, K. (2016). *Nonverbal communication*. New York: Routledge. [Caps. 1, 5, 6 y 7]

Cestero Mancera, A. M. (2016). La comunicación no verbal: propuestas metodológicas para su estudio. *Lingüística en la Red*, XIII (2), 1–36. Disponible en: www.linred.es/numero13_2_monografico_Art1.html.

Matsumoto, D., Hwang, H. C., y M. G. Frank, eds., (2016). *APA Handbook of nonverbal communication*. Washington, D.C.: American Psychological Association. [Caps. 10, 11 y 12]

Poyatos, F. (1994). *La comunicación no verbal. 3 volúmenes*. Madrid: Istmo. [Vol. I, Cap. 4]; Vol II. [Cap. 2, 3, 4 y 5]

Poyatos, F. (2013). La comunicación no verbal como asignatura en filologías clásicas y modernas. *Didáctica. Lengua y Literatura*, 25, 231–257. Disponible en: http://dx.doi.org/10.5209/rev_DIDA.2013.v25.42244.

Lecturas complementarias

Cestero Mancera, A. M. (2014). Comunicación no verbal y comunicación eficaz. *ELUA*, 28, 125–150.

Knapp, M. L. (1980). *Essentials of nonverbal communication*. New York: Rinehart & Winston.

Martinell Gifre, E. (2016). La comunicación no verbal: nuevos ámbitos de especialización profesional. En A. M. Bañón, M. del M. Espejo, B. Herrero y J. L. López, eds., *Oralidad y análisis del discurso. Homenaje a Luis Cortés Rodríguez*. Almería: Universidad de Almería, 421–455.

Mehrabian, A. (1971). *Silent messages*. Belmont, CA: Wadsworth.

Poyatos, F. (2017). La comunicación no verbal en la enseñanza integral del español como lengua extranjera. *E-eleando*, 1. Disponible en: www.e-eleando.es.

Rulicky, S. y Cherny, M. (2011). *Comunicación no verbal. Cómo la inteligencia emocional se expresa a través de los gestos*. Buenos Aires: Granica.

SECCIÓN V
El discurso digital

20
LA CONSTRUCCIÓN DE LA IDENTIDAD EN LAS REDES SOCIALES

Francisco Yus

Contexto: Comentarios de usuarios de Facebook de una foto.
Usuaria 1: Eres tu? qué rara sales no?? (pero guapisima) y el otro quien es? tu primo?
Usuaria 2: Sii, soy yo! Y si, es mi primo Sergio:-) me convenció para salir de fiesta XD
Usuaria 3: WUAPOSSSSSSSSSSSSSSSSSSSSSSS

20.1 Introducción: identidad

La identidad es la constancia que todos tenemos de ser únicos e independientes al fijar como anclaje nuestro propio cuerpo. Esa es, de forma sucinta, la aproximación *esencialista* a la identidad (Larsen, 2016: 23). Sin embargo, es más apropiado hablar de diferentes *identidades* que vamos utilizando de forma cotidiana dependiendo de los contextos en los que nos encontramos, y sobre todo asociadas a usos particulares del lenguaje que son, en cierto modo, exigidos por esos contextos, lo que se ha llamado posición *constructivista* (Georgalou, 2017: 10). De este modo, un hombre puede levantarse como marido, llevar a los hijos al colegio como padre, interactuar con colegas como trabajador y conversar en el gimnasio como amigo, y usando, en cada caso, registros y vocabularios adecuados a esas micro-identidades exhibidas en esos contextos. La sociolingüística interactiva de Erving Goffman es un claro ejemplo de esta aproximación (Marwick, 2013: 356), desde la que además se nos ofrece una distinción entre *actos de identidad* intencionados ('given') y aquella información que exuda o gotea de los actos comunicativos más allá de la intencionalidad, pero que, de todos modos, influye en la idea final que se obtiene sobre la identidad ('given off'). Por supuesto, los usuarios de las redes sociales en Internet también construyen su identidad, al exhibir facetas o acontecimientos de sus vidas. Al mismo tiempo, como en el diálogo que encabeza este capítulo, reforzamos nuestra identidad a partir de los comentarios que los demás usuarios hacen sobre nosotros, algo que se ha convertido en una de las razones principales por las que se cuelgan fotos y contenidos en las redes sociales.

En este capítulo diferenciaremos básicamente entre identidad *personal* e identidad *social*. En investigaciones anteriores (Yus, 2014, 2015, 2016), propusimos también el rótulo de *identidad interactiva*, dado el papel fundamental que posee el discurso y las interacciones en el moldeado y expresión de la identidad, pero en realidad, como veremos, la interacción es más una bisagra a partir de la cual se articulan las otras identidades, la personal y la social.

20.2 Objetivos y enfoque

El objetivo de este capítulo es hacer un recorrido por las diferentes formas en las que los usuarios de redes sociales de Internet moldean y exhiben facetas de su identidad, y los recursos verbales y visuales de los que disponen en las diferentes interfaces que las compañías como Facebook o Twitter, entre otras, han diseñado para la gestión de estas redes sociales y que afectan a la identidad exhibida en sus perfiles. Todo ello desde una perspectiva pragmática ligada al contexto.

Te proporcionamos, además, fuentes bibliográficas al final del capítulo que te permitirán observar otros aspectos relacionados con la identidad en las redes sociales.

20.3 Discurso e identidad: identidad física e identidad en línea

Nuestra identidad está mediada, constituida y ajustada por medio de las variadas prácticas discursivas en las que participamos de forma cotidiana. Cada vez que usamos el lenguaje, de inmediato mostramos, de forma consciente o inconsciente, algo sobre nosotros y qué opinión tenemos de nosotros mismos. Se trata de una relación de mutualidad, en la que las identidades influyen en el tipo de discurso que elegimos para comunicarnos y, al mismo tiempo, las prácticas discursivas elegidas moldean la imagen que poseemos de nosotros mismos y de nuestros interlocutores (Georgalou, 2017: 12).

En la actualidad, la identidad física ('offline identity') está hibridada, solapada e imbricada en la identidad en línea ('online identity'), de forma que es casi imposible ya separar ambas en importancia e impacto para la persona (Bolander, 2016; Marwick, 2013: 358; Yus, 2016: 74). Pero no siempre ha sido así. En Yus (2015) se proponen hasta cinco fases cronológicas en nuestra relación entre identidad en línea e identidad física:

Fase 1: *Internet ajeno a la vida cotidiana de las personas*. En los años 90 del pasado siglo, Internet era algo de poca utilidad en las vidas cotidianas de las personas, algo a lo que uno *tenía que conectarse*. En los años 90, el papel de la Red en el moldeado de identidades era nulo.

Fase 2: *Actividad física y virtual en paralelo*. En los primeros años del siglo XXI, la identidad del individuo se moldeaba en contextos físicos a modo del triángulo invertido que se observa en la Figura 20.1 (Yus, 2014, 2015). En la amplia parte superior se sitúan los rasgos discursivos heredados por el individuo y que son fuente de identidad macro-social (sexo, raza, nacionalidad...). En la parte intermedia, situaríamos grupos electivos del individuo según sus gustos y preferencias. Finalmente, en el estrecho vértice inferior situaríamos al individuo como poseedor de un discurso o idiolecto específico. Las dos primeras se adecuan a la distinción de Merchant (2006: 239) entre identidades *ancladas* (fijas o estables) y las denominadas *transitorias*, cambiantes según contextos y requisitos de índole social.

Por otro lado, en los entornos virtuales, la identidad del individuo se moldeaba a modo del triángulo re-invertido de la Figura 20.1. La amplia parte superior queda ahora minimizada en un estrecho vértice por la supresión de rasgos macro-sociales en la comunicación textual. La parte intermedia de agrupamientos electivos se mantendría, pero adaptada a la Red (foros de debate, etc.). Finalmente, la anterior parte estrecha del individuo y su idiolecto, sufriría ahora un proceso de ampliación o extensión debido a las posibilidades para jugar con múltiples identidades.

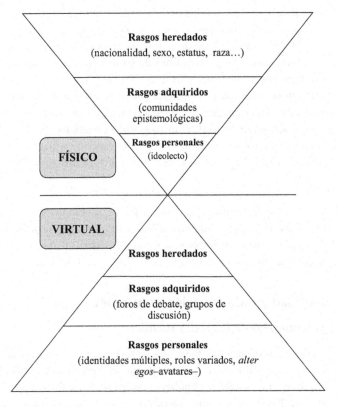

FIGURA 20.1 Identidades en contextos físicos y en contextos virtuales

Fase 3: *Virtualidades reales*. Según avanzaba el milenio, actividades tradicionales de moldeado de identidad a partir de interacciones con los demás en contextos físicos (plazas, bares, etc.) fueron *virtualizándose*, a la vez que un proceso similar, pero de sentido contrario, iba produciéndose en las interacciones en la Red, cada vez más materiales, cotidianas y presentes en la vida de las personas (Yus, 2007).

Fase 4: *El individuo como nodo*. Las consecuencias de la creciente materialización de las interacciones por Internet y de la creciente virtualización de las interacciones en entornos físicos son múltiples y, en cierto modo, contradictorias. Lo más notorio es que ahora existe una clara hibridación de redes físico-virtuales. Nos encontramos en la era de las relaciones difusas, líquidas, múltiples, virtuales y físicas, pero sobre todo híbridas. Nos adentramos en una clara amalgama entre las relaciones exclusivamente físicas, las relaciones que se dan solo por Internet y las híbridas (estas últimas cada vez más frecuentes). La imagen es la del usuario como única fuente estable de identidad en esas redes, ya que el usuario resulta ser una especie de *nodo de interacciones*, sin discontinuidad entre las relaciones virtuales y las relaciones físicas.

Fase 5: *Cimentación física de la actividad en Internet*. Aunque la fase anterior sigue siendo válida y se sigue tendiendo a las redes híbridas, en lo últimos años se observa una tendencia a que la cimentación o materialización de muchas de las actividades en la Red sea de índole física, es decir, esta actividad virtual produce un impacto en la vida física de las personas, desdibujando aún más las fronteras entre lo virtual y lo físico. En efecto, al igual que ocurre con las aplicaciones de *realidad aumentada* ('augmented reality'), en la actualidad muchas actividades en Internet están orientadas a satisfacer necesidades del entorno físico y, por lo tanto, el usuario suele presentarse de una forma más real (como en Facebook), lejos de los 'nicks' (apodo virtual) que fueron tan populares en el siglo pasado (Darvin, 2016: 531; Manzi et al., 2018: 85; Yus, 2016: 74).

Actividad 1: Observa las posibles relaciones que se muestran en la Figura 20.2 entre *identidad física* (IF) e *identidad virtual* (IV). ¿Cuál crees que se adecua más a tu identidad personal en estos dos ámbitos, el físico y el virtual? Razona tu respuesta y aporta ejemplos que ilustren tu elección.

20.4. Identidad y redes sociales en Internet

20.4.1 El fenómeno de las redes sociales

Las redes sociales (de Internet) son un fenómeno reciente, pero han adquirido mucha importancia en la vida cotidiana de millones de usuarios en todo el mundo. Bajo este rótulo se engloban sitios web tan populares como Facebook (Yus, 2014; Bolander, 2016; Georgalou, 2017) o Instagram, así como entornos de 'microblogging' como

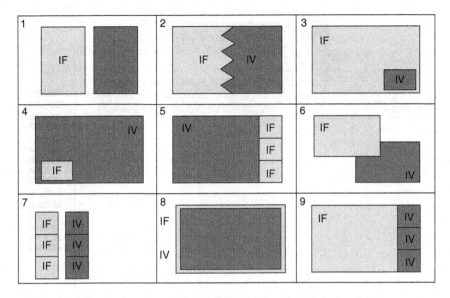

FIGURA 20.2 Relaciones entre identidad física (IF) e identidad virtual (IV)

Twitter (Dayter, 2016) y YouTube (v. Cap. 21). En estas interfaces, el usuario publica noticias, fotos, vídeos, etc. que son de posible interés para el círculo de personas que se engloban en el término genérico de *amigos*. Sin embargo, esta etiqueta genérica puede acarrear problemas de adecuación de los contenidos a los diferentes amigos que el usuario posee en su perfil (amistades, profesores, familiares), que pueden juzgar de forma muy diferente las entradas o fotos publicadas en dicho perfil. Estos portales, por otra parte, están claramente orientados a la interactividad entre usuarios por medio de comentarios o incluso mediante entornos de mensajería instantánea que se han introducido en la interfaz, como ocurre con el Messenger de Facebook. En Georgalou (2017: 15) se enumeran algunas cualidades de estas redes sociales como: a) se basan en perfiles públicos o semi-públicos; b) articulan conexiones; y c) en ellas se producen y consumen contenidos generados por los propios usuarios.

20.4.2 Fuentes de identidad en las redes sociales

Las redes sociales como Facebook son entornos idóneos para el moldeado de identidad de los usuarios. Como se observa en la Figura 20.3, en el perfil del usuario se articulan las conexiones sociales del individuo, así como la auto-presentación (foto principal) y las diferentes entradas que generan una retroalimentación identitaria, no solo por la cualidad de las entradas en sí mismas, sino también gracias a los comentarios que estas generan y que aparecen junto a las entradas formando una unidad de fuente de identidad. Además, Facebook ofrece un área para interacciones sincrónicas (Messenger) y ofrece información al usuario sobre quién está conectado en ese momento (punto verde), lo cual puede incentivar las interacciones.

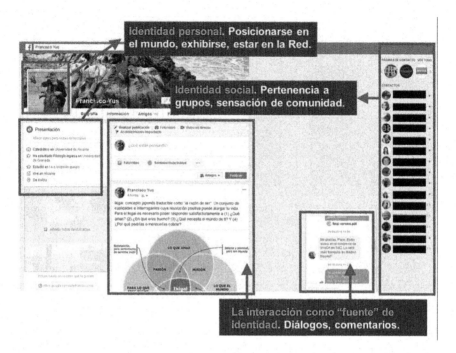

FIGURA 20.3 Fuentes de identidad en el perfil de Facebook

La identidad, como se ha comentado con anterioridad, se articula entre los polos *personal* y *social*, con la interacción como *bisagra* a través de la que se articulan ambas clases de identidad en el mismo entorno del perfil de la red social. En este caso, el usuario "convive" con dos fuentes importantes de moldeado de identidad: a) la de ser alguien individual, diferente y especial y b) la de pertenecer también a un grupo con el que siente afinidades, la necesidad de conectividad con los demás, de pertenencia a la comunidad.

Personal

La identidad personal en las redes sociales se articula mediante varias acciones, sobre todo la elección de la foto personal y la foto del perfil, así como el apartado de información personal, enlaces a documentos externos, comentarios triviales sobre el día a día del usuario. Estas estrategias vienen acompañadas de comentarios que se imbrican en el discurso inicial formando un todo cohesionado que los demás usuarios interpretan como una unidad. El propio programa atestigua el valor de los comentarios a las entradas que se van publicando en el perfil y que son vitales para la afirmación de la identidad del usuario, ya que el sistema informático genera mensajes automáticos que alertan de que determinada entrada ha sido comentada, una clara retroalimentación informativa para su identidad.

Las diferentes entradas y la publicación de fotos, vídeos, etc. se realizan con una audiencia específica en mente (Merchant, 2006: 239), si bien, como comentábamos con anterioridad, a menudo el usuario no es consciente de que bajo el rótulo genérico de *amigos* se encuentran interlocutores de muy diversa índole, que pueden, por lo tanto, reaccionar de forma muy diferente a las publicaciones del usuario.

Social

Se articula a partir de una acumulación en el perfil de varios tipos de información, entre los que destacamos las fotos con amigos (por ejemplo saliendo de copas o de viaje), las fotos con familiares, las fotos o enlaces que indican pertenencia a un puesto laboral, los enlaces a documentos externos que indican adscripción a determinados grupos sociales, los comentarios y críticas de índole política o social, y los enlaces o entradas de denuncia sobre orientación sexual, raza, discriminación, etc.

En este caso, el uso de determinados vocabularios y jergas generan claras adscripciones sociales y, al mismo tiempo, un énfasis de pertenencia a un determinado grupo social. Algo parecido ocurre con el uso de la *deformación textual* (uso creativo de los signos de puntuación, repetición de letras, etc., Yus, 2005) y de *emojis* (v. Cap. 13) entre los jóvenes, que claramente delimita a los interlocutores dentro de una franja de edad concreta y dentro de un entorno social delimitado (Mancera Rueda, 2016).

Por lo tanto, la identidad social suele estar conformada por marcas discursivas que indican pertenencia social y nuestra pertenencia a grupos sociales genera una imagen de nosotros mismos aceptable para las realidades sociales en las que estamos inmersos. El hecho de que pertenezcamos a un grupo social concreto implica la creación y el almacenamiento de ciertos supuestos arquetípicos que aceptamos como normales en ese grupo o comunidad (Yus, 2007). En este caso, las interacciones sirven para determinar qué conocimientos son compartidos, y esa mutualidad enfatiza la identidad social del usuario. Se trata, en suma, de la tendencia de la cognición humana a formar y mantener lazos, a ponderar el prestigio social de uno contra el de otras personas, y a evaluar el efecto de nuestras acciones sobre las opiniones de otras personas.

Actividad 2: Analiza el siguiente diálogo entre amigos, tomado de Facebook, y explica en qué modo los diferentes enunciados influyen en la identidad personal y en la identidad social de los usuarios implicados:

(1)
Usuario 1: Ya he sido aceptada como profe de prácticas en el IES X!!!!y voy a ir con mi compi Usuario 2!!! I cannot be happier!!!:-):-)
Usuario 3: Me alegro por tí
Usuario 4: ¡Eres la mejor!
Usuario 1: a ver si consigo que mis alumnos me quieran aunque sea una pizca de lo mucho que te quieren a ti los tuyos!!

Usuario 5:   congratulations!:-)
Usuario 4:   Será tu mejor experiencia de la vida, inolvidable, enriquecedora y llena de aprendizaje…Seguro que te cogerán mucho cariño…
Usuario 1:   thanks Nina!!!xx
Usuario 6:   Usuario 1!!! que se preparen esos alumnos que les espera una buena! jaja es broma, ya sabes, disfrutalo que es lo mejor que hay (ah hablamos cuando cara papa? hoy?? mañana???)
Usuario 1:   hoy no puedo porq me voy de cenita de gym…jeje, no voy casi al gym pero a la cena no podía faltar!:-) mañana por la tarde-noche me viene bien! tú cuándo puedes, goatface:-)?
Usuario 6:   jajaja ehmmm!! yaaa amiga ya veo, pues mañana ferpecto te llamare antes de cenar o así, espero que no me contestes con voz de "Usuario 6" jajaja es decir, vuelve no reventada, gracias jajajaja
Usuario 1:   no te prometo nada! pero sabes q como en Oxford no, no llegaré a esos extremos! jejeje. cómo te echo de menos!!!!ok, mándame un whatsapp cariñet, y me conecto!!! q estaré en Elche!
Usuario 7:   Seguro que triunfas…bienvenida al gremio!!!!
Usuario 8:   Enhorabuena!!! que bien Usuario 1!! te lo mereces!!!
Usuario 9:   JOOOOOOOOOOOOOOOOOO, yo queria que te tocase en mi instii, que para eso es el mejoooor! jajajajja espero que te vaya muy bien aunque te iria mejor en el mio tq besoss
Usuario 2:   Enhorabuena Usuario 1!!! Menudo peligro las dos sueltas por el instituto!! Lo vamos a pasar genial!!:-)
Usuario 10:   me encantaaaa!!!!
Usuario 11:   No sabes cuánto me alegro!!!…bueno, sí lo sabes!!!:-) Cuidao con los alumnos, porque vaya pivón de teacher!! Te adoro belleza;-x

No proposicional

A veces, el impacto del discurso sobre la identidad del usuario no proviene de la información aportada por dicho discurso, sino de los efectos *no proposicionales* que éste genera en el usuario. Se trata de sentimientos y emociones que emanan o *gotean* de las interacciones, a menudo incluso sin que exista una intencionalidad clara del *usuario emisor* en su producción, pero que, en modos diversos, producen sensaciones muy relacionadas con la identidad, como son la de pertenencia al grupo, de compartir, el sentimiento de conectividad con los demás, el sentimiento de importar a los demás y obtener su atención, etc.

Actividad 3: Mira el vídeo de un anuncio que cuenta la historia de Lucía, disponible en: https://vimeo.com/188265029. Observa los efectos no proposicionales (sentimientos, emociones…) que obtiene ella (Lucía) a partir de los mensajes que recibe en su móvil y argumenta hasta qué punto son relevantes para la protagonista a pesar de que el contenido no es, de modo objetivo, interesante en sí mismo (v. Cap. 13).

La importancia de la interactividad

Si bien no existe una *identidad interactiva* delimitada como elemento independiente, las interacciones son esenciales para el moldeado de la identidad del usuario tanto a nivel personal como a nivel social. En Yus (2014), por ejemplo, se sugiere el término *textos que incitan a la interactividad*, referido a aquellas entradas, fotos y discursos que están producidos con la clara intención de generar comentarios y diálogos en los demás. El diálogo mostrado en (1), por ejemplo, comienza con el anuncio de que la usuaria va a empezar a trabajar y con esa información claramente espera reacciones de sus amigos. Otro caso muy claro es el de las fotos principales del perfil, con las que los usuarios anhelan reacciones, bien con comentarios textuales bien con reacciones típicas de Facebook como *me gusta* o *me encanta*. Un ejemplo se observa en (2):

(2) [CAMBIO DE FOTO PRINCIPAL DE USUARIO 2]
Usuaria 1: Que guapetón!!!!
Usuario 2: ¡¡Jejeje!! Gracias; te voy a tener que llamar para que me subas la moral
Usuaria 1: Noooo, q estas muy guapetón, los años pasan para ti como para los buenos vinos, aunque claro, con 25 todo el mundo esta guapooooo
Usuario 1: ¡¡Jajaja!! 25 no, 22
Usuario 3: 22 en cada pata!!!! Jejeje

20.5 Preguntas para la reflexión

- ¿Hasta qué punto eres consciente de que tu actividad en las redes sociales (Facebook, Twitter, Instagram, etc.) está relacionada con el moldeado de tu identidad? Explica tu respuesta.
- ¿Qué clase de publicaciones tuyas tienen que ver con tu identidad personal y cuáles con tu identidad social? ¿Qué papel juegan los diálogos e interacciones en esas identidades?

POSIBLES TEMAS PARA UN ENSAYO O PROYECTO DEL CURSO

- Realiza una encuesta entre tus amigos preguntando aspectos como los tratados en este capítulo: qué razones tienen para colgar fotos y experiencias, el valor que otorgan a los diálogos y reacciones de los amigos, qué aspectos de sus vidas son más prominentes, etc. Con posterioridad, analiza si los resultados coinciden o no con las ideas aportadas en el capítulo.
- ¿Hay diferencias por edad en la gestión y moldeado de la identidad en las redes sociales? Analiza las publicaciones de cinco personas jóvenes

(veinteañeros) y las de cinco personas de edad algo más avanzada (cuarenta/cincuenta años de edad) durante un tiempo, buscando el impacto de esas publicaciones en la identidad de los usuarios. Extrae conclusiones respecto a la posible similitud o disparidad de los resultados obtenidos.
- ¿Nos dirigimos hacia una mayor hibridación físico-virtual de la identidad? Analiza cómo cada vez más los usuarios se basan en su actividad y posición física para el moldeado de su identidad (con anuncios de dónde está o a dónde se dirige el usuario, fotos instantáneas de entornos y objetos que revelan aspectos de la identidad, gestión de actividades físicas por medio de las redes sociales, etc.).
- Otros: añade uno o dos posibles temas de estudios de identidad en las redes sociales que te parezcan de interés:

....
....

En el capítulo de metodología (Cap. 22) encontrarás herramientas que facilitarán la formulación de tu estudio.

Lecturas recomendadas

Darvin, J. (2016). Language and identity in the digital age. En: S. Preece, ed., *The Routledge handbook of language and identity*. Abingdon: Routledge, 523–540.

Dayter, D. (2016). *Discursive self in microblogging. Speech acts, stories and self-praise.* Amsterdam: John Benjamins. [Caps. 2 y 6]

Georgalou, M. (2017). *Discourse and identity on Facebook*. London: Bloomsbury. [Caps. 2 y 7]

Yus, F. (2014). El discurso de las identidades en línea: el caso de Facebook. *Discurso & Sociedad*, 8(3), 398–426. Disponible en: www.dissoc.org/ediciones/v08n03/DS8(3)Yus.pdf.

Yus, F. (2015). Discourse and identity. En: J. D. Wright, ed., *International encyclopedia of the social and behavioral sciences* (2a ed.), volume 6. Oxford: Elsevier, 498–502. Disponible en: http://personal.ua.es/francisco.yus/Ency2ndYus.pdf.

Yus, F. (2016). Discourse, contextualization and identity shaping. The case of social networking sites and virtual worlds. En: M. L. Carrió-Pastor, ed., *Technology implementation in higher education for second language teaching and translation studies*. Berlín: Springer, 71–88. Disponible en: http://personal.ua.es/francisco.yus/Springer16.pdf.

Lecturas complementarias

Bolander, B. (2016). Language and identity on Facebook. En: S. Thorne y S. May, eds., *Language and technology, encyclopedia of language and education*. Berlin: Springer, 1–13.

Larsen, M. C. (2016). An 'open source' networked identity. On young people's construction and co-construction of identity on social network sites. En: M. Walrave et al., eds., *Youth 2.0: Social media and adolescence. Connecting, sharing and empowering*. Berlin: Springer, 21–39.

Mancera Rueda, A. (2016). Usos lingüísticos alejados del español normativo como seña de identidad en las redes sociales. *Bulletin of Spanish Studies*, 93(9), 1469–1493.

Manzi, C., Coen, S., Regalia, C., Yévenes, A.M., Giuliani, C. y Vignoles, V.L. (2018). Being in the social: A cross-cultural and cross-generational study on identity processes related to Facebook use. *Computers in Human Behavior*, 80, 81–87.

Marwick, A. E. (2013). Online identity. En: J. Hartley, J. Burgess y A. Bruns, eds., *A companion to new media dynamics*. Oxford: Wiley-Blackwell, 355–364.

Merchant, G. (2006). Identity, social networks and online communication. *E-learning and Digital Media*, 3(2), 235–244.

Yus, F. (2005). Attitudes and emotions through written text: The case of textual deformation in Internet chat rooms. *Pragmalingüística*, 13, 147–174.

Yus, F. (2007). *Virtualidades reales. Nuevas formas de comunidad en la era de Internet.* Alicante: Universidad de Alicante, Servicio de Publicaciones de la Universidad de Alicante.

21

LA COMUNICACIÓN EN LÍNEA

Aspectos tecnológicos, sociales y situacionales

Alejandro Parini

Madre: ¿Qué te pareció tu primer día en la escuela?
Hijo: ¿Quieres saber qué pienso de mi primer día en la escuela, mamá? ¡No tienen Wi-Fi!

21.1 Introducción

La ubicuidad de las nuevas tecnologías y las posibilidades de comunicación que estas ofrecen inciden de forma categórica en el desarrollo y la evolución de los nuevos ambientes comunicativos. En este contexto, el estudio del uso del lenguaje en estos nuevos espacios digitales ha dado lugar al surgimiento de etiquetas novedosas como la *lingüística de Internet* (Crystal, 2001), la *ciberpragmática* (Yus, 2010), y podríamos agregar la sociolingüística de los nuevos medios de comunicación (Thurlow y Mroczek, 2011) o *cibersociolingüística*, que se han ubicado dentro de paradigmas ya establecidos en el estudio de la lengua desde una perspectiva social.

Es bien sabido que la comunicación mediada por la tecnología —definida como la interacción entre hablantes sobre la base de textos escritos y negociada a través de vastas redes de computadoras y telefonía móvil— provee una cantidad de datos importantes y reveladores sobre la conducta social y lingüística de los usuarios de los diferentes espacios digitales. No obstante, esta conducta no es homogénea sino más bien errática y heterogénea, ya que describe el comportamiento comunicativo de los hablantes en diferentes espacios digitales (como pueden ser los chats, el correo electrónico, YouTube, Instagram, etc.). Herring (2002: 111) los denomina "modos socio-técnicos" —teniendo en cuenta el empleo de *modos* como subtipos de comunicación virtual definidos según la tecnología y el uso que hacen de ella los usuarios.

Así, esta denominación propone una mirada más compleja y reflexiva que permite abordar el estudio de los diferentes espacios digitales no solo en términos de meros sistemas de comunicación sino más bien en función de las prácticas sociales y culturales que surgen en torno a su uso.

Cuando se habla del medio digital se hace alusión a una variedad de formas de comunicación —tanto sincrónica (chats, mundos virtuales, videollamadas, etc.) como asincrónica (correo electrónico, foros de discusión, mensajes de texto, mensaje de voz, etc.)— en las que los recursos lingüísticos utilizados pueden variar según el tipo de mensaje y el contexto social y cultural en que este se produce. No obstante, todas estas formas comparten la característica de que la mayoría de las actividades que se desarrollan a través de ellas involucran el uso del lenguaje ya sea escrito u oral, que puede o no estar acompañado de imagen y/o sonido.

En sus comienzos, los estudios de la interacción en los entornos digitales se centraron en la comparación entre las formas de interacción verbal cara a cara y las que se realizan en los espacios virtuales. Esta comparación ha llevado, en muchas ocasiones, a considerar la primera un tipo de comunicación enriquecida por los diferentes canales a través de los cuales se vehiculiza la información (visual, auditivo, gestual, etc.); y, a la segunda, un tipo de comunicación empobrecida por la limitación de construir un mensaje solo en base a un texto tipeado. No obstante, este argumento ha sido refutado posteriormente dado que el avance de la tecnología ha permitido formas de comunicación digital más complejas y completas al combinar diversas modalidades (audio, imagen, texto). Además, los hablantes o usuarios, en ciertos contextos en los que se utiliza principalmente el lenguaje escrito, compensan la carencia de señaladores auditivos y gestuales mediante el uso de artilugios textuales o pictóricos (por ejemplo, la repetición de letras, signos y uso de emoticonos; v. Caps. 13 y 20) que hacen de la interacción digital una forma de comunicación sumamente expresiva y enriquecida.

21.2 Objetivos

Este capítulo tiene como objetivo presentar una introducción de los aspectos tecnológicos, sociales y situacionales que se deben tener en cuenta cuando se aborda el análisis de las prácticas discursivas en diferentes espacios digitales. En primer lugar, haremos referencia a la conceptualización del lenguaje y la comunicación en los entornos digitales, y luego realizaremos una breve descripción de los aspectos contextuales generales que influyen en la interacción en línea y que, por tanto, deben tenerse en cuenta al formular un estudio o proyecto de investigación en este ámbito.

21.3 El lenguaje y la comunicación en los entornos digitales

Como hemos observado anteriormente, la comunicación en Internet no se presenta en absoluto como un producto homogéneo, sino que más bien constituye una constelación de formas y modalidades que varían en función de sus distintos géneros e intereses.

En cuanto a los géneros, Crystal (2001) distinguía seis entornos o situaciones de uso de Internet: 1) el correo electrónico, comunicación informática para transferir mensajes entre usuarios; 2) los foros o grupos de chat, que son grupos de discusión sobre un tema determinado o simplemente de intercambio entre usuarios; 3) los mundos virtuales, o situaciones imaginarias en las que las personas participan desempeñando roles; 4) la Web o red mundial que vincula a todos los usuarios de Internet, los cuales la utilizan para acceder a distinto tipo de información; 5) los mensajes instantáneos, como el MSN Messenger o el ICQ que, a diferencia del correo electrónico, realizan la comunicación en tiempo real y el usuario ve inmediatamente lo que se le ha enviado; y 6) los blogs, que son páginas web personalizadas para colocar comentarios. Muchos blogs funcionan como diarios personales que tratan tópicos generales o se especializan en alguno en particular.

No obstante, y al igual que sucede en otras esferas de la comunicación, el constante avance tecnológico ha dado lugar al surgimiento de nuevos géneros o modalidades, como por ejemplo Facebook, Twitter, Instagram, Tinder, YouTube, que presentan formas multimodales de comunicación en las que se combinan el texto, el audio y la imagen como diferentes modos de representación.

En la actualidad, la Web 2.0 se considera un medio de interacción virtual en el que los usuarios no solo consumen información, como se hacía en la Web 1.0, sino que generan y distribuyen contenidos en formatos que ellos mismos elaboran. En este sentido, los usuarios se han transformado en *prosumidores*, palabra que surge de la combinación de los vocablos *productores* y *consumidores*, y que define claramente esta práctica social contemporánea.

Herring (2012) realiza una clasificación tripartita de los fenómenos discursivos en la Web 2.0 en la que hace referencia a aspectos que resultan: a) *familiares*, ya que son parecidos o similares a tipos de discursos mediados por la computadora que ya han estado en uso por más tiempo, como ser el correo electrónico y los foros de discusión que parecen reproducirse en la Web 2.0 con cambios o adaptaciones mínimas; b) *reconfigurados*, dado que se adaptan al entorno de la Web 2.0 como podría ser YouTube como espacio de comunicación en el que convergen diferentes tipos de medios. Esta convergencia de medios hace posible que ciertas formas de comunicación, como por ejemplo las reseñas de servicios y productos en YouTube, se estructuren de una forma interactiva en la que los usuarios de manera colaborativa contribuyen a la construcción de las reseñas; y c) *emergentes*, ya que surgen como nuevos, dado que antes no existían o por lo menos no eran de conocimiento público. Este podría ser el caso, por ejemplo, de los mundos virtuales tridimensionales como Second Life y otros que han surgido como nuevas formas de interacción negociadas mediante el uso de un avatar o artefacto digital.

No obstante, es importante conceptualizar estos tres aspectos de los fenómenos discursivos en función de un continuo, dado que muchos entornos digitales, como por ejemplo Facebook, inicialmente comenzaron combinando recursos textuales en forma de comentarios y luego, a través del tiempo, fueron incorporando, reconfigurando y adaptando numerosas propiedades como audio, imágenes, diversos modos de comunicación, etc., de manera tal que hoy podrían ser considerados como fenómenos emergentes.

Por tanto, en este contexto heterogéneo que presenta la interacción digital, es inevitable que el lenguaje, al igual que en la interacción cara a cara, se acomode a los entornos y prácticas sociales. Esta acomodación no es discutible y para comprobarlo solo hay que observar la conducta social y lingüística de las nuevas generaciones en todas partes del mundo, en donde muchas subculturas se definen exclusivamente en función de argot utilizado en los mensajes de textos y en otras formas de comunicación electrónica. Además, esta acomodación favorece el uso de ciertas estrategias lingüísticas y discursivas que, como explicamos en otro trabajo (Parini y Giammatteo, 2017), se dan en un contexto condicionado por factores que obedecen a características generales y constitutivas de los entornos virtuales como ser:

1. un estilo de vida móvil o nómada en el cual la conectividad constante se torna imperiosa,
2. una tendencia en la sociedad moderna urbana a la interacción mediada por la tecnología con carácter compensatorio a la interacción cara a cara, o inclusive, en muchos casos, a expensas de la interacción cara a cara, lo que conlleva a que la persona que está físicamente más lejos sea, sin embargo, la que está psicológicamente más cerca,
3. el surgimiento de agrupaciones o agregados sociales de diversas características que obligan a problematizar y reconfigurar la noción de comunidad,
4. la reconfiguración y reinterpretación de las relaciones interpersonales en función de las nuevas formas de percibir los grupos sociales a las que estas están ancladas, y de los espacios no físicos y temporales en las que se desarrollan,
5. un incremento en la producción de texto escrito, texto en el que la narrativa va acompañada en muchos casos de elementos visuales y/o auditivos (convergencia de medios) que proyectan una gran carga de significado tanto lingüístico como social para los miembros de un determinado grupo pero que poco pueden llegar a decir o significar para todos aquellos ajenos a este,
6. un cambio de actitud en la sociedad con respecto al consenso que siempre existió sobre el cumplimiento de las reglas gramaticales, sintácticas y ortográficas del lenguaje escrito,
7. las fluctuantes ideologías y conceptualizaciones que existen en los diferentes grupos de usuarios o hablantes sobre el uso de estas nuevas formas de comunicación y sobre qué debe considerarse apropiado o inapropiado en relación a la utilización del lenguaje para cumplir ciertas funciones comunicativas mediante el empleo de las nuevas tecnologías.

Estas características, por tanto, conforman un marco contextual dinámico general que articula aspectos socioculturales con aspectos lingüísticos. En consecuencia, la exploración de estos aspectos resulta de gran importancia como introducción a cualquier análisis que intente indagar los hábitos discursivos de los hablantes en los diversos espacios digitales de interacción, espacios que, por cierto, se hallan en constante reconfiguración dado las nuevas y variadas posibilidades de comunicación que ofrece la tecnología, y las innovadoras formas en que los usuarios se apropian de esta para concretar sus agendas sociales.

Actividad 1: Piensa en las distintas formas en las que los hablantes acomodan el uso del lenguaje a diferentes entornos de interacción digital. ¿Cómo realizan esta acomodación? ¿Qué aspectos del lenguaje pueden alterar o adaptar para crear significado? Elige un tema o una noticia concreta y compara cómo es tratada en dos o tres medios digitales diferentes. ¿Qué alteraciones sufre el lenguaje? ¿Cómo se acomodan los hablantes a los distintos entornos digitales?

21.4 Aspectos contextuales del discurso digital

Para realizar una investigación que aborde el estudio del discurso en los entornos digitales resulta sumamente importante, como primera etapa, analizar el contexto comunicativo en función de los distintos elementos o recursos que los participantes tienen a su disposición para llevar a cabo la interacción en línea. Es decir, debemos tener en cuenta los diversos aspectos que inciden en la forma en que las personas negocian significado mediante sus prácticas discursivas en estos entornos.

En consecuencia, el foco de atención debe centrarse no en las propiedades inherentes tecnológicas de los medios sino en la utilización y apropiación de estos por parte de los usuarios. Este cambio de foco se muestra en sintonía con el hecho de que la tecnología digital y móvil engendra un cambio cualitativo en la experiencia que los usuarios desarrollan de la vida cotidiana al incorporar su uso a las actividades diarias. Por tanto, como veremos a continuación, podemos señalar tres aspectos generales del contexto comunicativo que son relevantes en el estudio del discurso digital.

21.4.1 Aspectos tecnológicos

Como expresamos anteriormente, no centraremos nuestra atención en las propiedades tecnológicas de los dispositivos o plataformas que se utilizan en la comunicación digital sino en las denominadas 'affordances' (Herring, 2012). Estas son las posibilidades de comunicación que surgen en relación a un dispositivo o plataforma digital pero que no están determinadas por la tecnología en sí sino más bien por la utilización que hacen los usuarios de esta en situaciones concretas de comunicación.

Por ejemplo, la plataforma WhatsApp permite saber cuándo el receptor de un mensaje lo ha recibido y lo ha leído. Sin embargo, los usuarios pueden desactivar esta función o inclusive utilizarla para comunicar un mensaje de forma implícita. Es decir, no contestar el mensaje de WhatsApp pero hacerle saber al emisor indirectamente que se lo ha leído, acción de la que dan cuenta las dos rayitas azules que aparecen junto al mensaje, puede intencionalmente e implícitamente expresar distintos significados.

De igual importancia es el mensaje implícito que se puede comunicar mediante el uso de un medio de comunicación determinado en una situación en particular. Es decir, en muchos casos, independientemente del mensaje textual, el medio en sí se transforma en un metamensaje ya que puede comunicar algo adicional. Por ejemplo, algunos estudios (Gershon, 2010; Tannen, 2013; Parini et al., 2017) han examinado la forma en que muchos usuarios jóvenes conceptualizan y evalúan ciertas formas de comunicación digital en la negociación de las relaciones interpersonales, y han comprobado que la mayoría de las personas entrevistadas condenan el uso de la mensajería de texto o el uso de WhatsApp, o de otros medios digitales, en situaciones de ruptura de las relaciones, ya sean de amistad como románticas. Lo que la mayoría de los entrevistados argumenta al condenar esta práctica es que, independientemente de lo que diga el mensaje textual, la utilización de este medio o canal para comunicar estos eventos un tanto traumáticos, resulta inapropiada ya que parece implicar que la relación no era seria, que la otra persona no era realmente importante para el emisor del mensaje, que es de cobardes no enfrentar la situación cara a cara, etc. Es decir, al uso de este medio en particular se le atribuyen diversos metamensajes aplicables a este tipo concreto de situación comunicativa.

Por último, podemos también incluir la personalización de los artefactos tecnológicos, especialmente la de los teléfonos celulares o móviles. Esta personalización no se refiere solamente al hecho de poder elegir el 'ringtone' o tono de llamada preferido, o una funda o protector determinado, sino también a cómo los usuarios pueden asignar o configurar las posibilidades de comunicación disponibles. Por ejemplo, al asignar un determinado 'ringtone' a un contacto en particular se hace posible saber quién llama aunque el receptor se encuentre alejado del teléfono, y, por tanto, el receptor puede decidir si contesta o no sin tener que averiguar quién lo está llamando, dado que ya lo sabe.

Vemos así cómo las propiedades o especificaciones tecnológicas de los medios o artefactos que constituyen el canal de comunicación pasan a tomar un segundo plano al estar supeditadas a la creatividad comunicativa de los usuarios.

21.4.2 Aspectos sociales

El acceso a los entornos digitales, las aplicaciones que allí se desarrollan y la interacción que se genera dan lugar al surgimiento de diferentes niveles participativos que conforman uno de los elementos constitutivos de los grupos sociales y/o comunidades que emergen. Ciertamente, la forma en que se agrupan los usuarios o hablantes resulta crucial en el estudio del lenguaje dado que las prácticas discursivas son prácticas sociales que, por ende, involucran la interacción entre los hablantes en diferentes situaciones de comunicación.

Los entornos digitales proporcionan dos tipos de espacios de comunicación o interacción: un espacio vinculante con el espacio físico en donde los participantes pueden hacer uso de los espacios de comunicación en línea como preludios o extensiones a sus encuentros en el mundo físico (por ejemplo, organizar una salida grupal al cine por medio de WhatsApp); y un espacio, al que podríamos llamar, *autónomo*, en donde siempre reina la comunicación sin co-presencia física dado que las prácticas interaccionales no están vinculadas con otras que ocurren en el mundo físico (por ejemplo, un grupo de personas que se reúnen a tratar un tema en un foro en línea pero que nunca se encuentran en el mundo físico).

Además, la comunicación digital se caracteriza por proporcionar un estado de conectividad constante al que los sociólogos denominan *confianza en el ambiente* o *familiaridad ambiental* ('ambient awareness') y que genera la sensación de estar físicamente cerca de alguien y al tanto de sus movimientos cotidianos. Facebook, Twitter, Instagram, por ejemplo, ofrecen este tipo de interacción en línea. Esta es una forma de interacción en la que los participantes no necesariamente llevan a cabo un intercambio verbal recíproco con un foco de atención mutuo, sino que pueden establecer una interacción sin compartir un foco de atención como resultado de la meramente sensación de presencia mutua y la posibilidad de monitoreo mutuo que surge por el simple hecho de estar siempre conectados, aunque no necesariamente disponibles. Pensemos como, por ejemplo, muchas personas *siguen* a celebridades o a políticos en Twitter, práctica que genera este tipo de relación no recíproca, o parasocial como se la denomina, a través del monitoreo por parte del usuario quien generalmente no *es seguido* por la celebridad o el político.

Por otro lado, se han utilizado diferentes etiquetas para describir los grupos sociales que interactúan en línea como ser, *comunidad virtual, grupos de afinidad, comunidad de práctica, redes personalizadas*, entre otras. Dado que la noción de comunidad es compleja, ya que sus características han ido mutando desde que el sociólogo Ferdinand Tönnies introdujo el término, y de que los grupos que interactúan completa o parcialmente en línea son de variadas estructuras y elementos constitutivos, podríamos proponer una visión de estos en función de un continuo que refleje la naturaleza y dinámica de cada grupo de interacción en particular, como se observa en la Figura 21.1.

Vemos aquí el concepto de redes sociales como término abarcativo de todo tipo de agrupación en el que los individuos se encuentran relacionados socialmente, ya sea porque pertenecen a una familia, a un grupo de amigos, o porque trabajan juntos, o simplemente porque comparten las mismas aficiones o intereses, o

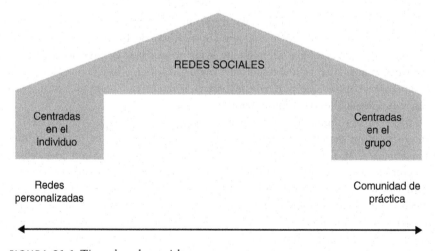

FIGURA 21.1 Tipos de redes sociales

intercambian información. Estas redes sociales constituyen pues un continuo con dos tipos de redes, cada uno ubicado en el extremo opuesto. Así, en un extremo se pueden considerar los tipos de redes centradas en el individuo; y, en el otro, aquellas centradas en el grupo. Es decir, en el primero caso podemos referirnos a un creciente individualismo en red en el que cada persona se ubica en el centro de su propia comunidad personal formando así una *red personalizada* con la que se desplaza y a la que accede a través de los dispositivos móviles. En el segundo, podemos hacer referencia a grupos constituidos por vínculos o lazos fuertes en los que la atención se centra en el grupo como colectivo social y no en el individuo que forma parte del grupo. Este sería el caso, por ejemplo, de la comunidad de práctica que implica un fuerte compromiso de sus miembros, conocimiento mutuo y una práctica en común. Entre estos extremos se ubican diversos tipos de grupos en línea que se acercarán más a un extremo o al otro dependiendo de sus características constitutivas y de la modalidad de comunicación o interacción.

En resumen, las características participativas que conforman las diversas formas de agrupaciones sociales que interactúan en línea resultan ser componentes definitorios para su clasificación. Estas características, a su vez, están estrechamente ligadas a los contextos situacionales en los que los participantes llevan a cabo sus prácticas sociales.

Actividad 2: Teniendo en cuenta que los tipos de redes sociales se pueden entender en función de un continuo con dos extremos, como propone la Figura 21.1, confecciona una pequeña lista de distintos tipos de redes que se podrían ubicar entre estos extremos, y describe en cada caso cuáles serían las características que las acercarían más a un extremo o al otro. ¿Qué dificultades de clasificación te presentan los sistemas híbridos?

21.4.3 Aspectos situacionales

Dentro de los aspectos situacionales que inicialmente influyen en la producción del discurso digital se encuentran la dimensión temporal de la comunicación o interacción, es decir, si esta se lleva a cabo en tiempo real o no, o en otras palabras, si se trata de una comunicación sincrónica o asincrónica; y, por el otro, si el intercambio comunicativo incluye la utilización de diferentes formas de comunicación (texto escrito, audio, video, etc.). Este entorno da lugar a la multitarea, ya sea cognitiva (por ejemplo, al buscar información en la Red y al mismo tiempo redactar un informe) o social (por ejemplo, al hablar con un amigo por Skype y al mismo tiempo enviar un mensaje de texto a otra persona), o ambas. La multitarea puede combinar no solo los diferentes elementos, como ser aplicaciones, programas o plataformas, que aparecen simultáneamente en la pantalla de la computadora sino también las posibilidades de interacción ofrecidas por otros dispositivos tecnológicos de comunicación que pueden estar a mano, tales como celulares, tabletas, etc.

Además, las situaciones comunicativas pueden incluir la combinación o vinculación de interacciones virtuales con interacciones en el mundo físico. Tal es el caso, cada vez más frecuente, del uso de videollamadas a través de plataformas como FaceTime y WhatsApp que permiten, por ejemplo, que un grupo de personas reunidas en un espacio físico en común puedan hacer participar de esa interacción a otra que no se encuentra físicamente presente, pero cuya voz e imagen, materializadas a través del teléfono celular afirman su presencia social en ese evento comunicativo.

Dado que los participantes, como expresamos anteriormente, pueden combinar aspectos de los entornos físicos con otros de los entornos virtuales, y que, en numerosas ocasiones, traen al encuentro en línea experiencias y sucesos ocurridos, o por ocurrir, en el mundo material, la dicotomía físico-virtual no es productiva. Por tanto, una vez más, resulta útil abordar la relación entre lo real y lo virtual en función de un continuo, ya que las prácticas comunicativas cotidianas de los individuos en nuestra sociedad urbana contemporánea suelen contar con más o menos elementos del mundo material y del mundo digital, es decir, en este sentido constituyen principalmente prácticas mixtas. Pensemos, por ejemplo, como los mensajes de textos se utilizan para micro-organizar todo tipo de encuentro presencial, o como las redes sociales, particularmente Facebook y Twitter permiten convocar a miles de manifestantes que se reúnen en persona en un determinado espacio físico y temporal, y que luego pueden continuar la discusión de lo ocurrido en el mundo material a través de los posteos o mensajes que se producen en línea.

Otro aspecto importante, como lo es en todo tipo de interacción, sea física o digital, es el tipo de actividad comunicativa que se lleva a cabo, como, por ejemplo, los intercambios de opiniones en un foro de discusión, la demostración de cómo usar un determinado producto en YouTube, el intercambio de información entre dos amigos por WhatsApp, el posteo de un mensaje en el muro de Facebook, el comentario a un foro en Instagram, etc. Las posibilidades aquí son infinitas, y cada una de estas tendrá sus propias características en relación al tema que se trate, la relación entre los participantes y sus agendas o propósitos sociales.

Por último, es importante considerar la dimensión que tiene en cuenta a los participantes en los entornos digitales en función de tres características:

a. *La reconfiguración de la noción emisor-receptor.* La noción de emisor-receptor, tradicionalmente conceptualizada como unidireccional y unimodal, presenta un esquema menos rígido o menos predecible dadas las diferentes combinaciones que se hacen posibles en el contexto comunicativo de la Web 2.0 en la que cada vez más se impone la convergencia de medios como forma de comunicación multimodal. Así, la relación entre el emisor y el receptor no es solo de uno a uno, sino que puede ser, y en un creciente número de situaciones, lo es, de uno a muchos, de muchos a uno y de muchos a muchos. Por tanto, este esquema de comunicación a veces bidireccional y a veces multidireccional parece romper con la conceptualización más conservadora del concepto de audiencia en el estudio de los medios de comunicación en donde el flujo de contenidos es principalmente unidireccional. Pensemos, por ejemplo, en cómo las noticias en la Web han pasado a ser un proceso colaborativo que permite diferentes niveles

de interacción entre los ya no lectores solamente sino *prosumidores* que crean, comparten y discuten contenidos en foros, blogs y listas de discusiones.
b. *La complejización del marco participativo en términos de la accesibilidad interaccional*, es decir el nivel de participación, ya que podemos, por ejemplo, observar una discusión en un foro en línea sin participar activamente, o podemos postear comentarios a una foto en *Instagram*, o sólo verla, o podemos subir un video a YouTube, o solo verlo, o verlo y comentarlo, etc. Este nivel de participación también puede referirse al grado de anonimidad con el que se puede interactuar en los entornos digitales. Aquí también podemos hablar de un continuo en el que la anonimidad total y el conocimiento mutuo entre los participantes representan los dos extremos entre los cuales se ubican interacciones con mayor o menor grado de anonimidad.
c. *El estatus de los participantes en función del uso de artefactos digitales como los avatares* en ciertos entornos específicos de interacción en línea tales como los mundos virtuales —de características más o menos lúdicas— y algunas plataformas educativas interactivas. El avatar, como representación física del participante en el mundo virtual presenta numerosos desafíos en el marco de la interacción, ya que puede combinar diferentes roles sociales que obedecen a la agenda social del participante real detrás del teclado, y a la que este le adjudica a su avatar como su encarnación y actor presencial en las interacciones que lleva a cabo en este entorno.

A modo de conclusión, resulta interesante destacar, como observamos anteriormente, que los espacios de interacción en línea son sumamente heterogéneos y que cualquier intento de conceptualizarlos como entidades estáticas y homogéneas corre el riesgo de simplificar y así hacer opaco todo análisis que proponga un estudio de las prácticas discursivas que llevan a cabo los participantes en esos entornos. Por tanto, el estudio del discurso digital necesita incorporar aquellos atributos que le imponen las condiciones que median la comunicación en línea. Estas condiciones no son solo tecnológicas, es decir forjadas por las posibilidades de comunicación que brinda la tecnología o los dispositivos, sino también psicosociales, ya que obedecen a las formas en que los participantes se apropian de los entornos digitales para negociar y construir significado social a través de prácticas discursivas que oscilan entre las puramente textuales y las altamente multimodales, y que vinculan el mundo digital con el físico.

21.5 Preguntas para la reflexión

- Hay situaciones en las que muchas personas prefieren la comunicación mediada o digital a la comunicación cara a cara. ¿Por qué?
- Dado que nuestro proceso de socialización en la actualidad se lleva a cabo, en gran medida, a través de interacciones en los entornos digitales que nos permiten construir diversos tipos de redes sociales, ¿qué incidencia puede tener este contexto en el surgimiento y difusión de las innovaciones y de los cambios en el lenguaje? ¿De qué manera la interacción no digital se ve influida por las

modas lingüísticas en el entorno digital? Piensa, por ejemplo, en la eliminación de letras en los mensajes digitales con el propósito de ahorrar espacio y tiempo.
- ¿Qué otros aspectos contextuales, además de los mencionados, piensas que podrían considerarse como factores de influencia en la comunicación digital?

POSIBLES TEMAS PARA UN ENSAYO O PROYECTO DEL CURSO

- Realiza una encuesta entre tus amigos o conocidos preguntando si es apropiado o inapropiado responder mensajes de textos o correos electrónicos cuando se está interactuando con otras personas presentes físicamente. Pregúntales, también, por qué piensan que es apropiado o inapropiado hacerlo. ¿De qué manera afectan a sus respuestas factores como la formación y la edad?
- Entrevista a un pequeño grupo de hablantes jóvenes y pregúntales lo siguiente acerca de las conversaciones de WhatsApp entre dos amigos ilustradas abajo (Figura 21.2): a) ¿qué opinan de las distintas formas de responder estos mensajes de WhatsApp?; b) ¿notan alguna diferencia entre ellas?; y c) ¿todas significan lo mismo? Analiza las respuestas en función de cómo los entrevistados interpretan estos mensajes.

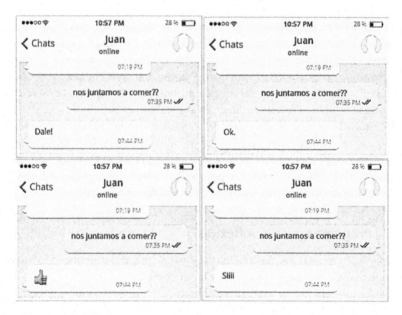

FIGURA 21.2 Conversaciones de WhatsApp entre dos amigos

- Otros: añade uno o dos posibles temas relacionados con este capítulo que te parezcan interesantes:

  ....

  ....

En el capítulo de metodología (Cap. 22) encontrarás herramientas que facilitarán la formulación de tu estudio.

Lecturas recomendadas

Baron, N. (2010). *Always on. Language in an online and mobile world*. New York: Oxford University Press. [Caps. 2, 4 y 7]

Crystal, D. (2001). *Language and the Internet*. Cambridge: Cambridge University Press. [Caps. 1 a 4]

Giammatteo, M., Gubitosi, P. y Parini. A. (2017). *El español en la red*. Madrid/Frankfurt: Iberoamericana/Vuervert. [Caps. 1, 9 y 11]

Giltrow, J. y Stein, D. (2009). *Genres in the Internet*. Amsterdam: John Benjamins. [Caps. 1, 3 y 4]

Herring, S.; Stein, D. y Virtanen, T. (eds.) (2013). *Pragmatics of computer-mediated communication*. Berlin/Boston: De Gruyter Mouton. [Caps. 1, 8 y 29]

Jones, R., Chik, A. y Hafner, C. (2015). *Discourse and digital practices*. London: Routledge. [Caps. 1, 6 y 12]

Lecturas complementarias

Gershon, I. (2010). *The breakup 2.0. Disconnecting over new media*. New York: Cornell University Press. [Caps. 1–3]

Herring, S. C. (2002). Computer-mediated communication on the Internet. *Annual Review of Information Science and Technology*, 36, 109–168.

Herring, S. (2012). Discourse in Web 2.0: Familiar, reconfigured and emergent. En: D. Tannen y A. M. Trester, eds., *Discourse 2.0. Language and new media*. Washington, D.C.: Georgetown University Press, 1–25.

Parini, A. y Giammatteo, M. (2017). *El lenguaje en la comunicación digital. Aspectos interaccionales y discursivos*. Mauritius: Editorial Académica Española. [Caps. 2, 5 y 6]

Parini, A., Abuchaem, R., Galende, E. y Vera, V. (2017). Language and new media ideologies: Evaluations of the use of language and social technologies in mediating interpersonal relationships by Argentinian undergraduates. *Documento de Trabajo de la Universidad de Belgrano, No 314*. Buenos Aires: Editorial Universidad de Belgrano.

Tannen, D. (2013). The medium is the metamessage: Conversational style in new media interaction. En: D. Tannen y A. M. Trester, eds., *Discourse 2.0. Language and new media*. Washington, D.C.: Georgetown University Press, 99–118.

Thurlow, C. y Mroczek, K., eds. (2011). *Digital discourse: Language in the new media*. New York/London: Oxford University Press. [Caps. 4, 6, 13, y 15]

Yus, F. (2010). *Ciberpragmática 2.0. Nuevos usos del lenguaje en Internet*. Barcelona: Ariel. [Caps. 1, 4, 5 y 7]

SECCIÓN VI
Metodología en el estudio de la pragmática

22

PAUTAS PARA LA ELABORACIÓN DE UN PROYECTO DE INVESTIGACIÓN EN PRAGMÁTICA

Rachel L. Shively

22.1 Introducción

En los capítulos anteriores, se describieron varios aspectos de la pragmática del español como los actos de habla, la cortesía, las formas de tratamiento y el humor (gráfico). Si bien ya existe un número considerable de estudios centrados en la pragmática del español, todavía queda mucho por hacer para obtener una visión más completa de diversos aspectos del uso de la lengua en las diferentes regiones del mundo hispanohablante. Para continuar ampliando nuestra comprensión de la pragmática, son necesarias nuevas investigaciones en esta área de la lingüística. Se abre, por tanto, un amplio camino para los nuevos investigadores.

22.2 Objetivos

El presente capítulo tiene como objetivo orientarte sobre cómo elaborar un proyecto de investigación en pragmática. En concreto, este capítulo te ayudará a:

1. seleccionar un tema de investigación,
2. formular una pregunta de investigación,
3. describir los métodos de recolección de datos y elegir un método adecuado para tu estudio, y
4. tomar conciencia de cuestiones éticas en la recolección de datos para un estudio.

Además de actividades de reflexión y análisis y lecturas recomendadas, te ofrecemos una lista de lecturas complementarias que te permitirán profundizar más en cuestiones metodológicas.

22.3 La elaboración de un proyecto de investigación en pragmática

El primer paso en la preparación de un proyecto de investigación es seleccionar el tema que se va a estudiar. Leer estudios previos relacionados con la pragmática del español es una buena manera de generar ideas para proyectos de investigación, no solo porque estos estudios pueden darte ideas para nuevos trabajos, sino también porque muchos autores incluyen explícitamente al final de sus artículos sugerencias para futuras investigaciones, y estas pueden ser el punto de partida para un nuevo proyecto. Además, la revisión de trabajos anteriores te permitirá ver lo que han hecho otros investigadores: cómo han formulado sus preguntas de investigación, cómo han respondido a dichas preguntas, qué métodos han utilizado, qué marcos teóricos han empleado y cuáles son las cuestiones y los debates actuales en el campo que han abordado.

También es necesario conocer los estudios previos para poder determinar si el tema que propongas estudiar aportará nuevos conocimientos a la disciplina y si tiene relevancia teórica. Deberías identificar un vacío en el conocimiento y pensar en cómo tu proyecto de investigación puede ir más allá de las investigaciones anteriores. Por ejemplo, se puede examinar un contexto comunicativo que no haya sido estudiado previamente o aplicar una nueva teoría. Para encontrar publicaciones relacionadas con tu tema de investigación, se puede hacer una búsqueda en un navegador como *Google Scholar*, pero suele ser más fácil encontrar artículos pertinentes a la pragmática accediendo a una base de datos especializada como *Linguistics and Language Behavior Abstracts* o *Dialnet*. Con respecto al español, en concreto, te puede ser muy útil la 'Bibliografía' de la revista *Oralia*, una base de datos con publicaciones de estudios sobre el discurso oral en español http://nevada.ual.es/otri/ilse/oralia/index.asp.

Otra posibilidad es replicar un estudio anterior utilizando datos diferentes. Aunque pueda parecer que realizar el mismo estudio que previamente ha hecho otra persona no va a añadir nada nuevo, en realidad, la repetición puede contribuir a determinar si los resultados del estudio original se pueden reproducir con otros participantes y bajo otras circunstancias. Si los resultados de los dos estudios son similares, podemos estar más seguros de la fiabilidad de los datos y de los métodos.

Antes de finalizar la selección del tema, es importante tener en cuenta la viabilidad del proyecto. La primera cuestión es el acceso a los datos. Por ejemplo, te puede interesar analizar las normas de interacción entre médico y paciente, pero si no puedes obtener permiso para observar o grabar dichas interacciones, llevar a cabo un estudio en ese contexto no es factible. Otras dificultades que se pueden presentar incluyen no ser realista respecto al tiempo y los recursos que se requieran para recoger y analizar los datos y la posibilidad de que no todos los participantes que se recluten al final completen el estudio. También, debes poseer el conocimiento y las habilidades necesarios para poder diseñar y realizar el estudio. Es útil hablar de tus ideas para un estudio con un/a investigador/a experimentado/a, ya que te puede ayudar a prever posibles obstáculos.

Las siguientes son algunas sugerencias para posibles temas de investigación:

1. Examinar una actividad comunicativa que no haya sido estudiada anteriormente en un determinado contexto sociocultural sea cara a cara o en línea.
2. Comparar la realización o la percepción de un acto de habla en dos dialectos de español.
3. Contrastar el uso del español en dos contextos comunicativos (p. ej. consejos en interacciones cara a cara y consejos en un foro digital).
4. Investigar el papel del género en la realización de un acto de habla o de otra actividad comunicativa.
5. Analizar la (des)cortesía en un nuevo contexto (p. ej. en las redes sociales).
6. Analizar un aspecto del discurso en una conversación (p. ej. marcadores de discurso, evaluaciones de oyente, etc.).
7. Recopilar las fórmulas rutinarias que se empleen en una determinada comunidad de habla.
8. Describir las estrategias de persuasión que se utilizan en el discurso político (p. ej. las estrategias que emplea el presidente u otra figura importante de un gobierno).

Actividad 1: Piensa en los otros capítulos de este libro. ¿Qué temas te han llamado más la atención? ¿Hay algún tema en particular sobre el cual te gustaría saber más? Haz una lista de temas relacionados con la pragmática del español que te interesen. Después, decide cuáles de tus ideas son factibles para tu propio proyecto de investigación.

22.3.1 Preguntas de investigación

A diferencia del tema de investigación —el cual se refiere al área de interés en general— una pregunta de investigación se centra en un problema específico que se desee abordar en un proyecto de investigación determinado. Por ejemplo, Maíz-Arévalo y Arús-Hita (2012: 234) estudiaron los marcadores lingüísticos del cotilleo en la conversación coloquial en inglés y español (tema de investigación). Más específicamente, estos autores compararon el uso del adverbio 'apparently' en inglés y dos de sus equivalentes en español (*aparentemente, por lo visto*) y abordaron las siguientes preguntas de investigación: ¿cuándo y cómo funcionan estas expresiones adverbiales como *marcadores de cotilleo*?, ¿existe algún patrón con respecto a su uso; es decir,, ¿van unidos a determinados géneros ('genres'), expresiones idiomáticas o colocaciones, etc.?, ¿se comportan del mismo modo en inglés y en español? Para formular una pregunta de investigación, se deben tener en cuenta varios aspectos o criterios. La pregunta debe:

1. abordar un tema importante, que sea relevante para la disciplina y que aporte nuevos conocimientos,
2. ser factible: debes tener el tiempo, las instalaciones, el equipo, el conocimiento y el acceso a los datos necesarios para contestar la pregunta de investigación,

3. ser posible de contestar: debe estar formulada de tal manera que se pueda contestar utilizando métodos disponibles,
4. estar enfocada: no debe abordar un tema demasiado amplio, y
5. estar escrita claramente: la pregunta debe ser clara con respecto a lo que se propone estudiar.

Actividad 2: A continuación, aparecen algunas preguntas de investigación relacionadas con diferentes aspectos de la pragmática. Evalúa cada pregunta utilizando los siguientes criterios: 1) el tema es importante para la disciplina, 2) es factible, 3) es posible de contestar, 4) está enfocada y 5) está escrita claramente. Intenta reformular cualquier pregunta que consideres problemática.

a. ¿El género del hablante y del oyente afecta la forma y frecuencia de los cumplidos?
b. ¿Qué verbos se utilizan en las peticiones en español?
c. ¿Tiene alguna influencia la clase social del hablante en el tipo de humor que usa?
d. ¿Se utiliza más mitigación en los actos de habla en el español guatemalteco que en el español cubano?

Actividad 3: Vuelve a mirar la lista de temas de investigación que elaboraste en la Actividad 1 y elige los que más te interesen (dos o tres temas). A continuación, formula una o dos preguntas de investigación para cada tema.

22.3.2 El marco teórico

Además de plantear el tema y la pregunta de investigación, hay que establecer qué marco teórico se utilizará. El marco teórico guía al investigador para que se centre en el problema y le orienta sobre cómo realizar el estudio. La teoría también es importante durante la etapa del análisis de los datos, ya que proporciona un marco conceptual para interpretar los resultados. En cuanto a cómo decidir qué teoría adoptar, una revisión de la bibliografía previa es imprescindible. Si te interesa estudiar la (des)cortesía, por ejemplo, tendrás que elegir entre varias teorías tales como las de Brown y Levinson (1987), Bravo (1999), Spencer-Oatey (2008) y Locher y Watts (2005) (v. Sección III). Aunque es primordial leer la obra original en la que se expuso la teoría en cuestión, también es importante examinar estudios posteriores, ya que con el tiempo pueden identificarse distintas limitaciones de la teoría, o, el debate que gire en torno a la misma puede cambiar.

22.3.3 Los métodos de recolección de datos

Hay una estrecha conexión entre la pregunta de investigación, el marco teórico y los métodos que se utilizan para recoger datos: los métodos seleccionados deben ser apropiados para buscar respuesta al problema planteado y también deben ser adecuados para el marco teórico que guíe el estudio. Dependiendo del método utilizado, se pueden obtener datos orales o escritos, datos de producción, de comprensión o de percepción, datos naturales o generados y datos cuantitativos o cualitativos. Independientemente del método, se debe intentar maximizar la *validez* (el grado en que se mide lo que se pretende medir) y la *confiabilidad* (la consistencia y estabilidad de los datos recolectados), pero a su vez tener en cuenta cuestiones prácticas en la selección de uno o más métodos. Todos estos temas serán abordados en este apartado: en primer lugar, hablaremos de los métodos más comunes que se emplean en pragmática y los datos que estos producen y, en segundo, consideraremos las características que deben reunir los instrumentos que utilicemos.

Métodos de recolección de datos naturales

Los *datos naturales* son los que se encuentran en la interacción social (oral o escrita) espontánea, en contextos auténticos, es decir, sin la intervención del investigador. Hay muchos contextos en los que se pueden obtener datos naturales, por ejemplo: las llamadas telefónicas entre empleados y clientes en una empresa (grabadas independientemente de la investigación), las entrevistas televisivas, los discursos políticos, la comunicación por escrito en Internet (p. ej. los mercados virtuales, las redes sociales y los foros digitales) y las interacciones entre clientes y empleados de una tienda o usuarios y funcionarios en ventanilla o puestos de atención al público. En estos últimos contextos, sin embargo, si el investigador quiere hacer observaciones y/o grabaciones en audio o vídeo necesitará el consentimiento de los participantes, es decir, los participantes tienen que saber que están siendo observados o grabados. Cuando esto sucede, es posible que no actúen de la misma manera. A este problema se le denomina la *paradoja del observador* (Labov, 1972). Por tanto, se puede hablar de datos obtenidos en estos contextos como datos *naturalísticos* en lugar de naturales.

Hay varios métodos para recoger datos naturales de lengua oral, pero uno de los más comunes en la pragmática es utilizar grabaciones en audio o vídeo. Para ello, se puede pedir a los participantes que ellos mismos lleven un aparato y que graben sus conversaciones con otras personas o se puede montar una grabadora en el lugar en el que se realice la interacción que se desee estudiar. Para dar un ejemplo del primer caso, en un estudio sobre el uso del diminutivo en la conversación coloquial, Travis (2004) les pidió a sus dos participantes colombianas que grabaran conversaciones que ellas tuvieran con sus amigos y familiares (v. también Cap. 7). En otros estudios, como el de Félix-Brasdefer (2015) sobre las interacciones de servicio, el investigador obtuvo permiso para montar cámaras de vídeo en tiendas de alimentación para grabar interacciones auténticas entre clientes y empleados. Otros contextos auténticos para recoger datos orales incluyen las reuniones familiares y de negocio, las consultas médicas, las salas de justicia, las aulas de clase, etc.

Aunque las grabaciones en audio o vídeo tienen la gran ventaja de permitirnos analizar en detalle las características lingüísticas del habla, y el lenguaje no verbal en el caso de grabaciones en vídeo, otro método que se puede utilizar cuando grabar no es práctico es observar y tomar notas (*las notas de campo*). En este caso, el investigador observa una actividad en la que se utiliza la lengua y anota las formulaciones de los hablantes. Por ejemplo, si un investigador quiere analizar los cumplidos en español, cada vez que escucha un cumplido, anota el enunciado y la información contextual pertinente (p. ej. género, edad, lugar). Este método tiene algunas ventajas: por ejemplo, muchas veces no se necesita conseguir el consentimiento de los hablantes y se obtiene acceso a una gama más amplia de contextos. Sin embargo, tiene también varias desventajas: la muestra quizás no sea representativa de la comunidad de habla, la recolección de datos no siempre es sistemática y las anotaciones generalmente incluyen pocos detalles, ya que no es humanamente posible recordar todas las características de un enunciado si este se escucha solo una vez. Por otro lado, el obtener grabaciones de interacciones espontáneas donde ocurran cumplidos, por ejemplo, puede llevar demasiado tiempo, y, por tanto, ser poco práctico. En lugar de basar un estudio únicamente en observación y notas de campo, también es posible utilizar la observación en la primera etapa de un estudio, como base para la construcción de cuestionarios o dramatizaciones ('role plays') (v. Métodos experimentales).

Una alternativa es utilizar un corpus de interacciones disponibles, elaborado por otros investigadores. Por ejemplo, el corpus Val.Es.Co. está constituido por 46 conversaciones informales grabadas en audio entre hablantes del español peninsular y las transcripciones de estas conversaciones están disponibles por internet www.valesco.es (v. Cap. 12). Por otra parte, el corpus COLA www.colam.org/index-espannol.html, recopila conversaciones espontáneas entre adolescentes de Madrid y algunas capitales latinoamericanas (v. Cap. 7), mientras que el corpus MESA http://grupo.us.es/grupoapl/otrosapartados.php?otro=10 es una compilación de entradas de fuentes digitales como blogs, foros y redes sociales.

Si bien la mayoría de los estudios en pragmática se han enfocado en el habla oral, cada vez hay más trabajos que se ocupan de la lengua escrita, particularmente en el contexto de la comunicación mediada digitalmente (CMD). Se pueden investigar diversos aspectos de las interacciones en los correos electrónicos, los chats, los foros de discusión, los mercados virtuales o las redes sociales (v. Caps. 1, 4, 13 y 20). Buena parte de la comunicación que se realiza en Internet está disponible públicamente y, por lo tanto, en muchos casos, no hay problemas de acceso.

Métodos experimentales

A diferencia de los datos naturales, los datos generados se obtienen mediante instrumentos que ha elaborado el investigador tales como cuestionarios, dramatizaciones e informes verbales ('verbal reports') (v. Kasper, 2008). Respecto a los cuestionarios, pueden estar diseñados para generar datos de producción (el participante escribe o dice algo), datos de percepción (el participante indica si un enunciado o un acto es pragmáticamente apropiado o da información sobre sus expectativas de comportamiento en una determinada situación comunicativa (v. Cap. 11) o datos de comprensión (el participante interpreta el significado de un enunciado).

En el caso de los cuestionarios de producción escrita (conocidos como 'discourse completion tests' o 'DCTs' en inglés) (v. Blum-Kulka et al., 1989), el investigador suele elaborar una serie de situaciones en las que los participantes deben producir un acto de habla determinado. Aunque hay varios formatos de este tipo de cuestionario, (1) muestra el formato típico: se le pide al participante que lea la descripción de una situación y que escriba lo que diría.

(1) Un día no vas a clases porque estás enfermo. Al día siguiente, vas a tu clase y decides pedirle los apuntes a un compañero de clase que conoces. Tú dices:

Pinto, 2005: 27

Como se puede ver en (1), la descripción de la situación proporciona algunos detalles respecto a las características de los interlocutores, su relación, el lugar y el objetivo de la interacción. En este caso, es obvio que el participante debe realizar una petición. Podemos observar también que al usar la frase "tú dices", la intención del investigador es analizar la lengua oral. Sin embargo, pedirle al participante que responda por escrito representa una manera indirecta de evaluar el habla oral y, como consecuencia, este método no tiene un grado de validez tan alto como métodos que recojan datos orales. No obstante, es válido cuando se quiere examinar las *percepciones* de los hablantes sobre qué es apropiado decir en los contextos que se presentan.

Otra limitación de cuestionarios con preguntas como la (1) es que se centran en actos de habla aislados. Un tipo de cuestionario que se ha propuesto para contrarrestar esta limitación es el denominado 'dialogue production task' (DPT) (v. Schneider, 2008) que pide a los informantes recrear la conversación entera o al menos una secuencia en lugar de un solo acto. Sin embargo, al ser un cuestionario, comparte algunas limitaciones con los cuestionarios DCT: por ej., solo da acceso a percepciones de uso apropiado.

Como hemos comentado, los cuestionarios también se pueden utilizar para analizar las habilidades receptivas de los participantes o para acceder a sus percepciones de uso apropiado. Las preguntas en (2) y (3) son ejemplos de tareas que miden la percepción y la comprensión, respectivamente. La tarea en el ejemplo (2), un cuestionario de escala de valores ('rating scale') (v. Kasper, 2008), busca que el participante indique cómo percibe la petición y hasta qué grado le parece "natural," "adecuada," o "cortés." Por otra parte, el ejemplo (3) muestra una tarea en la que el participante tiene que señalar si comprende el significado implícito de un enunciado (es decir, que el hijo consiente a la boda de su madre), que, en este caso, se deriva de una implicatura conversacional.

(2) Al llegar a su casa un hombre descubre que el coche de su vecino está obstruyendo la entrada y le pide que lo mueva.

Oye, mueve tu coche, por favor.
natural   1 2 3 4 5 6   no natural
adecuado   1 2 3 4 5 6   no adecuado
cortés   1 2 3 4 5 6   grosero

Curcó, 1998: 170

(3) Lee el diálogo a continuación y contesta la pregunta al final. El siguiente intercambio ocurrió en un capítulo de la telenovela colombiana *Allá te espero*. David es el novio de la madre de Michael, un niño de seis o siete años.

David: Necesito pedirle permiso.
Michael: ¿A mí? ¿para qué?
David: Porque yo quiero casarme con su mamá, pero antes de pedirle la mano a Don Lazario, yo necesito, pues, yo quiero que usted este de acuerdo, eso me haría muy feliz.
Michael: *y... ¿trajo el anillo?*

Allá te espero, capítulo 27 del año 2013, producida por RCN Televisión

Pregunta: ¿Qué quiere decir Michael con su última intervención?

Las dramatizaciones constituyen otro método útil para generar datos. Consisten en el simulacro de una interacción oral en el que normalmente toman parte dos personas. Se asigna un rol a cada una de ellas y, después de leer la situación y el rol asignado, los participantes dramatizan la situación de manera improvisada. Existen dos tipos de dramatizaciones: abiertas y cerradas. En las dramatizaciones cerradas, cada participante toma un solo turno, mientras que, en las dramatizaciones abiertas, los participantes toman todos los turnos que necesiten para completar la tarea indicada (Kasper y Dahl, 1991). Un ejemplo de una dramatización abierta aparece en (4). En esta situación, el participante tiene que asumir el papel de jefe e interactuar con otra persona que desempeñe el rol de empleado/a. La situación en (4), como se puede ver, está diseñada para generar una reprimenda, pero nótese que no se pide al jefe directamente que reprenda a su empleado/a sino que se le guía indirectamente a esta acción.

(4) Su empleado(a) ha estado llegando tarde al trabajo, saliendo temprano y no ha estado cumpliendo con su labor. Esta mañana usted lo(a) llama a su oficina y le habla. El/ella no está de acuerdo con Ud.

García, 2009: 447

Una ventaja importante que tienen las dramatizaciones abiertas frente a las cerradas y a los cuestionarios de producción es que se obtiene de los participantes una interacción oral más extensa y más espontánea. Por lo tanto, los datos generados por medio de las dramatizaciones abiertas —aunque no sean datos naturales— sí tienen características del discurso espontáneo como la negociación del acto de habla, las pausas, la toma de turnos, los solapamientos, las risas y el lenguaje no verbal. Las dramatizaciones, no obstante, tienen también sus limitaciones como la posible falta de familiaridad de los participantes con el rol que se les asigne (v. Kasper, 2008).

Finalmente, se puede complementar los datos de instrumentos como cuestionarios o dramatizaciones empleando, por ejemplo, los informes verbales. En este método, se utiliza la introspección verbal para analizar las percepciones de los participantes. El procedimiento consiste en pedirle al participante que verbalice sus pensamientos simultáneamente, o inmediatamente después de la realización de una tarea (p. ej. después de completar un cuestionario). Los informes verbales son útiles para investigar, entre otros aspectos, qué factores sociales (es decir, estatus, distancia social, etc.) los participantes perciben como más importantes en una situación determinada.

Datos naturales o datos generados: ¿qué tipo de datos debo utilizar?

La respuesta a esta pregunta dependerá de los objetivos de tu estudio. Si tu meta es investigar lo que hacen los hablantes en el mundo real, ningún método tiene tanta validez como recoger datos naturales. Sobre todo, si pensamos en la esencia de la pragmática —es decir, el estudio del uso de la lengua en su contexto comunicativo— tiene mucho sentido investigar la pragmática en contextos auténticos y no solo dentro del laboratorio. Sin embargo, hay varias razones por las que los investigadores optan por emplear un instrumento experimental. En primer lugar, hay aspectos del uso de la lengua que no ocurren con frecuencia en la vida cotidiana y, por lo tanto, una manera práctica de estudiarlos sistemáticamente es a través de métodos experimentales. En segundo lugar, en estudios contrastivos, los datos generados tienen la ventaja de ser más fácilmente comparables que los datos naturales, ya que el investigador puede controlar los parámetros contextuales de la situación (p. ej. género, edad, estatus social, etc.). Además, si lo que se busca es un gran número de participantes, suele ser más eficiente administrar un cuestionario que grabar conversaciones auténticas. Los datos complementarios provenientes de entrevistas o cuestionarios también pueden ayudar al investigador a interpretar los datos naturales y entender mejor la perspectiva de los participantes.

Por otra parte, los datos generados también tienen importantes desventajas. Por ejemplo, los cuestionarios de DCT suelen producir repuestas prototípicas y no se obtiene el abanico de posibles respuestas que se observan en datos naturales. Además, los datos generados no siempre reflejan fielmente el comportamiento en contextos auténticos, es decir, los participantes no necesariamente actúan de la misma manera cuando están en el laboratorio que cuando están en situaciones naturales. Si al final decides utilizar un método experimental, debes tener en cuenta las siguientes recomendaciones:

1. Partir de la observación de interacciones espontáneas en la formulación de las situaciones.
2. Para incrementar la confiabilidad de los datos, debes *pilotar* (probar) los instrumentos antes de utilizarlos.
3. En lugar de elaborar tu propio instrumento, puedes emplear cuestionarios o dramatizaciones que se han usado en estudios previos.
4. Si quieres estudiar el habla oral, es mejor recoger datos mediante dramatizaciones o un cuestionario de producción oral en lugar de un cuestionario escrito, a no ser que solamente busques acceder a percepciones de uso apropiado.

En todo caso, bien te decidas por datos generados o naturales, para obtener una perspectiva más amplia sobre el aspecto de la pragmática que desees estudiar, es una buena idea *triangular* los métodos, o sea, utilizar más de un método en un solo estudio. Por ejemplo, un estudio de datos naturales puede ser complementado con entrevistas a los participantes (v. Kasper, 2008) o discusiones focales de grupo para indagar sobre algunos aspectos de su uso de la lengua y sus motivaciones detrás de ciertos comportamientos lingüísticos.

La muestra: ¿cuántos participantes necesito?

La cantidad de datos que el investigador recoja dependerá del diseño y de los objetivos del estudio. Para un proyecto cualitativo en el que se analizan varios estudios de caso, se requerirían pocos participantes. Por el contrario, para un estudio cuantitativo, la regla general es que entre más participantes mejor, pero siempre teniendo en cuenta el tiempo y los recursos de los que disponga el investigador. Además, si el objetivo es generalizar los resultados a una parte de la población (las mujeres, los adolescentes, etc.), los datos deben ser una muestra representativa del grupo en cuestión. Podemos usar estudios publicados como una guía respecto al tamaño de la muestra. Placencia (2016), por ejemplo, investigó las ofertas en la comunicación mediada por ordenador en un mercado virtual y, para su estudio, elaboró un corpus de 230 intercambios entre vendedores y compradores. En otro estudio en el que se comparaba la realización de las peticiones en Madrid y Quito, Placencia (2005) recopiló 148 encuentros en cuatro tiendas diferentes. García (2009) utilizó dramatizaciones para recoger datos de un total de 40 participantes, 20 de Perú y 20 de Venezuela, para investigar las reprimendas en estos dos dialectos. Evidentemente, si se lleva a cabo un proyecto de investigación en un curso, muchas veces no habrá tiempo para recoger la cantidad de datos que se espera para un artículo publicado; en ese caso, se puede diseñar un estudio preliminar que reúna menos datos.

Actividad 4: Vuelve a las preguntas de investigación que elaboraste en apartados anteriores y reflexiona sobre las siguientes preguntas: ¿Qué método de recolección de datos sería el más adecuado para contestar cada pregunta de investigación y por qué? ¿Cuáles son las ventajas y desventajas de estos métodos?

22.3.4 El análisis de los datos

Después de recoger los datos, el siguiente paso es analizarlos. Si son datos orales, el primer paso es escuchar las grabaciones y transcribir el habla. Aunque es importante escuchar o ver las grabaciones, una transcripción es indispensable porque permite analizar más fácilmente algunas características del habla. Una transcripción puede contener más o menos detalles respecto a la entonación, pausas, solapamientos, risas y gestos dependiendo del enfoque del estudio y si esos detalles son pertinentes al análisis. Hay varios sistemas de transcripción que utilizan símbolos para describir características del habla, por ejemplo, los corchetes se usan para indicar solapamiento entre hablantes (v. p. ej. Briz y grupo Val.Es.Co., 2002, o el sistema desarrollado inicialmente por Gail Jefferson que se puede ver en la página de Emanuel A. Schegloff: www.sscnet.ucla.edu/soc/faculty/schegloff/).

El marco conceptual y la aproximación a la pragmática determinarán los métodos de análisis. Otra cuestión importante es si el análisis va a ser cualitativo o cuantitativo. Cuando analizamos cualitativamente los datos, describimos en detalle el fenómeno en cuestión sin contar los casos de un rasgo lingüístico, sin hablar de frecuencias o realizar análisis estadísticos. El análisis cualitativo nos permite profundizar en los datos y explorar las peculiaridades y ambigüedades del uso de la lengua en contexto sin tener que encajarlos en categorías predeterminadas. Por otra parte, en el análisis cuantitativo clasificamos y contamos rasgos lingüísticos —y a veces buscamos relaciones estadísticas entre variables— para descubrir patrones y características pragmáticas de un grupo. En cuanto a los actos de habla, por ejemplo, muchos autores han utilizado el sistema de clasificación de Blum-Kulka et al. (1989) para codificar las estrategias de los actos de habla (v. Caps. 1 y 5). Hay análisis puramente cuantitativos o cualitativos, pero puede ser útil complementar los datos cuantitativos con un análisis de aspectos cualitativos, o viceversa, y estudiar un tema desde diferentes perspectivas, como sugerimos anteriormente.

22.3.5 Cuestiones éticas

Para finalizar este apartado, en esta sección ponemos de relieve la importancia de las cuestiones éticas y la necesidad de tener en cuenta los principios éticos en la investigación con seres humanos. En primer lugar, antes de empezar a recoger datos por medio de grabaciones, por ejemplo, es necesario explicar a los participantes cuál es el objetivo del estudio y qué se espera de ellos. Además, se les debe explicar las medidas que se tomarán para proteger su privacidad. Tales medidas incluyen referirse a los participantes siempre con pseudónimos y proteger los datos para que terceros no tengan acceso a ellos. Toda la información sobre el estudio se suele incluir en un formulario de consentimiento que los participantes y el investigador firman antes de iniciar la recolección de datos. Otros principios éticos que el investigador debe respetar en todo momento son: no perjudicar a los participantes y tratarlos justamente. En algunos países, como los Estados Unidos, es necesario obtener permiso del Comité de Ética en Investigación ('Institutional Review Board') de la universidad del investigador antes de poder llevar a cabo una investigación que involucre a participantes de cualquier edad. Si se desea examinar la interacción entre menores de edad, se requiere obtener consentimiento también de los padres.

22.4 Difundir los resultados de tu investigación

Después de seleccionar el tema, formular las preguntas de investigación y recoger y analizar los datos, el próximo y último paso es escribir un manuscrito en el que se describa el estudio, se expongan los datos y se interpreten los resultados para que otros investigadores tengan la oportunidad de informarse del estudio. Es gratificante elaborar un proyecto de investigación, llevarlo a cabo y, al final, poder aportar nuevos conocimientos al campo de la pragmática. Esperamos que este capítulo prepare el camino para que empieces con buen pie tu propia investigación.

Actividad 5: Ahora que has desarrollado algunas ideas para tu proyecto de investigación, elige uno de los temas y escribe una propuesta de 150–200 palabras en la que describes el objetivo de tu estudio, las preguntas de investigación, los métodos y los participantes. Después, envíale tu propuesta a tu profesor/a para que te pueda dar sugerencias.

Lecturas recomendadas

Golato, A. y Golato, P. (2012). Pragmatics research methods. En: C. A. Chapelle, ed., *The encyclopedia of applied linguistics*. Oxford: Wiley-Blackwell, 4601–4606.
Hua, Z. (2011). Studying language and intercultural communication: Methodological considerations. En: Z. Hua, ed., *The language and intercultural reader*. London: Routledge, 389–407.
Kasper, G. (2008). Data collection in pragmatics research. En: H. Spencer-Oatey, ed., *Culturally speaking: Culture, communication and politeness theory*. London: Continuum, 316–341.
Márquez Reiter, R. y Placencia, M. E. (2005). *Spanish pragmatics*. New York: Palgrave Macmillan. [Cap. 6]
Silva-Corvalán, C. y Enrique-Arias, A. (2017). *Sociolingüística y pragmática del español*. Washington, D.C.: Georgetown University Press. [Cap. 2]

Lecturas complementarias

Blum-Kulka, S., House, J. y Kasper, G., eds. (1989). *Cross-cultural pragmatics: Requests and apologies*. Norwood, NJ: Ablex.
Bravo, D. (1999): ¿Imagen 'positiva' vs imagen 'negativa'?: Pragmática sociocultural y componentes de *fase*. En: *Oralia*, 2, 155–184.
Briz, A. y Grupo Val.Es.Co. (2002). Corpus de conversaciones coloquiales, Anejos de la revista *Oralia*. Madrid: Arco/Libros.
Brown, P. y Levinson, S. C. (1987). *Politeness: Some universals in language usage*. Cambridge: Cambridge University Press.
Curcó, C. (1998). ¿No me harías un favorcito?: reflexiones en torno a la expresión de la cortesía verbal en el español de México y el español peninsular. En: H. Haverkate, G. Mulder y C. Maldonado, eds., *Diálogos hispánicos*. Amsterdam: Rodopi, 129–171.

Félix-Brasdefer, J. (2015). *The language of service encounters*. Cambridge: Cambridge University Press.
García, C. (2009). Intra-lingual pragmatic variation in the performance of reprimanding. *Intercultural Pragmatics*, 6, 443–472.
Herring, S., Stein, D. y Virtanen, T. (2013). *Pragmatics of computer-mediated communication*. Berlin: Walter de Gruyter. [v. p. ej. Caps. 13 y 24]
Labov, W. (1972). Sociolinguistic Patterns. Philadelphia, PA: University of Pennsylvania Press.
Locher, M. y Watts, R. (2005). Politeness theory and relational work. *Journal of Politeness Research*, 1, 9–33.
Maíz-Arévalo, C. y Arús-Hita, J. (2012). Las apariencias engañan: análisis contrastivo de adverbios de cotilleo en español e inglés. En: M. E. Placencia y C. García, eds., *Pragmática y comunicación intercultural en el mundo hispanohablante*. Amsterdam: Rodopi, 233–254.
Pinto, D. (2005). The acquisition of requests by second language learners of Spanish. *Spanish in Context*, 2, 1–27.
Placencia, M. E. (2005). Variation in corner store interactions in Quito and Madrid. *Hispania*, 88, 583–598.
Placencia, M. E. (2016). Las ofertas en el regateo en MercadoLibre-Ecuador. En: A. Bañon Hernández, M. Espejo Muriel, B. Herrero Múñoz-Cobo y J. López Cruces, eds., *Oralidad y análisis del discurso. Homenaje a Luis Cortés Rodríguez*. Almería: EDUAL, 521–544.
Schneider, K. (2008). Small talk in English, Ireland, and the U.S.A. En: K. Schneider y A. Barron, eds., *Variational pragmatics: A focus on regional varieties in pluricentric languages*. Amsterdam: John Benjamins, 99–139.
Spencer-Oatey, H. (2008). Face, (im)politeness and rapport. En: H. Spencer-Oatey, ed., *Culturally speaking: Culture, communication and politeness theory*. Continuum: London, 11–47.
Travis, C. (2004). The ethnopragmatics of the diminutive in conversational Colombian Spanish. *Intercultural Pragmatics*, 1–2, 249–274.

Sobre cuestiones metodológicas específicamente

Jucker, A. H., Schneider, K. P. y Bublitz, W. (2018). *Methods in pragmatics*. Berlin: De Gruyter Mouton. [v. p. ej. Caps. 1, 2, 9 y 12]
Kasper, G. y Dahl, M. (1991). Research methods in interlanguage pragmatics. *Studies in Second Language Acquisition*, 13, 215–247.

ÍNDICE DE MATERIAS Y DE AUTORES

acomodación lingüística 62, 65, 67, 233–234
actividades de autoimagen 89, 91–92, 126, 127, 167, 199–200
actividades de imagen 88–93
acto central 8–9, 12, 22
acto de habla: actos de agradecimiento 11, 22, 23, 33, 35–36, 128, 141, 143, 198, 200–202; actos argumentativos 185–195, 196–205; actos compromisorios 18; actos descalificativos 202–203; actos exhortativos 41; actos expresivos 197, 198–202, 203; actos valorativos 128, 198–200, 203; consejos en los foros digitales 40–48; cumplidos 29–39; disculpas 49–58; pedidos 7–17; en la publicidad 198–204; rechazos 18–28
actos de identidad 219
adolescentes 70–76, 141, 250, 254
afiliación: de grupo 139, 142–143; imagen social 86–91, 138; en los pedidos 8, 9, 11, 13; en los rechazos 19, 21, 22, 23; regional 7, 13, 16–17, 21, 25, 30, 47, 53, 65, 71
agradecimiento 11, 22, 23, 33, 35–36, 128, 141, 143, 198, 200–202
agravamiento (estrategia de) 9, 11–12, 14
agregado de contextos sociales 96, 97, 101
agresión verbal 68, 105–109, 111–112, 172
alabanza 34–37, 128–129, 132
Albelda, M. 126, 127, 128, 131
Alcaide Lara, E. 196
alertador 9

amenaza a la imagen 34–35, 41, 46, 85, 88–91, 98, 101, 105, 107, 126, 129, 131–132, 138–140, 202–203
análisis de la conversación 177
análisis de los datos 255
análisis del discurso 41–42, 185–195, 204, 247
Androutsopoulos, J. 42
anonimato 44, 46, 96, 99, 239
Anscombre, J. C. 164, 186
anticortesía: acto amenazante a la imagen 105–107, 111; atenuante 126; contexto 130; descortesía de burla 107, 109, 111; género 107, 111–112; intensificadora 129–131; interpretación 109, 113; juegos de lenguaje 106–109, 112; mitigadora 106; como modo de refuerzo de las relaciones 105, 107–111; para demostrar afecto y agresión verbal 105–112; para demostrar solidaridad 91, 105–112; para establecer terreno común 108; uso de *wey* 105–106, 118–113
Antillas 63
apertura de la interacción 11, 103, 141, 209
aprobación 30, 31, 37
Argentina 14, 41–45, 64, 71, 72–73, 76, 79–80, 153
argumentación: argumento de autoridad 165–166, 198, 200; conclusión 164–166, 170, 188–192, 194, 196; conectores 188–192; definición 165–167; emoción 196–205; escala argumentativa 192–193; estrategias argumentativas 167–169;

fuerza argumentativa 129, 189–192; intensificación 169–171; marcadores del discurso 185–195; movimientos de apoyo como mecanismos de 11; operadores argumentativos 188–190, 192–193; persuasión 196–205; en la publicidad 196–205; teoría de la argumentación 185–195; teoría de la relevancia 186; topos 165
argumento de autoridad 165–166, 198, 200
Arús-Hita, J. 247
atenuación: en los consejos 45; cortesía atenuadora 89–90, 125–128, 131–134, 138, 139; en las disculpas 52, 55–57, 127, 134; en el discurso político 171; función preventiva 127–128; función reparadora 127; género discursivo 131–132; función mitigadora 127–128; en los pedidos 8, 9, 12, 13, 14; en la publicidad 202–203; variación situacional 126, 131–132
atenuadores de disculpa 52, 55–57, 127, 134
Attardo, S. 160
audiencia 96, 97, 173, 177, 225, 238
autoimagen 89, 91–92, 126, 127, 167, 199–200
autonomía 86–91, 115, 137–138
avatares 221, 232, 239

Bañón, A. M. 71, 80n2
Barros, Mª J. 126, 128
Barthes, R. 150, 153
Bataller, R. 13
Bateman, J. A. 150, 153, 157
Beebe, L. M. 21–25
Bell, N. D. 160
Bernal, M. 85, 89, 90–91, 107, 129, 130, 137, 138, 140–43
Blas Arroyo, J. L. 169
blogs 117, 222–223, 232, 239, 250
Blum-Kulka, S. 8, 9, 12, 14, 49, 50, 52, 56–57, 251, 255
Bolander, B. 220, 222
Bolívar, A. 51
Bolivia 64
Bou-Franch, P. 96, 97, 98, 101
Bousfield, D. 100, 107
boyd, d. 96, 97
Bravo, D. 85, 86, 88, 89, 138, 248
Briz, A. 45, 74, 85, 125–132, 255
bromas 44, 85, 91, 106, 108–9, 150–151, 158, 160–161
Brown, P. 30, 34, 97, 105, 106, 107, 115–116, 117, 126, 137–138, 248

Brown, R. 62
Burgoon, J. K. 207

Caffi, C. 127
campañas electorales 165, 168–171
Carmona-Lavado, A. 117–118
Carrasco Santana, A. 71
Carrel, P. L. 150, 155, 157
Cataluña 152, 165–166, 168, 171, 175–176
cercanía: actividades de imagen 90; anticortesía 105–108; cortesía 115, 119, 121, 123; cumplidos 34; descortesía 129; en el discurso político 169, 193; emoticonos y emojis 142, 144; pedidos 7–12; tratamiento pronominal 61–63, 66, 115–116, 119; uso de sumercé 58n4; uso de wey 108, 111; vocativos 75, 84
Cestero Mancera, A. M. 207
Charaudeau, P. 171
chats 63, 138–143, 230, 231–232, 250
Chile 64, 65, 71–76, 78, 132
Chodorowska-Pilch, M. 68
cierre de la interacción 11, 101, 103, 141, 170, 175, 177, 183, 209, 212
clase social 67, 248
clases de marcadores del discurso 187–189
clasificación de los actos de habla 11, 21, 22–25, 49–50, 52, 56–57, 71, 74, 116, 182–183, 187–189, 207, 232
Cohen, A. 49, 50, 52, 56; Colombia 58n4, 64, 69n1, 84, 249, 252, 255
competencia discursiva 185–195
comunicación digital 40–48, 136–145, 230–241; acomodación lingüística 233–234; anonimato 44, 46, 96, 99, 239; artefactos tecnológicos 235, 239; aspectos situacionales 237–239; aspectos sociales 235–237; aspectos tecnológicos 234–235; avatares 221, 232, 239; clasificación 232; comunidad 224, 225, 233, 235–237; conectividad constante 233, 236; consejos en foros digitales 40–48; contexto 232, 233, 234–239; convergencia de medios 232, 233, 238; cumplidos 36–37; descortesía 95–104; disculpas 51; emoticonos y emojis 136–145; espacios de interacción 235, 239; foros digitales 40–48, 63, 65, 136, 221, 231, 232, 235, 238–239, 247, 249; géneros 231–232; grupos sociales 225, 233, 235–237; individualismo 237; jerarquía 46; metamensaje 234–235; multitarea 237; mundos virtuales 232, 239; negociación de relaciones interpersonales 235; nivel

de participación 239; pedidos 8, 12–14; rechazos 19, 24; recolección de datos 250; relación entre emisor y receptor 238–239; tratamiento pronominal 65, 67–68; videollamadas 231, 238; *ver también* discurso digital
comunicación mediada por ordenador 41–42, 101, 136, 230, 232, 237, 254
comunicación multimodal 37, 137, 149–163, 197, 202–203, 214, 232, 238–239
comunicación no verbal 206–215; cronémica 207–211; elementos cuasi-léxicos 208, 212; elementos textuales/pictóricos en la comunicación digital 136–145, 231; como estrategia cortés 84; espacio 209; gestos 12, 24, 84, 143, 208, 211–213, 231, 255; kinésica 177, 207–208, 211, 213–214; maneras 209; modificadores fónicos 208; paralenguaje 207–208, 213, 214; pausas y silencios 208, 212, 253, 255; posturas 208, 209; proxémica 207–209, 211; en la publicidad 202; reacciones fisiológicas y emocionales 210; recolección de datos 250, 253; risa 24, 44, 130, 208, 212, 253, 255; signos reguladores 212; tiempo 209–210; variación cultural 209, 214; volumen de la voz 12, 208, 210, 211, 212
comunidad cultural 18, 38, 83–84, 86, 88, 92–93, 209
conectores 188–192
confianza 7, 12, 36, 44, 61–62, 64, 65, 68, 86, 88, 90, 91, 107, 108, 112, 132, 139, 165, 196, 201
conflicto 49, 51, 89, 96, 99–103, 131, 182
consejo: abuso 44; amenaza potencial 46; análisis 42; anonimato 44; asimétrico 41, 46; atenuación 45, 134; autoridad 43; clasificación 42, 46, 137; cortesía 45–46; descortesía 45; directiva no impositiva 41; directo 45; en el discurso mediado por ordenador 41–42; elaboración 43, 45; empatía 43, 45, 47; estrategias discursivas 42–43, 44, 46; evaluación 43–44, 45; formulación 45, 47; en los foros digitales 40–48, 247; fuerza ilocucionaria 45; y género 47; imagen social 41, 45, 46; (indirecto) convencionalizado 45; indirecto (no convencionalizado) 45; en interacciones cara a cara 45, 247; manifestaciones de emoción 43–44; normas sociales 41; poder 41; solidaridad 43; uso de emojis y emoticonos 44, 47;

uso de vocativos 43–44, 45; variación regional 47
consentimiento (en la investigación pragmática) 144, 249–250, 255–256
contexto: agregado de contextos sociales 96, 97, 101; anticortesía 105, 107, 108, 109, 130; argumentación 165, 193, 194, 195n2; atenuación 131, 133; auténtico 249–251, 253; comunicativo 234, 238, 246, 249, 253; cumplidos 31, 35; (des)cortesía 84, 85, 86, 89, 90, 92, 96–97, 99, 101, 116, 117–118, 122, 138, 247; digital 77, 96–97, 99, 101, 118, 138, 140, 230–241, 250; disculpas 52, 54; identidad 219–222; pedidos 7–8, 10–14; rechazos 19, 21; sociocultural 7–8, 11–13, 35, 86, 89, 92, 109, 138, 140, 230–231, 233, 247; tratamiento pronominal 61, 62, 65, 66, 67–68; viñetas cómicas 155, 160; virtual 8, 14, 19; vocativos 72, 75
convenciones sociales 101, 115, 166
conversación coloquial 45, 84–85, 89, 103–112, 125–134, 136–144, 247, 249
conversaciones telefónicas 7, 19, 123, 249
Cook, G. 107
Cordella, M. 53
corpus 3, 42, 71, 134, 250
Corpus de Referencia del Español Actual (CREA) 53
Corpus Macrosintáxis del Español Actual (MEsA) 250
Corpus Oral de Lenguaje Adolescente (COLA) 71–80, 250
correo electrónico 63, 117, 230–231, 232, 240, 250
Cortés, L. 177
cortesía: actividades de autoimagen 86–89, 91–92, 126, 127; actividades de imagen 88–90, 92–93; afiliativa 11, 139; atenuadora 89–90, 125–128, 131–134, 138, 139, 144; de burla 116; confianza 86, 88, 90; en los consejos 45–46; contexto 84–86, 89, 92, 115–118, 122, 123, 131, 138, 140; en los cumplidos 30, 33, 116; de distanciamiento 11, 116; efecto social 85, 88–89; estratégica 89, 126, 127, 138–140; función preventiva 127–128; función reparadora 89–90, 126, 128, 138–139, 144; género discursivo 127, 131–133, 138, 143–144; de grupo 91, 99, 103, 107, 109, 111, 115, 129, 142–143; en interacciones de servicio 118–123; imagen social 85–92, 137; intensificadora 126, 128–134; interpretación 85, 89,

109, 113, 117; métodos de recolección de datos 117–118; mitigadora 89–90, 126, 132–133; negativa 106, 115–116, 117, 119, 121; en la publicidad 204–205; en los pedidos 11, 14, 84–85; positiva 115–116, 119; en los rechazos 18, 19, 21, 86–87, 89, 133; ritual 89, 91, 127, 129, 138, 141–142; situación comunicativa 93, 130, 133; uso de emoticonos y emojis 137–145; valor social 84, 86; valorizante 89–90, 91–92, 126, 128–129, 131, 132, 133, 138, 140; verbal 29–39
cortesía 1 84, 96, 99–100, 115–123; clasificatoria 117; expectativas 116, 119, 123; expresiva 117; interacciones de servicio 118–123; metapragmática 117–118
cortesía 2 96, 97, 99, 116–117, 121
Costa Rica 64
cronémica 207–211
Crystal, D. 230, 232
cuestionario 42, 62–63, 118–122, 250–254
Culpeper, J. 10, 97, 98, 100, 107
culturas de acercamiento 132–133
culturas de distanciamiento 132–133
cumplido 29–39; cortesía 30, 33, 134; discurso digital 36–38, 140–141; como estrategia de persuasión emocional en la publicidad 198–202; estructura léxico-sintáctica 31–32, 37; explícito 31–32, 33; factores socioculturales 30, 38; funciones 34–36; implícito 31, 32–34, 37; interacción cara a cara 29, 36, 37, 38; malentendido 32–34; ofensa 30, 32–33, 36; piropos 29–30, 37; recolección de datos 252; en redes sociales 36–38; como satélite de otros actos de habla 34, 36, 37; variación macrosocial 35, 38; variación regional 30, 35; ritual social 35–36
Curcó, C. 252

Dahl, M. 252
Darvin, J. 222
datos generados 250, 253–254
datos naturales 249, 250, 253–254
datos, recolección de 42, 122, 245, 248–253, 254, 255
De Santiago Guervós, J. 199
deformación textual 225
deixis social: formas de tratamiento pronominal 61–69; vocativos 70–80
descortesía 85, 88–91, 117; actividades de autoimagen 89, 91–92, 126–127; actividades de imagen 88–89, 90–91, 93; amenazante a la imagen 98, 100–101, 105–107, 126, 129, 132, 138–140, 202; atenuación 126–127; de burla 107, 109, 111; en los consejos 45; contexto 84–86, 89, 90, 92, 96–97, 99, 101, 131; definición 96; en el discurso político 168–169, 171–172; efecto social 88–89; imagen social 85–92; interpretación 85, 89, 109, 113, 117, 120; lingüística 96; normativa 106, 138; en los pedidos 14; positiva 98, 99; primer orden 96, 99–100; en la publicidad 202–203; re-contextualización 107; en las redes sociales 95–104, 141, 247; secuencia descortés 100–102; segundo orden 96–97, 99; situación comunicativa 93, 130, 133; taxonomía 97–98; como tema de investigación 247, 248
despedidas 11, 43, 119, 141
diario 155, 157, 161, 193
diminutivos 7, 12, 13, 249
directiva no impositiva 41
directivas 41, 45
disculpa 35–36, 49–58, 120; atenuadores de disculpa 52, 55–57, 127, 134; clasificación 49, 50–51, 52, 56–57; corporativa 50, 51, 54; declaración de responsabilidad 53, 55; distancia social 53; factores sociales 53; imagen 51, 138; intensificadores de disculpa 55–56; en la interacción cara a cara 52, 56; mecanismos indicadores de la fuerza ilocutiva (MIFIs) 52–53, 55; *perdón* 52–53, 119; poder social 54; política 51; presentación de explicaciones 53–54; privada 50, 51–52; pública 49, 50–51; en los rechazos 20–21, 22–23; en redes sociales 49, 50–51, 56–57; restauración de relaciones 54; tratamiento pronominal 53; variación regional 52–53
discurso digital: acomodación lingüística 233–234; 'affordances' 236; aspectos situacionales 237–239; aspectos sociales 235–237; aspectos tecnológicos 234–235; audiencia 225, 238; cambio lingüístico 239–240; clasificación 232; construcción de la identidad en las redes sociales 219–229; construcción de significado social 239; cortesía 118; cumplidos 36–38; deformación textual 225; descortesía 95–104; disculpas 50–51, 52; emoticonos y emojis 12, 19, 24, 37, 44, 45, 47, 136–145, 225, 231; espacios de interacción 235, 238; hibridación de redes físico-virtuales 222, 228;

metamensaje 234–235; pedidos 8, 12; rechazos 19, 24; tratamiento pronominal 62, 63, 67, 68; vocativos 76–77; *ver también* comunicación digital
discurso mediado por ordenador 41–42, 101, 136, 230, 232, 237, 254
discurso político 164–174; argumentación 164–174, 177; atenuación 171; autoridad 165–166; campañas electorales 165, 168–171; comunicación no verbal 214; conclusión 164–166, 170; confrontación 170; descortesía 99–100, 168–169, 171–172; deslegitimación 168, 171; dialéctica 164, 165; disculpas 51; emoción 169, 171, 190; escala argumentativa 192–193; estrategia 167–173; falacia 169, 171, 173; fuerza argumentativa 129, 189–192, 193; ideología 160, 161, 164, 166, 214; imagen 167–169; influencia del género 172; intensificación 169–171, 175–184; operadores argumentativos 188–190, 192–193; persuasión 165, 169, 247; repetición 169, 176–177; serie enumerativa 175–184
discurso publicitario 196–205
distancia emocional 65–66
distancia social 7, 9, 11–12, 19, 53, 62, 63, 66–67, 75, 105–106, 116, 119, 131–133, 209, 253
Dobs, A. M. 101
dramatizaciones 19, 25, 250, 252–253, 254; *ver también* juegos de roles
Dresner, E. 137
Dubois, S. 177
Ducrot, O. 164, 186

Ecuador 16, 62, 64, 254
Eelen, G. 96, 116, 117
Ehlich, K. 116
Eisenchlas, S. A. 44
El Salvador 65
elogio 128, 132, 199, 200
emoción 44, 169, 171, 198–204, 208, 213, 226
emojis 12, 19, 24, 37, 44, 47, 136–145, 225
emoticonos 44, 45, 47, 136–145, 231
empatía 23, 43, 45, 47, 115, 120, 138, 143–144, 171
entonación 12, 24, 255
entrevista 118, 249, 254
equilibrio en las relaciones sociales 21, 49, 137
espacio (en la comunicación no verbal) 209
espacios digitales 230–233, 235

España 13, 19–21, 25, 49, 63, 86, 92, 106–107, 115–116, 122, 132–133, 138, 140, 142, 144, 151–152, 156, 160, 165–172, 175–179, 182–183, 186–187, 201–202, 254
español coloquial 45, 84–85, 89, 103–112, 125–134, 136–144, 247, 249; *ver también* variedades del español
español, como segunda lengua 25
esquemas cognitivos 155
Estados Unidos 165, 179–180, 182, 255
estatus social 21, 41, 67, 115
Estrada, A. 74–75
estrategias argumentativas 167–169
estrategias discursivas 42–43, 44, 46
estrategias no verbales 12, 24
estrategias pragmalingüísticas 21–24, 115, 121, 204
estructura informativa 149–163
ética 1, 2, 56, 122, 198, 245, 255–256
etnicidad 7, 67
evaluación 43–44, 45
expectativas de cortesía 116, 119, 123
expectativas socioculturales 18, 41, 42, 89, 91, 101, 251
expresiones afiliativas 21–23
expresiones impersonales 24, 42, 55

Facebook 13, 19, 36–37, 51, 52, 57, 68, 76, 96, 97, 144, 194, 200, 219–220, 222–225, 227, 232, 236, 238
FaceTime 238
factores macrosociales: afiliación regional 7, 13, 16–17, 21, 25, 30, 47, 53, 65, 71; edad 7, 13–14, 19, 38, 41, 53, 67–68, 77, 107, 157, 161, 225, 227–228, 235, 240; estrato socioeconómico 13, 19, 77; género 13–14, 41, 47, 53, 67–68, 77, 88, 107, 111–112, 116, 172, 247, 249, 253
factores microsociales: distancia social 7, 11, 12, 19, 53, 62, 75; poder 12, 19, 41, 53–54, 62; solidaridad 21, 30, 43, 62, 75, 91, 105–112, 115–116, 120–122, 131–132, 138, 142
factores situacionales 50, 53, 57, 126, 131
factores sociales 50, 63, 68, 198, 253
Félix-Brasdefer, J. C. 12, 13, 19, 21, 22, 249
Fernández García, F. 171
Fernández-Amaya, L. 118–121
Fernández-Vallejo, A. 51, 54
Fitch K. L. 80n2
Floyd, K. 207
Fontanella de Weinberg, M. B. 63–65
Forceville, C. 150

formalidad 11, 21, 62, 64, 126, 131, 177
foros digitales 40–48, 63, 65, 136, 232, 235, 238–239, 249, 250
Franco Lomelí, N. 109
Frank-Job, B. 65
Frank, M. G. 207
Fuentes Rodríguez, C. 8, 12, 30, 80n2, 165, 196
fuerza argumentativa 129, 189–194
fuerza comunicativa del rechazo 22, 25
fuerza del pedido 7, 10–11, 12
fuerza ilocutiva 45, 52–53, 55, 127, 128, 139

Gallardo Paúls, B. 167
Garcés-Conejos Blitvich, P. 96, 97, 98, 101, 118
García Ramón, A. 19
García, C. 12, 19, 21, 38, 252, 254
género: (des)cortesía 88, 107, 111–112, 116; en el discurso político 172; influencia en los actos de habla 13–14, 41, 47, 53, 67–68, 77, 88, 111–112, 116, 247, 248, 253
género discursivo 7, 118, 127, 131–134
Georgalou, M. 219, 220, 222, 223
Gershon, I. 235
gestos 12, 24, 84, 143, 208, 210–212, 255
Giammatteo, M. 233
Gilman, A. 62
Gironzetti, E. 155, 160
Goffman, E. 35, 137, 221
Gómez, T. 50, 51, 53–56
González García, V. 19
Grainger, K. 49
Grice, H. P. 150, 155, 160, 163n5
Grootendorst, R. 166
grupos focales 118, 254
grupos sociales 96, 98, 102–103, 107, 129, 138, 171, 225, 233, 235–237
Guatemala 64
Guerrero, L. K. 207
Gumperz, J. J. 150, 155
Gutiérrez Ordóñez, S. 197

halago 85, 126, 128, 132, 140–141, 199–200
Harris, S. 49
Haugh, M. 10, 107, 117, 118
Haverkate, H. 30, 41, 200, 201
Hernández Flores, N. 84, 89
Hernández Toribio, Mª I. 199, 200
Hernández-López, M. 117–118, 120–121
Herring, S. 42, 137, 230, 232, 234
Hickey, L. 116, 121
Holanda 132

Holmes, J. 35
House, J. 8, 49
Hughson, J. 62
Hummel, M. 80n2
humor: en los consejos 44; político 150, 151–152, 158–161; viñetas cómicas 149–163
Hwang, H. C. 207
Hymes, D. 197, 198

ICQ 232
Ide, S. 116
identidad: amenaza 101, 106; física 220–223, 228; grupal 99, 107, 129–130, 142; interactiva 220, 227; macrosocial 221; múltiple 221; nacional o regional 65; personal 205, 220, 224–225, 227; en las redes sociales 219–229; social 220, 225–226, 227; virtual 8, 62, 67, 220–228
ideología 157, 159, 161, 164, 166, 214, 233
igualdad 12, 131–132
imagen 125–128, 220; amenaza 35, 41, 85, 88–91, 98, 101, 105, 107, 126, 129, 131–132, 138–139, 202–203; en el discurso publicitario 199, 202–203; negativa 137, 202; positiva 34, 98, 137; en redes sociales 222, 225; social 41, 45, 46, 51, 85–92, 127, 137–138, 167–169
imagen de afiliación 86–87
imagen de autonomía 86–87, 92
imagen del rol 86, 88, 91, 92
imperativos 7, 9, 42, 45–46
implicatura 32, 160, 161, 163n5, 197, 199, 204, 251–252
imposición 11
índices de contextualización 150, 155–157, 163n5
individualismo 237
inferencia 10, 33, 160, 161, 163n5, 199, 208, 212
informalidad 11, 62, 111, 131, 142
informes verbales 250, 253
insistencia 18–19, 21, 22, 86
Instagram 38, 76, 200, 222, 227, 230, 232, 236, 238, 239
insulto 71–78, 88–89, 103, 105, 108
intención 19, 45, 73, 97, 109, 113, 125, 133, 168, 170, 171, 177, 219, 226
intensificación 126, 128–134, 169–171, 177
intensificadores de disculpa 55–56
interacción cara a cara: comparación con la comunicación digital 67, 96–97, 231, 233, 235, 239

interacciones de servicio 7–17, 19, 68, 118–123, 249, 254
intimidad 62, 65, 67, 70

Jefferson, G. 177, 255
jerarquía 46, 131–132
Jucker, A. H. 257
juegos de lenguaje 106–109, 112
juegos de roles 38, 50, 53, 56, 250; *ver también* dramatizaciones
juegos fonéticos 153
juicios de valor 42, 118

Kaltenböck, G. 127
Kampf, Z. 49
Kasper, G. 8, 49, 250, 251, 252, 253, 254
kinésica 177, 207–208, 211, 213–214
Kluge, B. 65, 80n2Labov, W. 107, 249

Lapidus Shin, N. 65
Larsen, M. C. 219
Leech, G. 71, 73–74, 76, 77
Lerner, G. H. 177
Levinson. S. C. 26, 30, 34, 97, 105, 106, 107, 115–116, 117, 126, 137–138, 248
Linguistics and Language Behavior Abstracts 246
Locher, M. A. 41, 43, 248
López Eire, A. 196
Lorenzo-Dus, N. 98, 101
Loureda, Ó. 194
Lower, A. 30

Maíz-Arévalo, C. 38, 247
Mancera Rueda, A. 7, 8, 225
Manes, J. 30, 31, 38
manipulación 160, 171, 173, 174n3, 197
Manzi, C. 222
marcadores de control de contacto 74
marcadores del discurso: clases 187–189; conectores 188–192; definición y características 186–187; escala argumentativa 192–193; para expresar atenuación 127–128; fuerza argumentativa 189–192; como mecanismo argumentativo 170–171, 185–195; operadores argumentativos 188–190, 192–193; como tema de investigación 247; vocativos como marcadores discursivos 75–76
Mariottini, L. 202
Márquez Reiter, R. 55
Martín Zorraquino, M. A. 186
Martinec, R. 150, 153
Martínez Flor, A. 45

Marwick, A. E. 96, 97, 219, 220
Matsumoto, D. 207
mayúsculas 12, 19
mecanismos indicadores de la fuerza ilocutiva (MIFIs) 52–53
Medina López, J. 49
mensajería instantánea 12, 13, 51, 52, 56–57, 76, 103, 134, 136–145, 223, 232
mensajes de texto 231, 233, 235, 238, 240
Mercado Libre 14, 17, 62, 68
Merchant, G. 221, 225
Messenger 52, 136, 223, 232
metamensaje 234–235
metodología: análisis de los datos 255; blogs 117; consentimiento 144, 249–250, 255–256; corpus 3, 42, 71, 134, 250; cuestionario 42, 62–63, 118–122, 250–251, 252, 254; datos generados 253–254; datos naturales 249–250, 253–254; *dialogue production task* (DPT) 251; *discourse completion tests* (DCTs) 251, 253; dramatizaciones 19, 25, 250, 252–253, 254; entrevista 118, 249, 254; ética 255–256; foros de opinión 117; grabación de datos 38, 246, 249–250, 253, 255; grupos focales 118, 254; informes verbales 250, 253; juegos de roles 25, 38, 56; métodos experimentales 250–253; notas de campo 250; *Oralia* 246; preguntas de investigación 247–248; proyecto de investigación 246–247; recolección de datos 42, 122, 246, 248–256; sitios web de preguntas y respuestas 47; tamaño de la muestra 254; transcripción 255; triangulación 254
métodos experimentales 250–253
México 13, 17, 19–21, 22, 27, 63–65, 105–113, 132–133
migración 65
Mihatsch, W. 127
Mills, S. 109
mitigación 21–22, 34–35, 44, 45, 46, 89, 106, 126, 132–133
modificación externa 22
modificación interna 9, 12, 22–25
modificadores fónicos 210
modos socio-técnicos 230
Montolío, E. 186
Morrow, P. R. 8
movimientos de apoyo 7, 8–9, 11–12, 22–24
Mroczek, K. 230
Mugford, G. 108, 109

Mullany, L. 49
multimodalidad 37, 137, 149–163, 197, 202–203, 214, 232, 238–239

negación 12
Nicaragua 64
normas: de comunicación digital 41–42, 118; de cortesía 18, 91, 96, 106, 138; de interacción 13; sociales 41, 99, 101, 137
notas de campo 250

obligación 7, 8, 13, 42
ofensa 30, 32–33, 36, 49–56, 67, 71–72, 75, 101, 118
Olshtain, E. 49, 50, 52, 56
operadores argumentativos 188–190, 192–193
oraciones exclamativas 31, 37

Padilla, X. A. 104n1, 151, 153, 155
Page, R. E. 96
Palma-Fahey, M. 80n2
Panamá 64
Paraguay 64
paralelismo 177–181
paralenguaje 205–206, 211, 212
Parini, A. 233, 235
pausas y silencios 208, 253, 255
pedido/petición 8–17, 34–35; acto central 8–9, 12; afiliación con el interlocutor 7, 8, 9, 11, 13; agravamiento 8, 9, 11, 12, 14; categorización 8, 9–11; cortesía 11, 14, 84–85; costo para el interlocutor 7–8; descortesía 14; en el discurso digital 12, 13–14, 139; distancia social 7, 9, 11, 12; factores sociales 7–8, 12–13; fuerza del 7, 10–11, 12; interacción cara a cara 12, 14; mecanismos de atenuación 8, 12, 13, 14, 134; modificación interna 9, 12; movimientos de apoyo 7, 8–9, 11–12; en redes sociales 12, 13
pedido convencionalmente indirecto 8, 10–11, 14, 84
pedido directo 7, 9–10, 139
pedido no convencionalmente indirecto 10
performativos 10, 42, 46, 52, 204
persuasión 11, 126, 177, 196–205, 247
Perú 63, 254
Pinto, D. 118, 251
piropos 29–30, 37
Placencia, M. E. 7, 8, 11, 12, 13, 19, 30, 62, 68, 80n2, 118, 254

poder: consejos 41; disculpas 53, 54; pedidos 12; político 164, 166, 168; rechazos 19; social 19; uso de pronombres 62
poder 8, 10, 12, 24
política 50, 51, 68, 100, 150, 151–152, 155, 158–161, 164–174, 177–183, 225
Pons, S. 186
Portolés, J. 186, 199
posturas (corporales) 208, 209
Poyatos, F. 206–207, 208–209
preguntas de investigación 247–248
prensa 47, 57, 63, 68, 134, 149–150, 161, 180–181
Prestigiacomo, C. 203
presuposición 160, 199, 203
Prince, E. F. 157
proxémica 207–209, 211
proyecto de investigación 245–257
pseudocortesía 125–135
publicidad 196–205; agradecimientos 200–202; autoimagen 199–200; en campañas electorales 169; cumplidos 198–200; (des)cortesía y atenuación 202–203; intensificadores 126; persuasión emocional 198–204
Pudlinski, C. 43

quinésica *ver* kinésica

Ramírez Gelbes, S. 74–75
rechazo 18–28, 52; acto central 22; clasificación 21, 22–24, 25; cortesía 18, 19, 21, 86–87, 89, 133; directo 19, 21, 22–24; discurso digital 19, 24; distancia social 19; dramatización 19, 25; estrategias no verbales 24; expresiones afiliativas 19, 21, 22, 23; expresiones mitigadores 21; factores sociales 19; fuerza comunicativa 22, 25; indirecto 19, 21, 22–24; insistencia 18–19, 21, 22; interacción cara a cara 19; mecanismos de atenuación 22, 24; mitigación 21; modificación externa 22–24; modificación interna 22–25; movimientos de apoyo 22–24; en redes sociales 19; señales no verbales 19; uso de disculpas 20–21, 22–23; variación macrosocial 19; variación regional 19–21, 25, 27–28
recolección de datos 42, 122, 245, 248–256
redes sociales 230–241; construcción de la identidad 219–229; cumplidos 36–38; datos naturales 249; descortesía 95–104, 247; disculpas 49, 51, 56–57;

edad 225, 227–228; emoticones y emojis 136–145; Facebook 3, 19, 36–37, 51, 52, 57, 68, 76, 96, 97, 144, 194, 200, 219–220, 222–225, 227, 232, 236, 238; fuente de datos naturales 63, 249, 250; fuentes de identidad 223–227; hibridación de redes físico-virtuales 222, 228; ICQ 232; imagen 222, 225; Instagram 38, 76, 200, 222, 227, 230, 232, 236, 238, 239; Messenger 52, 136, 223, 232; pedidos 12, 13; pertenencia al grupo 225–226; publicidad 200; rechazos 19; Skype 237; Tinder 232; tratamiento pronominal 65; Twitter 38, 51, 54, 56, 68, 77, 96, 136, 144, 164, 166, 167, 171, 200, 220, 223, 227, 232, 236, 238; WhatsApp 12, 13, 51, 52, 56–57, 76, 103, 136–145, 234–235, 238, 240; YouTube 96, 99, 101–103, 200, 223, 230, 232, 238, 239
refuerzo de las relaciones 76, 110–111, 126
registro 96, 131–132, 170, 197, 219
reparación 54
repetición 19, 37, 173–175, 229
República Dominicana 28
respeto 9, 11, 58n4, 62, 115, 117, 119–122, 132, 137
risa 24, 44, 130, 206, 210, 251, 253
ritual social 35–36, 127, 129
Rodríguez, F. 77, 114
Rojas, D. 74–75
Rojo, L. 55
roles sociales 50, 67, 237
Ruiz, L. 162
Rumelhart, D. E. 150, 155

saludos 11, 43, 120, 141
Salway, A. 150, 153
Sampietro, A. 137
sarcasmo 116
sátira gráfica 150
Schegloff, E. A. 255
Schneider, K. P. 12, 13, 251
Schreier, J. 30
Seargeant, P. 96
Searle, J. R. 41
Second Life 232
serie enumerativa 175–184
Sinner, C. 61
situación comunicativa 93, 130, 133, 197–198, 235, 251
Skármeta, A. 65–66
Skype 237
Smith, F. 157

solidaridad 21, 30, 43, 62, 75, 91, 105–112, 115–116, 120–122, 131–132, 138, 142
Spencer-Oatey, H. 248
Sperber, D. 186
Stenström, A.-B. 76
sumercé 55, 62

Tagg, C. 96
Takahashi, T. 21
Tannen, D. 111, 235
Taylor, G. 54
teoría de la argumentación 185–195
teoría de la relevancia 186
terreno común 65, 67, 75, 98, 108
texto argumentativo 185–195
Thurlow, C. 230
tiempo (en la comunicación no verbal) 209–210
Tinder 232
tiras cómicas 152–155
Todoexpertos 46
toma de turno 19, 21, 101, 211, 212, 252, 253
Tönnies, F. 236
tono 84, 85, 100, 119, 131, 197, 200, 208, 212
topos 165
Torrejón, A. 65
tratamiento asimétrico 62, 65–66
tratamiento nominal 11, 61, 71–76, 79, 108; *ver también* vocativos
tratamiento pronominal 61–69; acomodación lingüística 61, 65, 67; asimétrico 62, 65–66; en las disculpas 53; distancia 62, 63, 66, 67; factores situacionales 66–67; factores sociales 66–67; formas 63–64; influencias 66–67; morfología 63; en los pedidos 11; poder 62; simétrico 62; solidaridad 62; *sumercé* 55, 62; tuteo 7, 8, 9, 53, 62–68, 115–116, 119; usos y funciones 65–66; *usted de cariño* 65–66; *usted de enojo* 65–66; ustedeo 53, 62–68, 115, 119; voseo 62, 64–68
tratamiento simétrico 62
trato formal V 62–68
trato informal T 62–68
Travis, C. 249
TripAdvisor 9, 11, 14, 41
tuteo 7, 8, 9, 53, 62–68, 115–116, 119
Twitter 38, 51, 54, 56, 68, 77, 96, 136, 144, 164, 166, 167, 171, 200, 220, 223, 227, 232, 236, 238

Uliss-Weltz, R. 21
Uruguay 55, 64, 106
usted de cariño 65–66
usted de enojo 65–66
ustedeo 53, 62–68, 115, 119

Val.Es.Co. 85, 125, 128–131, 250, 255
Valdivia, I. 109
valor social 84, 86, 118, 196
Van Dijk, T. 164, 167
Van Eemeren, F. 166
variación cultural 30, 38, 93, 132–133, 209, 214
variación macrosocial 13, 14, 19, 35, 38, 53, 67–68, 228–229, 240
variación regional 16–17, 61–65, 68; consejos en los foros digitales 47; cumplidos 30; disculpas 52–53; empleo de los vocativos 71–76; pedidos 13; rechazos 19–21, 25; tratamiento pronominal 61–65, 68
variación situacional 46, 50, 53, 57, 63, 66, 122, 126, 131–132, 199, 211, 235, 237–238, 251, 255
variedades del español: español antillano 63; español argentino 14, 17, 41–45, 61, 64, 65, 71–76, 79–80, 127, 163n4; español boliviano 64; español chileno 53, 64, 65, 71–76, 78; español colombiano 50–56, 58n2, n4, 64, 69n1, 84, 249, 252; español costarricense 64; español dominicano 28; español ecuatoriano 13, 16, 62, 64; español guatemalteco 64; español mexicano 13, 17, 19–21, 22, 27, 63–65, 105–113; español nicaragüense 64; español panameño 64; español paraguayo 64; español peninsular 13, 16, 19–21, 25, 53, 55, 63, 71–76, 79, 92, 106–107, 115–116, 121–122, 137–144; español peruano 63; español uruguayo 55, 64, 106; español venezolano 64
Vásquez Laslop, M. E. 80n2
Venezuela 63–64, 256
videollamadas 231, 237–238
viñeta cómica 149–163
vocativos 43–45, 70–80; amables 71, 72–76; cambio lingüístico 74–76; en los consejos 43, 45; en el discurso digital 44–45, 76–77; como estrategia cortés 84; frecuencia 72–73; vocativos groseros 71–76, 78–80, 111; posición y función 73–74; *tío/a* 71–76, 79; tipos 71–72; uso en los pedidos 7, 9; *wey* 105–106, 108–113; *ver también* tratamiento nominal
volumen de la voz 12, 208, 210, 211, 212
voseo 62, 64–68
Vuchinich, S. 101

Watts, R. J. 116, 117, 138, 248
Web 2.0 232, 238
WhatsApp 12, 13, 51, 52, 56–57, 76, 103, 136–145, 234–235, 238, 240
Wilson, D. 186
Wolfson, N. 30, 31, 38
Woods, M. R. 65

Yahoo Respuestas 41
YouTube 96, 99, 101–103, 200, 223, 230, 232, 238, 239
Yus, F. 37, 41, 42, 139, 220–222, 225, 227, 230

Zappavigna, M. 198
Zimmerman, K. 91, 106–107, 129, 130